経営管理者 の 成功術

The successful management theory

会社で成功する秘訣
Secret to become success in Company

**経済学・経営学・マーケティング・財務管理の
ビジネス知識と実践活用法**

はじめに

　海外から日本に来て、大学や専門学校を卒業し、やっとの思いで就労ビザを申請して日本の会社に就職した外国人留学生はたくさんいます。1年〜2年仕事をして家族を日本に呼び寄せ、日本で子供を産み、後はのんびりとした生活を送りたいという人が多いのではないでしょうか。

　ただし、平穏無事な生活はいつまでも続く訳ではありません。なぜなら、最初は日本語が上手いと褒められていましたが、年数が経ち、仕事のレベルが上がるに連れて、今の日本語レベルでは仕事に対応できなくなるからです。日本語の細かい言い回しが理解できずに仕事がスムーズに行かないケースや日本語での報告書作成ができずに、次のステップの仕事を任せられない、といった事象が生じてきます。もちろん、日本語のわからない人に母国語で簡単な通訳をする程度の仕事はできますが、それだけでは日本で家族を養っていくだけの充分な収入は得られません。

　日本で家族を養っていくためには、日本語能力試験 N2 レベル以上の日本語力に加え、プラスのビジネス知識やノウハウを身に付ける事が必要です。もっとも、プラスのビジネス知識やノウハウを身に付ける必要性は、日本人のビジネスパーソンにとっても同じです。ビジネス知識とは何かというと、それは仕事に役立つ知識であり、経済学・経営学・統計学・財務・税務・法務・人事労務等の業務関連知識です。もし母国語と日本語を使った業務が専門業務であるなら、それにプラスして何のビジネス知識を身に付けているかにより、自分のビジネスパーソンとしての価値が決まってくると言っても過言ではありません。

専門業務プラス、それ以外の多数のビジネス知識「武器」を持っていれば、会社の中でも注目を浴び、任せられる仕事が増え、将来の収入金額も変わってきます。また、そのビジネス知識を業務遂行の提案に活用できるノウハウが身に付けば、経営管理者として成功する道が開けてきます。

　現状の仕事や生活に満足していては、日本人のビジネスパーソンも同じですが、後で必ず後悔する事になります。母国から遠くの日本にわざわざ苦労して来たのですから、日本にいる間にたくさん勉強して、ビジネスパーソンとしての力を身に付けてください。そして、日本の会社で経営管理者となれれば、将来、その経験は日本にいても、母国に帰っても、必ず自分の人生に良い影響をもたらしてくれます。

　日本では「後悔先に立たず」と言います。(It's too late to be sorry) という意味です。一生懸命勉強した人と、現状に満足して全然勉強しなかった人とでは、5年後・10年後に取返しのつかない程の差がついてしまいます。将来成功した人をみて、自分ももっと勉強しておけば良かったと思っても、その時はもう「後の祭り」(It's too late now) です。

　本書は、日本人の若手ビジネスパーソンや遠い日本に夢と希望を持ってわざわざ来てくれた外国人の方に、感謝の意味を込めて、「会社で成功する秘訣」として、組織の中で頭角を現す（Stands out a lot）ために知っておいてもらいたいビジネス知識とその実践活用方法をまとめたものです。また、外国人を雇用している会社や一般会社の経営者・経営管理者にも役立つ内容になっています。

　銀行員として20年間、多数の企業の栄枯盛衰を見てきました。また、銀行という大組織内での競争も経験しました。そしてその後

は独立して、中小企業でニーズがあると考えた実務を、その会社の社員になりきって実践する経営コンサルタント会社を設立しました。

また、インバウンドを呼び込んでいくという国策の中で、顧問先のホテルが将来人手不足とならないために、外国人スタッフ専門のホテルスタッフ派遣会社を早くから設立しました。更に、高齢者労働力に頼っていて、早い時期に人手不足となると思われた清掃業務の中で、特にホテル客室清掃に特化した、外国人スタッフを中心としたホテル清掃会社を立上げました。これは、人手不足に対応する事はもちろんですが、外国人留学生に客室清掃アルバイトの経験を積ませ、就職する際にホテルに派遣や紹介を行えば、清掃研修の期間を省略でき、ホテルのフロント研修にすぐに入れると考えたからです。もちろん、卒業を控えた留学生に就職できるホテルがあるという安心感を与える事もできました。

それ以外にも、ホテルサービスの差別化の一環としてリラクゼーションマッサージや鍼灸マッサージが活用できないかというフィージビリティスタディのために、実際に鍼灸院やマッーサージ店を開設したりもしてみました。

また、ホテルでは多数のお客様がご利用になる関係で、自宅とは違い、いろいろな所がかなりのスピードで傷んできます。そこで、プチ修繕が頻繁に必要となってきますが、これをいちいち内装工事会社に依頼していたのでは、修繕費が膨れ上がってしまいます。小さな工事現場に、時間をかけて工事担当者と職人を数名現場まで見に行かせるにも、見積書を作成するのにも経費がかかるからです。更にプチ修繕は小規模で利益が少ないので、内装工事業者もあまりやりたくないのです。そこで1件当たりの利益率を高くして見積書

を出すので、どうしても工事代が割高になってしまいます。そうかといって、ホテル社内に職人を雇うには、相当な規模のホテルでないと職人の給料は賄えません。部署を作り社員に修繕をやらせているケースもありますが、やはり素人と職人とでは技術レベルに大きな差が出てしまいます。

　そこで、ホテル清掃会社内に工事部門を設けて、職人を社員として抱える事により、ホテルからプチ修繕依頼が来たら素早く職人が直接対応できるようにしました。また、手の空く時にはホテルとは別の工事をやる体制にしました。これにより、ホテルの修繕工事代は従前の工事会社見積書の半分程度になりました。

　そんな中、今度は新型コロナウィルスの影響でホテルの業績が急激に悪化、ホテル正社員となる前の40人〜50人のホテル派遣社員が突然契約反故にされ、翌月全員戻されるという事態が発生しました。

　派遣スタッフ40人〜50人全員の仕事が急になくなり人件費だけが垂れ流しされる状態になってしまいました。遠い外国からわざわざ日本に夢を持って来てくれたスタッフを裏切ることは当然できず、私財を投げ売ってでもなんとか雇用を維持する覚悟を決めました。考えた末、派遣スタッフを１人も解雇しないために、今度は彼らを清掃会社の管理者として派遣する事で難局を乗り切ろうと考えました。ビザの関係で彼らを清掃会社の社員にして清掃をやらせるわけにはいかなかったためです。

　それには、ホテル清掃件数を増やし、管理ポジションを増やす必要がありました。しかし、新型コロナウィルスの影響でホテルを閉鎖する所も多く、ホテル清掃の新規開拓はなかなか難しい状況にありました。しかし、従来ホテルと清掃会社との間で最低稼働保証と

いう、ホテルの稼働率が低くなっても清掃会社に最低限の売上保証をする制度を採用しているホテルも多く、新型コロナによりそこが問題となっているホテルに対して稼働保証がない提案を行っていく事にしました。

　顧問先ホテルグループ以外の清掃先開拓に注力した結果、多店舗展開により管理ポストを増加させる事ができ、何とか派遣スタッフの雇用を維持して、新型コロナウィルスを乗り切る事ができました。この間、顧問先の組織再編、財務改革、資金調達等、本業の経営コンサルタント業も行ってきました。こうして銀行退職後の約20年間は中小企業の企業経営者として企業経営を実践してきました。

　当初はまだ外国人の方が働いている所をなかなか目にすることはありませんでしたが、いまでは外国人の方が日本のいたる所で仕事をしており、外国人スタッフを雇用している会社もたくさんあります。そこで、現在は日本にわざわざ来てくれた外国人の皆さんが、日本に来て幸せをつかめる様に、また夢をつかめる様に、国籍に関わらず努力をした人が活躍できる会社を創ろうと、その会社創りに取組んでいます。

　つまり、外国人スタッフを単に労働力として活用するのではなく、国籍の違うスタッフの能力や発想をそれぞれ十分に活かし、イノベーションを起こせる企業の経営者や経営管理者として育成すべく、経済学や経営学等のビジネス知識を学んでもらっております。

　また、今期からは社内ベンチャー制を導入して、ビジネスを立ち上げる発想力、収益を上げ採算を管理する管理能力、自分が立ち上げたビジネスで収益が上がり、自分の給料が上がる喜びを感じる経験をしてもらい、よりハイレベルなマネージメント層が育つように

取り組んでいるところです。

　皆さんが出勤してから帰るまで、毎日行っているルーチン業務は、いわば以前誰かが作った線路（レール）であり、皆さんはただこの上を走っているだけです。それをやっているだけでは組織で頭角を現すことができません。頑張っても目標は100％程度しか達成できず、200％、300％の達成は不可能です。そこに業務改善を加えていくことはもちろん、更にはシュンペーターの言う「創造的破壊」のごとくイノベーションにより、完全に新しいビジネスや仕事のやり方を構築し、自分で新しい線路（レール）を敷ける人こそ、経営者であり経営管理者と呼ぶに値する人といえます。

　本書はこのような理念を基に、日頃からスタッフに研修を行っている内容を書籍にまとめたものです。それぞれのテーマの専門書を読んで、その内容を理解するには相当な時間を要しますが、本書では誰にでもすぐに理解できるように、有名な学者の理論を簡単明瞭に紹介し、その活用方法について経験を踏まえた内容に落とし込み解説しています。

　外国から来た留学生はもちろん、日本のビジネスパーソンや既に経営管理者になった人にも学んでもらいたい内容になっております。

本書が、外国人の方はもちろん、日本人のビジネスパーソンにもいえますが、「専門業務＋それ以外のビジネス知識・ノウハウ」を身に付ける事により、ビジネスパーソンとして組織の中で頭角を現し、会社で経営者や経営管理者 (Business manager) として活躍できる一助になれば望外の喜びです。

2024 年 1 月　中川洋児

目次

第1章
経済学

Economics

第1章　経済学

　産業革命による人類や経済の歴史を知る事は、経済学を勉強する上で重要です。また産業革命の概略は、ビジネス上の一般教養でもあるので、ここでは産業革命について少し触れておきましょう。世界経済や人類の進歩についての概略を頭に入れておいてください。そして、産業革命はイノベーションによってもたらされましたが、このイノベーションこそが、ビジネスにおいて、そして経営管理者として、組織において頭角を現す最も重要な要因となると言っても過言ではありません。

1.産業革命の流れ

　1700年代後半にイギリスで石炭を利用した蒸気機関車が登場して起こった第一次産業革命の後、1800年代後半にはアメリカやドイツで第二次産業革命が起こりました。これは、石油・電力をエネルギー源とする重工業化・大量生産体制の確立により産業革命となったものです。

　そして、1900年代後半には、コンピュータの普及に伴う「デジタル革命」により、生産ラインの自動化等が進展し、第三次産業革命へと発展しました。なお、現在は「デジタル革命」の進展により、人口知能（AI）やモノのインターネット（IoT）、3Dプリンター等多岐に渡る技術革新により、機械が人間に代わり作業をしてくれる時代になりつつあり、これが第四次産業革命と言われています。

（1）第一次産業革命
イギリスで紡績機や蒸気機関（Steam engine）が登場、機械化が進展

　1773年イギリスのジョン・ケイが「飛び杼（ひ）」という縦糸の間に横糸を簡単に通す紡績機械（図表1-1-1）を開発、その後ハーグリーヴスの「ジェニー紡績機」（1767年）やアークライトの「水力紡績機」（1769年）等の発明が相次ぎ、イギリスでは世界に先駆けて生産技術が飛躍的に発展、家内工業から大規模な工場生産体制に移行し始めました。

図表1-1-1　紡績機械

　その後、トーマス・ニューコメンが発明した蒸気機関に、ジェームス・ワットが回転式蒸気機関（図表1-1-2）としての発明を加え、石炭を利用した蒸気機関が鉄道や汽船などあらゆるところに普及するようになり生産力が飛躍的に拡大、第1次産業革命をもたらしました。

　第一次産業革命によりイギリスは「世界の工場」と呼ばれるようになり、世界経済を牽引する事となりました。なお、イギリスの影響を受け、1830年代にはアメリカ・フランス・ベルギーで、19世紀中頃にはドイツ、19世紀末には日本・ロシアで産業革命が始まりました。

図表 1-1-2　蒸気機関

　ジョン・ケイは日常の織物業務において、ある一定以上の幅の布を織りあげるには 2 人以上の労働者が必要であり、そのことが生産性を下げていることに気がつきました。そこでジョン・ケイは、織機の端から他方の端に杼（ひ）を飛ばす機械を発明しました。この飛び杼機械の発明により、より幅の広い布を織る事ができるようになり、また、布を織る速度がはるかに速くなり、生産性が大きく向上しました。つまり、イノベーションのより産業革命がもたらされたといえます。

（2）第二次産業革命

アメリカ・ドイツで石油・電力が登場、効率化・重工業・化学工業の技術革新が進展

　1879年アメリカのトーマス・エジソンが電灯・蓄音機を発明、その3年後にニューヨークに中央発電所を開設し、電気の時代が到来しました。なお、余談ですがトーマス・エジソンは後に有名なゼネラル・エレクトリック・カンパニー（GE）を設立しました。

　第一次産業革命の主役は前述の通り、ジェームス・ワットの蒸気機関の改良による機械化の進展ですが、第2次産業革命の主役は、トーマス・エジソンの電灯・蓄音機、アレクサンダー・ベル（イギリス）の電話機、ルドルフ・ディーゼル（ドイツ）のディーゼル機関、アルフレッド・ノーベル（スウェーデン）のダイナマイト等による効率化でした。

　第二次産業革命により、エネルギーが石炭から石油・電気に代わり、アメリカやドイツ、フランスで重工業や化学工業が急成長を遂げました。また、ラジオ・テレビ・電気冷蔵庫・電気機関車（図表1-1-3）が登場して、人々の生活も大きく変わりました。

図表 1-1-3
電気機関車
:Electric locomotive

（3）第三次産業革命

コンピュータが登場、単純作業の自動化や
ITによる「デジタル革命」が到来

集積回路や光ファイバーといった基本技術開発が進むと共に、パーソナルコンピュータや携帯電話が高度化（図表 1-1-4）、エレクトロニクス技術や通信技術が急速に発展しました。アメリカとソ連の冷戦終了に伴い、アメリカで軍事用に開発されたインターネットが民間に開放され、1900 年代半ばからはインターネットも急速に広がりました。

　第三次産業革命により、製造業や流通業にも IT が導入されるようになり、生産ラインの自動化等が進展しました。なお、皆さんがよくご存じの、Google や Apple、Facebook、Amazon などの IT 企業が急成長し、現在は「デジタル革命」が進行しています。

　機械が人間に代わり作業をしてくれる時代になると、第四次産業革命と言われます。第四次産業革命は人工知能（AI）、仮想通貨（ブロックチェーン）、生物工学（バイオテクノロー）、量子コンピュータ、モノのインターネット（IoT）、自動運転（スマートカー）等、多岐にわたる分野において新興の技術革新を特徴としています。

図表 1-1-4

以上、産業革命の流れを説明してきましたが、世界の偉大な発明家達の発明により世界や経済がいかに発展をとげて来たか、また、我々の生活がいかに豊かになって来たのかを知っておくことはビジネスパーソンとしての一般教養ですので、ぜひ頭に入れておいてください。そして飛躍的な革命は、いつもイノベーションがもたらしているという事を理解しておく事が大切です。また、このイノベーションにより従前の産業や会社は息の根を止められてしまう、という事も理解しておく必要があります。経営者や経営管理者を目指すには、常にこのイノベーションを意識して仕事に取り組む事がポイントとなります。

　もちろん、産業革命を起こす様なイノベーションを一般のビジネスパーソンが行う事はなかなか難しいでしょう。しかし、業務の中でイノベーションを起こすことは可能です。

　ただし、日々の業務において、毎日朝から帰るまで自分の所に来た仕事だけをやっているようでは経営管理者にはなれません。たとえなれたとしても、それ以上の職位に着くことは難しいでしょう。なぜなら、その仕事は以前の担当者が作った仕事であり、前から敷かれていたレール（線路）の上を走っているだけだからです。つまり、皆なさんがそのレールの上を毎日走っているだけでは、組織の中で頭角を現すことができず、経営管理者と呼ぶにふさわしい人にはなれないという事です。

　ビジネス知識を増やして、業務の中でもイノベーションを起こし、生産性の向上や品質向上を図れるようになる。つまり、自分で新しいレールを敷く仕事ができれば、組織の中で頭角を現す事ができ、経営管理者としての道が開けてきます。

　次節からは具体的な業務関連知識の勉強になります。産業革命で

は発明家がイノベーションを起こし産業に革命をもたらしました。それにより、人類の生活は飛躍的な進歩を遂げました。この間、経済学や経営学等の世界でも、天才的な学者が経済や社会、企業等のいろいろな事象や動向を分析し理論を打ち立ててきました。時代時代でその理論が有効であったり、有効でなくなったりもしましたが、250年経ってもそれぞれの考え方は、現代のビジネスに十分活かせるものばかりです。天才的な先人の研究内容を知らずに、見よう見まねで覚えただけの自己流の考え方で成功し続ける人は、ごく一部のこれまた天才だけです。経営管理者を目指す皆さんは、まずは先人の教えをしっかり頭に入れて、しっかりと組織で頭角を現せるようになりましょう。

２．経済学とは

　経済学部を卒業した人に必ずと言っていいほど聞く質問が、「経済学」とはどんな学問ですか、という質問です。不思議と日本人を含めその答えを言えた人は、未だかつて誰も見た事がありません。「経済学」とは内容が広範囲に渡るため、人に説明をするには漠然とした学問なのかもしれません。

　「広辞苑」（第６版）で調べてみると、経済学とは「経済現象を研究する学問。旧称、理財学」と書かれています。また、インターネットで検索すると、経済学とは「我々を取り巻く経済の仕組みや、様々な経済活動の仕組みを研究する学問である」と出てきます。確かにこれでは頭に残らないのも無理がありません。

　しかし、ビジネスの世界では、聞かれた事に「シドロモドロ」な回答（Confused answers）をしていては、この人は大丈夫かなと思われてしまいます。組織の中で頭角を現す（Stands out a lot）、つまり、この人は「優秀な人」と思われるには、聞かれた事に簡潔明瞭（Clear and concise）に答えられるクセを付けておく事が大切です。

　学問の場合、その学問が何の目的のためにあるのか、という視点で理解するようにすると、簡潔明瞭に答えられるようになります。経済学であれば、「国や人類がどのようにしたら豊かになれるのかを研究する学問」とすれば、一般のビジネスパーソンでも頭に入りやすいと思います。

　経済学とはどんな学問ですかと聞かれて、経済学者の名前を挙げるだけで話が終わる人、また、ミクロ経済学やマクロ経済学が……とシドロモドロな回答をしていたのでは、組織の中で頭角を現す事

はできません。

　経済学とは何ですかと聞かれた時、経済学とは「国や人類がどのようにしたら豊かになれるかを研究する学問であると私は考えています」と即答したとしたなら、それだけであなたの第一印象（First impression）は間違いなく、他の人とは違い「なかなか優秀そうな人」という印象になるはずです。

　組織の中で頭角を現す（Stands out a lot）ための第一歩は、まずは「この人はなかなか優秀だ」と上司や同僚に思われる事です。そのためには日頃から勉強した知識、例えば先ほどの「経済学とは？」という質問に対し、簡潔明瞭に日本語で答えられる様にしておくことが大切です。

3. アダム・スミスの「国富論」

(An inquiry into The Nature and Causes of The Wealth of Nations)

　第一次産業革命の前夜とも言える 1776 年に、イギリスの経済学者であるアダム・スミスが著した「国富論」は、古典派経済学と言われていますが、近現代における経済学の始まりとも言われており、まさに経済学の父と言えます。なお、余談ですが、「国富論」が発刊された 1776 年は世界ではアメリカ独立宣言が行われた年でもあります。

　分業(Division of labor) に よ る 生 産 性 向 上 (Productivity improvement) は仕事を行う上でも非常に役に立つ事が多いので、ぜひ頭に入れておいてもらいたいビジネス知識です。また、ビジネスパーソンであれば、ビジネスに必ず関係する「お金」(Money)について、「お金」はなぜできたのか、という事もビジネス知識として覚えておいてもらいたいので合わせて紹介しておきます。

（1）お金（Money）のできた背景

　普段何気なく使っているお金ですが、どうして世界中でお金が使われているのか、という事を考える機会はあまりありません。しかし、「お金をどうしてたくさん持っている人と、持っていない人がいるのか」を考える際、お金とは何か、という事を知っておく必要があります。

　孫子の兵法「敵を知り、己を知れば百戦危うからず」（If you know the enemy and know yourself, you need not fear the result of a hundred battles.）に習い、まずお金ができた歴史を見ていきましょう。

　アダム・スミスは著書「国富論」の中で、後述の第3節で説明する、分業による生産性の向上と生産物の分配を説明、そこから生まれた通貨の起源を論じています。

　裁縫用の待ち針を作る工程を分析し、1から18工程までを1人で全てやろうとすると、ピン製造の技能を身に付けていないなら、10人いても1日に20本はとても作る事ができないそうです。ところが、10人が18工程をそれぞれ分業して作業を行う事で、針は1日に4万8千本以上製造できたそうです。

　このように、分業により生産性が飛躍的に向上しますが、この分業はパン屋（Bakery）や肉屋（Butcher）や農家（Farmer）といった具合に、社会全体でも見られるようになりました。つまり、1人でお米や麦を作り、牧場で牛を飼って、パンを作る事は大変であり効率が悪い（Ineffective）ので、お米を作る人、牛を飼う人、小麦をこねてパンを作る人がそれぞれ自分の仕事に専念（Dedication）して、生産物を交換し合う（Exchange together）方が効率的だからです。

（2）お金の起源（Origin）

　分業が確立すると、自分が生活する上で必要なものを、全て自分の労働による生産物（Products）で賄う事ができなくなります。必要な物の大部分は、他の人が労働により生産した物と交換して生活するようになりました。

　しかし、分業が起こり始めた時点では、実際には交換にかなりの障害（Hurdle）がありました。例えば、肉屋が当面必要とされるパンを所有していた場合、パンを肉と交換する必要がないため、パン屋が肉を必要としていたとしても、肉を手に入れる事ができなくなります。

　この様な状態から生まれる不便を避けるために、分業が確立した後どの時代にも賢明な人（Wise person）はみな、他人が各自の生産物と交換するのを断らないと思える商品をある程度持っておく方法を取ったと言われております。

　この目的には、未開の社会では家畜（図表 1-3-1 家畜：Livestock）が交換のための共通の手段であったと言われています。エチオピアでは塩（Salt）が交換のためと共通の手段として使われ、インド沿岸部の一部ではある種の貝殻（Shell）が、バージニアではタバコが使われていたそうです。

　この目的にはやがて、どの商品よりも金属が選ばれるようになりました。金属ほど腐りにくく、保存による損失が少ない物はないからです。金属は国によって違っていました。古代スパルタでは、交換の共通の手段として鉄が使われ、古代ローマでは銅が使われました。また、富裕で商業が盛んな国では金や銀が使われるようになりました。

　こうして、文明国の全てでお金（通貨：Currency）が使われる

ようになり、全ての商品がお金を使って売買され、交換されるようになりました。私たちが普段何も考えずに使っているお金は、このような歴史から生まれたものなのです。

図表 1-3-1 家畜：Livestock

（3）商品の真の価格と名目価格

　アダム・スミスは、労働の量（Labor quantity）こそが全ての商品の交換価値を図る真の尺度であると言っています。物の真の価値、つまり、物を入手したいときに本当に必要になるのは、それの生産に要する手間であり苦労です。入手した物を売るか、他の物と交換しようとする場合、その物の真の価値は、それを持っていれば節減できる手間（Time）であり、他人に負担してもらえる手間であります。金貨や財貨と交換して得た物も、自分で生産した物と同じように、労働によって獲得しています。金貨や財貨があったため、自分で生産する手間を省くことができたのです。

　つまり、労働こそが当初の代価、本来の通貨であり、当初はすべての物が労働によって支払われていました。世界のすべての富はもともと、金や銀でなく労働よって獲得されました。

　このように、すべての商品の交換価値（Exchange value）を図る

真の尺度は労働ですが、商品の価値は通常、労働の量によって図られている訳ではありません。違った種類の労働の量を比較するのは困難な場合が少なくありません。労働の種類が違っている場合には、時間だけでなく、どこまで厳しい仕事なのか、どこまで創意工夫が必要な仕事なのかも考慮しなければなりません。また、どの商品も労働と交換されるより、他の商品と交換されることの方が多く、このため労働と比較されるより、他の商品と比較される事の方が多いのです。

したがって、商品の交換価値（Exchange value）は、それによって購入できる労働の量より、他の商品の量によって決まると考える方が自然です。さらに、物々交換の時代が終わり、商業の共通の手段として通貨（Currency）が使われるようになると、どの商品も他の商品と交換されるより、通貨と交換されることの方が多くなります。そこで、商品の交換価値は、それと交換して得られる労働の量や他の商品の量で考えるより、通貨の量で考えることの方が多くなりました。

アダム・スミスはこのような考察を通して、商品の真の価値（True value）は労働の量であるが、名目の価値（Nominal Value）は通貨の量で考えられるようになってきた、と説明しています。

4. 身近な経済学
人生を豊かにする通貨価値のギャップ

　アダム・スミスの説明を通して、商品の価値（名目）は通貨の量で決まることを学びました。しかし、その商品価値や通貨価値にはギャップがあり、そのギャップを利用すれば人生が豊かになる事があるので、身近な経済学として価値のギャップについて触れておきたいと思います。

　ネパールやスリランカ、ベトナム等からたくさんの留学生が日本に来て勉強し、ビジネスパーソンとして活躍しています。「なぜわざわざ日本に来てくれたのですか？」と聞くと、日本のテレビドラマ「おしん」を観て日本に親近感を覚えました、と答える外国人が意外に多く驚きました。ただ、今考えるとみんな「おしん」を知っているので、現地の留学生向けの日本を紹介する本にそう書いてあったのかもしれません。

　ネパールやスリランカ、ベトナムからの留学生に、母国で働くと月給がどのくらいですかと聞くと、だいたい３万円から５万円位と答えます。かつて日本の企業の多くが工場を海外に移転したのは、海外で作った方が日本国内で作るより人件費が安く、製造コストが低く抑えられたためです。

　母国で一生懸命働いても月給３万円から５万円しかもらえませんが、日本に来て仕事をすれば、２０万円から２５万円は初期の段階からもらえるため、母国の家族に３万円の仕送りをしても、本人は残ったお金で生活をすることが可能です。つまり、通貨価値のギャップを利用して人生が少し豊かになったといえます。

　日本の中でも、東京と地方では給料に差があります。令和５年度

の地域別最低賃金を見てみると、東京が１，１１３円であるのに対して、沖縄８９６円、岩手８９３円となっております。地方では東京より家賃や物価が安いので、賃金に差が出てしまいます。そこで、東京の会社に入り地方に転勤すれば、東京基準での給料をもらい、地方基準での生活ができるため、生活に余裕ができる事になります。つまり、通貨価値のギャップを利用して人生が少し豊かになるといえます。

　逆に、会社経営的な視点に立てば、地方での仕事を受注する際、東京から社員を送り込んでいたのでは、地元の人材を活用している地元会社に価格競争面で勝てない可能性が出てきます。東京から送り込む人の人件費が、地元採用の人の人件費より高い場合が多いからです。

　別の例で言うなら、売上高１０億円の会社から、年収１，０００万円の給料をもらっている社員がいたとします。１，０００万円する車を購入する場合、年収１，０００万円の人が個人で車を購入するのは、結構大きな買い物となりますが、売上高１０億円の会社が１，０００万円の車を購入するのは、さほど大きな買い物ではありません。これは、取り扱っている金額の規模が違うからです。

　可能かどうかは別として、もし会社に車を購入してもらい、その車を自由に乗らせてもらえるとしたなら、人生がかなり豊かになります。通貨価値や貨幣感覚のギャップを利用する方法を考えれば、人生をより豊かにする事ができます。

　ちなみに、スリランカに戻っているクシャンさんに、スリランカでの中古車価格を調べてもらったものが次の写真（図表 1-4-1）です。

2017年型の古いメルセデスベンツC200の中古車価格は25,800,000スリランカルピーでした。1スリランカルピーが０.５１円なので、1,290万円という事になります。

　一方、日本での同じような中古車価格は150万円〜250万円となっていました。

　スリランカでは車の関税が高いため、車の価格がかなり高額になってしまいます。同じような車でも、日本とスリランカでは価格に大きなギャップが生じています。この車に乗ることにより人生の豊かさが増す人であるなら、日本で生活して車を購入する方がはるかに得策といえそうです。

図表 1-4-1　スリランカ　2013 年式中古ベンツ　C200

　商品価値や通貨価値、あるいは貨幣感覚のギャップはいろいろな所に存在しています。自分の人生を豊かにする身近な経済学として、このギャップを利用する事を考えるようにしてみましょう。経済学では名目賃金が上がると物価が上がって実質賃金が下がっても、賃金が上がったので嬉しいと思うような事を「貨幣錯覚」と言います。私は経済学者ではないので、商品価値・通貨価値・貨幣感覚のギャップと

いう言葉が正しいのかどうかはわかりませんが、生活をしていてギャップを利用すると人生が少し豊かになるのは間違いありません。

　しかし、日常会話レベルの母国語と日本語の通訳だけで満足していては、日本の会社で活躍するには限界があり、何年経ってもあまり生活は豊かになりません。通訳という本業以外に業務知識をたくさん身に付け、経営管理者としてのスキルを身につけなければ、このギャップを利用するチャンスも来ないかもしれません。

　例えば、あなたが経営管理者としてのスキルを身に付け、日本の会社に働きながら、母国と接点が持てる業務を提案して、その仕事を任せられたとしたら、母国で居住しながら日本の会社の給料がもらえるかもしれません。そうしたら、平均的に収入が月間5万円の母国で、毎月何十万円も収入がある高額所得者になる事ができます。

　日本での生活を希望するなら、母国に自分の代わりに業務を行ってくれる仕組みを作り、自分はたまに出張で母国に帰り管理する体制を作ったとしたらどうでしょう。その場合、会社負担の出張費で母国に帰る事が可能になり、電話代も会社が負担してくれる事になるでしょう。これだけでも人生が少し豊かになりますが、その業務から利益が出てくればあなたの給料も増えて、更に人生を豊かにすることができます。

　何年経っても「毎日の仕事をこなすだけ」、「言われた事をやっているだけ」これでは会社という組織の中で頭角を現すことはできず、責任のある仕事も任せられません。経営管理者としてのスキルを身に付け、新しいレールを敷く仕事を考えられるビジネスパーソンを目指し勉強を継続する事が大切です。

5. アダム・スミスの分業による生産性向上

（1） 裁縫(Sewing)用の待ち針製造

アダム・スミスは著書「国富論」の中で、分業による生産性の向上と生産物の分配を説明、そこから生まれた通貨の起源を論じています。通貨の起源については前述した通りです。

分業による生産性向上については、通貨の起源や産業革命を通して、お米を作る人・パンを作る人・魚を獲る人・洋服を作る人等、社会全体の分業が進み生産性が向上してきたことを少し理解ができたと思いますが、アダム・スミスの裁縫用の待ち針（図表 1-5-1）製造による検証により、分業による生産性向上について、もう少しわかりやすく説明したいと思います。

図表 1-5-1　裁縫用待ち針

図表 1-5-1 の写真は、洋服等を作る際に利用する裁縫（Sewing）用待ち針です。この裁縫用待ち針を作るには、1 人目が針金（Wire）を引き伸ばし（Stretch）、2 人目がまっすぐにし（Straight）、3 人目が針金を切り、4 人目が先をとがらせ（Acuminate）、5 人目が先端を削って頭が付くようにします。頭を作るのも二つか三つの作業に分かれています。その頭を待ち針に付けるのも一つの作業ですし、ピンを磨いて光らせるのも一つの作業です。また、でき上がった待ち針を紙に包むのも作業の一つです。このように待ち針製造の仕事を細かく分けていくと、18 工程の作

業に分かれていることがわかりました。

　アダム・スミスが見た待ち針製造所は、この作業を 10 人で分業し、10 人で 1 日に 48,000 本以上の製造をしていたそうです。1 人当たりにすれば、1 日に 4,800 本を製造できる計算になります。

　しかし、10 人がそれぞれ 1 人で全ての製造工程を作業したとすると、そして、待ち針製造の技能を身につけていないとすると、1 日に 20 本の待ち針ですら作ることが難しいということです。このように、分業により労働生産性が飛躍的に向上することは、製造業を見れば一目瞭然といえます。

　もう少しわかり易く書きますと次の様になります。

10 工程全てを 1 人で作業をした場合 ⇒ 1 人 2 本

1 人目→（1 工程・2 工程・3 工程・4 工程・5 工程・・・10 工程）

2 人目→（1 工程・2 工程・3 工程・4 工程・5 工程・・・10 工程）

3 人目→（1 工程・2 工程・3 工程・4 工程・5 工程・・・10 工程）

4 人目→（1 工程・2 工程・3 工程・4 工程・5 工程・・・10 工程）

・・・・・・・

10 人目→（1 工程・2 工程・3 工程・4 工程・5 工程・・・10 工程）

　10 人全員で製造できた針は 20 本に満たなかった。つまり 1 人 2 本程度の針しか作ることができなかった、ということです。

分業（10人で1工程ごとに分業して作業をした場合⇒1人4,800本）

1 人目→（1 工程・1 工程・1 工程・1 工程・1 工程・・・1 工程）

2 人目→（2 工程・2 工程・2 工程・2 工程・2 工程・・・2 工程）

3 人目→（3 工程・3 工程・3 工程・3 工程・3 工程・・・3 工程）

4 人目→（4 工程・4 工程・4 工程・4 工程・4 工程・・・4 工程）

・・・・・・・

10 人目→（10 工程・10 工程・10 工程・10 工程・・・・10 工程）

工程ごとに分業し、針の製造を行ったところ、10人で48,000本の針を製造できるようになりました。つまり、1人で2本程度の製造から4,800本もの針を製造することができるようになったということです。分業により生産性は飛躍的に向上します。

（2）分業により生産性が向上する理由

　ではなぜ分業により生産性が飛躍的に向上したかと言うと、アダム・スミスは次の3点で説明をしています。

　第一は、分業の発達は一つ一つの仕事を単純化し、それを毎日長い間反復（Iteration）することにより、職人の腕前が大いに向上（Improvement）するからです。つまり、手際（Skill）が良くなるからです。

　実際に効果を出すポイントは、毎日（every day）、長い間（long interval）、反復（Iteration）させる事です。週に2日、月に2〜3回やっただけでは効果はでません。

　第二は、一つの種類（Kinds）の仕事から別の種類の仕事に移るさいに通常失われる時間を節約できるからです。この時間節約によって得られる利益は、われわれが一見して想像しがちなものよりはるかに大きい、とアダム・スミスは言っています。

　第三は、適切な機械の適用により労働が容易（Easy）になり短縮（shortening）されるからです。同じ単純な仕事を毎日毎日、長年の間反復（Iteration）することによって、新しい道具（Tool）や機械が生まれ、技術革新が進み、スピードも品質も向上するという意味です。

（3）「生産性」とは

　分業による生産性向上については、社内研修でも何十回も繰り返し説明しており、外国人スタッフの皆さんもその都度うなずいていたので、当然スタッフの皆さんはすでに十分に理解しているものと考えていました。

　ところがある日、ところで「生産性向上」とはなんですか、と冗談交じりに質問してみたところ、「経済学とは」という質問に答えられないのと同じように、誰も簡潔明瞭（Clear and concise）に答えられる人がいませんでした。これにはさすがに驚きましたが、物事を簡潔明瞭に答えられる事が、組織で頭角を現す（Stands out a lot）近道になるので、まずは「生産性」について簡潔明瞭に答えられるように解説したいと思います。

　「生産性」とは、アウトプット（Output）/インプット（Input）です。アウトプットは生産物であり、インプットはその生産物を生産するために投入された資源です。したがって、より少ないインプットから、より多いアウトプットが得られる程、生産性が高くなります。つまり、生産性が向上（Productivity improvement）します。

　裁縫（Sewing）用の待ち針製造でいえば、製造工程（Manufacturing process）の全てを1人でやると、待ち針は10人で1日20本できたとすると、生産性は20/10=2となります。一方、分業により製造工程を10個に分け、それぞれ専門の製造工程だけをやると、待ち針は10人で48,000本製造できたので、生産性は48,000/10=4,800となります。つまり、分業により1工程当たりの作業時間が短くなったため、アウトプットである待ち針の製造本数が、1人あたり2本から4,800本に増え生産性が向上しました。

$$1人で製造した場合 = \frac{アウトプット}{インプット} = \frac{製造本数}{労働人数} \quad \frac{20}{10} = 2$$

$$分業で製造した場合 = \frac{アウトプット}{インプット} = \frac{製造本数}{労働人数} \quad \frac{48,000}{10} = 4,800$$

　アウトプットとインプットにはいろいろな数値を入れる事ができます。ホテルの客室清掃の例で見てみましょう。

	清掃部屋数 （数）	出勤人数 （人）	総労働時間 （時間）	売上高 （円）
岩手ﾎﾃﾙ	100	10	50	100,000
千葉ﾎﾃﾙ	150	20	100	180,000
埼玉ﾎﾃﾙ	80	6	50	48,000

　アウトプットに清掃部屋数、インプットに出勤人数を入れると、1人当たり清掃した部屋が何部屋であったかの生産性が示されます。
　（1人当たりの清掃部屋数）

$$岩手ホテル = \frac{アウトプット}{インプット} = \frac{清掃部屋数}{出勤人数} \quad \frac{100}{10} = 10$$

$$千葉ホテル = \frac{アウトプット}{インプット} = \frac{清掃部屋数}{出勤人数} \quad \frac{150}{20} = 7.5$$

$$埼玉ホテル = \frac{アウトプット}{インプット} = \frac{清掃部屋数}{出勤人数} \quad \frac{80}{6} = 13.3$$

1人が清掃した客室数は、埼玉ホテルが13.3部屋、岩手ホテルが10部屋、千葉ホテルが7.5室であり、1人当たりの清掃部屋数からみた生産性は埼玉ホテルが一番高いといえます。

次に 1 人当たりの売上高を見てみると次の通りとなります。

（1 人当たりの売上高）

$$岩手ホテル = \frac{アウトプット}{インプット} = \frac{売上高}{出勤人数} = \frac{100,000}{10} = 10,000$$

$$千葉ホテル = \frac{アウトプット}{インプット} = \frac{売上高}{出勤人数} = \frac{180,000}{20} = 9,000$$

$$埼玉ホテル = \frac{アウトプット}{インプット} = \frac{売上高}{出勤人数} = \frac{48,000}{6} = 8,000$$

1 人当たりの売上高は、岩手ホテルが 10,000 円、千葉ホテルが 9,000 円、埼玉ホテルが 8,000 円であり、1 人当たりの売上高からみた生産性は岩手ホテルが一番高いといえます。

なお、アウトプットを清掃部屋数、インプットを総労働時間とした場合は 1 時間当たりに何部屋の清掃ができたかという生産性になります。

千葉ホテルの場合、

$$\frac{アウトプット}{インプット} = \frac{清掃部屋数}{総労働時間} = \frac{150}{100} = 1.50$$

となります。つまり、1 時間当たり 1.5 部屋の清掃をしたことになります。

しかし、管理的には 1 時間に何部屋清掃できたかというより、1 部屋当たり何分で清掃できたか、という指標の方が使いやすいかもしれません。この場合式にすると

$$\frac{総労働時間}{清掃部屋数} = \frac{100}{150} = 0.67、0.67 \times 60 分 = 40.20 分$$

となります。つまり、1 部屋を清掃するのに 40.20 分かかってい

ることになります。

　しかし、アウトプットが総労働時間で、インプットが清掃部屋数では、アウトプットとインプットが逆になるので、この場合は生産性というより業務効率化（Operational efficiency）といった方が適切といえます。業務効率化は業務の「ムリ・ムラ・ムダ」を減らしてスピードアップを図る方法といえます。

（４）「分業による生産性向上」を仕事に活かす

　生産性向上と効率化の違いを明確に説明するのは少し苦労するかもしれません。効率化は生産性向上を図るための一つの手段ではありますが、外国人スタッフにも簡潔明瞭に理解できるように、生産性向上と効率化という言葉を私はあえて次の様に使い分けて教えるようにしています。

　効率化とは業務の「ムリ・ムラ・ムダ」を省いて、業務のスピードアップを図る事です。つまり、従来の仕事のやり方を少しずつ改善して、時間短縮を図る事です。一方、生産性向上とは、シュンペーターの「創造的破壊」であるイノベーションをもたらす事だと説明しています。つまり、従来の業務のやり方を根底から覆す革新をもたらし、アウトプット／インプットの最大値を飛躍的に上げる事だと説明しています。

　したがって、組織で頭角を現す（Stand out a lot）ためには、従来からやっている、既に敷かれたレールの上を走るだけの仕事をしていてはダメで、自分で新しいレールを引く仕事のやり方や業務を考えていかないとだめだと教えています。

　裁縫用の待ち針製造で、待ち針製造が１日１人２本しか製造できないところ、製造工程を分業することにより、待ち針が１日１

人 4,800 本も製造できるようになり、分業により生産性が飛躍的に向上することがわかりました。

　製造業では分業による生産性向上を長年追及してきましたので、かなり高度なレベルに到達しているといえますが、皆さんの周りの職場では、はたして分業による生産性向上（Productivity improvement）の追及が行われていますか。実はホテル客室清掃という業種では、未だに分業という考え方を取り入れていない職場がたくさんあります。昔からのやり方をなかなか変えられない仕事の事例として、ホテルの客室清掃の仕事を見ていきましょう。

・ホテル客室清掃での事例

　客室清掃の清掃場所は大きく分けると、玄関・ベッド・デスク・壁・窓と窓枠・お風呂・（キッチン）に分けられます。

　それぞれの項目には多数の作業項目があります。例えば、ベッドであればベッドメイク、枕・ベッドライナーの設置、ベッド下と周り、ナイトテーブルの清掃です。また、デスクであれば、デスク周りの掃除機、引出しの中、コーヒーテーブル清掃、ティッシュホルダーやティッシュの清掃と設置、パンフレットや案内書等の日付や向き確認、メモ帳やステーショナリー・ランドリーバッグの残量確認、椅子・ソファー清掃、ゴミ箱の中と周り清掃、電気ポットの中と周り洗浄、コーヒー・お茶パックの日付と向き確認、コップ・グラス・スプーン等の洗浄になります。

この様に、それぞれの清掃場所で多数の作業項目があり、1部屋を清掃するには50項目以上の作業工程があります。

清掃作業時間はチェックアウトの10時頃からチェックインの15時までが勝負となります。したがって、昼食は仕事が終わるまで食べる余裕がありません。また、1部屋の清掃に1人で30分かかっていたのでは利益が出づらいので、何とか20分で作業を終わらせるようにしないといけません。これが一般的な客室清掃の実態です。

① 「科学的管理法」による効率化の追求

この様な状況下、多くの清掃会社が清掃作業の効率化を図り、何とか1部屋30分かかる清掃を15分〜20分で清掃が終了するように努力しています。

フレデリック・テイラーによる「科学的管理法」については、第3章の「経営学」にて詳しく説明しますが、多くの会社は科学的管理法の表面部分を参考に効率化を追求しているように思われます。

具体的には、まず「科学的管理法」に習い、1日のノルマとなる仕事量である「課業」を設定して、毎日の「課業」を管理します。そして、使用する道具や手順などの諸条件を標準化して、熟練工（ベテラン）でも未熟練工（入りたてのアルバイト）でも同条件で働かせるようにします。これにより、「唯一最善の作業方法」を確立して、それを作業者全員に習得させて作業能率を更に向上させていきます。

「課業」の設定を行うにあたって取組む「作業研究」には、「時間研究」と「動作研究」があります。「時間研究」は、清掃作業であるベッドやお風呂などの作業における標準的作業時間を、ベテラン作業員の作業時間をストップウォッチで図り、そのデータを参考にして決めていきます。そして「動作研究」では清掃に使う道具や清掃手順

などを標準化するための最良のやり方を決めていきます。

　この様な作業時間の徹底的な管理により作業効率を高めていく訳ですが、更に「課業」以上に清掃を行ってくれたスタッフにはインセンティブを支払う方法でモチベーションを上げ、更なるスピードアップを求めている会社もあります。

②効率化追求の落とし穴

　この様に効率化を追求していかないと利益が出ないので、清掃会社は一生懸命効率化を図っていきますが、実はこの効率化の追求には落とし穴が待っています。

　清掃スタッフは1部屋20分で清掃を終わらせないといけないので、決められた清掃作業箇所を決められた時間で終わらせないといけません。そのため決められた作業以外の作業をやらなくなってしまいます。

　例えば、棚の上のオブジェに埃が溜まっていても、その作業が清掃作業箇所に入っていなければ、汚くて目についても、清掃スタッフは清掃をしなくなってしまいます。冷蔵庫の扉（図表 1-5-2）、テレビの裏の埃やコンセントの埃（図表 1-5-3）も同様です。

　清掃スタッフに「汚いのに何故清掃しないのか？」と聞くと、それは清掃範囲に入っていないし、清掃している時間がありません、との回答が返ってきます。冷蔵庫の中のチェックと清掃はしますが、扉の汚れは目に入らなくなってしまうようです。また、20分で継続的に清掃をしていくと、新人では対応ができなくなり、手抜き清掃が始まります。これは、テイラーの科学的管理法の所で詳しく紹介しますが、多くの組織では新人が見よう見まねで作業を自己流で覚えて、それが正しいやり方であると思い込み、結果としてやり方が人によって異なり始めるのです。つまり手抜き清掃になるのです

が、それがその人にとって 20 分で終わらせるための標準的なやり方になっていき、徐々に清掃品質が劣化していきます。

　確かに、50 項目以上を 20 分で清掃するためには、1 項目当たり 24 秒で終わらせないといけない計算になり、余計なことに構っている暇はありません。その結果、お客様に非日常空間を提供するという、清掃品質にこだわった本来の清掃精神からかけ離れた清掃になってしまうのです。そもそも 1 人で 50 項目全てを 20 分で終わらせようとすると、清掃品質よりもスピード重視になってしまい、写真（Before）の様な清掃になってしまうのも当然の結果ともいえます。

図表 1-5-2　冷蔵庫の扉　（拭くだけでは落ちにくい汚れ）

図表 1-5-3
テレビ下のコンセントの埃（一人清掃ではここまでは清掃できない）

・分業による生産性向上と品質向上

　1人で玄関・ベッド・デスク・壁・窓と窓枠・お風呂・（キッチン）の6（7）項目、作業内容で見ると50工程以上もの清掃作業を1人で全てやるのは、裁縫用（Sewing）の待ち針製造を1人で作業しているのと同じ状態といえます。「(1) 裁縫用（Sewing）の待ち針製造」で説明した通り、待ち針は1人で全ての作業工程を行うと10人で1日20本しか製造できません。しかし、10工程に分業する事により10人で1日48,000本の製造が可能となりました。つまり、1人当たり1日で2本しか製造できなかったものが、分業により4,800本も製造することが可能となりました。

図表 1-5-4 分業による清掃

　製造工程を分業する事により、工程ごとの技術やノウハウが向上し、専門の道具も開発されてくるので、その工程の作業スピードや品質が向上していきます。清掃に当てはめるなら、玄関・ベッド・デスク・壁・窓と窓枠・お風呂の清掃作業を3〜4の工程に分業し、それぞれの担当

図表 1-5-5　清掃での掃除機かけ

図表 1-5-6
壁の隅下のカーペットに溜まっ白い埃

スタッフが一斉に、自分の担当工程だけの作業に入ります（図表 1-5-4）。

　例えば掃除機がけであれば、1 人で全ての清掃をやっていると掃除機のヘッドを交換してまで掃除機をかけている時間がありません。（図表 1-5-5）

　この場合、カーペットは見た目綺麗ですが、図表 1-5-6 の様に壁の隅下のカーペットをよく見ると埃がいずれ蓄積していきます。

　しかし、分業により掃除機だけをかける専担者が清掃すると、壁の下のカーペットも、掃除機のヘッドを換えて（図表 1-5-7）毎日綺麗に清掃することが可能となります。ベッド下やテーブル下のゴミも専担者なら掃除機がけで発見できます。

　また、窓や窓枠であれば、従来クリーナーとタオルの拭き上げで清掃していたものを、ワイパー形式のスポンジとワイパーで洗浄と拭き上げを行い、仕上げで残った水滴だけタオルで拭き取れば作業

図表 1-5-7
部屋の隅は掃除機の細いヘッド

は簡単かつ綺麗にでき、作業時間も短縮されます。しかもタオル使用量を大幅に削減できます。

　しかし、1 人で全ての清掃をやろうと思うと、ワイパーという道

具が増えるだけで煩わしさが増し、従来通りのタオルで拭く方がよいという事になってしまいます。これでは、使用するタオルの量が増え、結果として仕事を増やしている事になります。

　例えば2工程に分けた分業体制で作業に入り、各人の工程を10分で終わらせたとすると、1部屋20分（10分×2人）で清掃が完了します。各工程に手抜きがないので、清掃品質は一定です。一方、効率化を求め、清掃部屋数によるインセンティブ制で清掃を行った場合、1人で全ての清掃を30分から20分、15分に短縮しようとすると、作業内容を簡略化して時間を短縮することになり、結果として清掃品質を落とすことになってしまいます。

　また、分業により生産性向上を図れば清掃品質を上げながら、更に時間短縮を図っていく事が可能になります。客室の清掃完了時間も、1人で全ての清掃を完了させるには30分かかるので、客室の清掃後チェックに入れる最短時間は、当然清掃開始から30分後となります。しかし、分業による清掃であれば、分業で一斉にそれぞれの清掃を行って、各工程の清掃が10分で完了したとすると、客室の清掃後チェックに入れる最短時間は、清掃開始から10分後という事になります。つまり、清掃後のチェックも、清掃開始10分後からドンドン行うことが可能になり、15時のチェックインを待たずにお客様にお部屋をご案内することが可能となります。

　ホテル清掃は、お客様に非日常空

間を提供して、お客様に快適に宿泊していただくというホテルの思いを支える仕事であり、芸術作品を造る気持ちで清掃に臨む必要があります。分業による生産性向上は、その実現を可能にするやり方だと考えられます。

①「ムリ・ムラ・ムダの排除」による改善
　分業により作業のやり方を変えた後には、トヨタ生産方式を見習い、作業内容はもちろん、出勤してから帰るまでの「ムリ・ムラ・ムダ」を排除していく「改善」（Improvement）が必要になってきます。
　トヨタ生産方式では、今現在当たり前にやっている仕事にもムダが潜んでいるので、作業を次の三つに分けることで、そのムダを見つけていく、としています。

　　：付加価値を高める作業⇒清掃を実際にしている作業
　　：直接付加価値を生まないが必要不可欠⇒リネンや道具の準備
　　：付加価値を高めず原価を上げる⇒道具を取りに行く時間、
　　　移動時間、待ち時間

　１人で１部屋全てを清掃した場合、品質を意識した１部屋の清掃時間が30分だとすると、１時間で２部屋の清掃をすることが可能です。勤務時間が５時間だった場合10部屋（２部屋×５時間）の清掃が理論的には可能となりますが、実際には１人８部屋程度の清掃となっている場合が多いというのが現状です。つまり、道具を取りに行ったり、移動したり、リネン準備等、清掃を実際にしていない時間が意外にも多い事がわかります。この時間をいかに短縮できるかが重要となってきます。

・ムリを見直しムダを排除する

　分業により清掃作業を2工程に分けた場合、1人が1部屋の自分の作業工程を終わらせるのに10分かかったとすると、1時間（60分）で6部屋となり、勤務時間5時間で30部屋の清掃をすることが理論的に可能になります。作業工程が二つありますので2人で1日30部屋の清掃をした事になります。つまり、1人で15部屋の清掃を行ったこととなります。

　一方、1人で全ての清掃を行った場合、理論的には1人10部屋清掃することが可能ですが、実際には13人で100部屋程度しか清掃できていないという事が多く、1人7～8部屋程度の清掃となってしまいます。もちろんこれは清掃品質を落とさずに清掃した場合です。

　これは、掃除機とバスルーム清掃や窓拭き清掃の道具が違うため、作業内容が変わる度に道具を取りに移動し、または、部屋の中をいろいろと動き回るといったこともありますが、1人で30分清掃に集中し、次の部屋に1分移動して、また30分清掃に集中するという事が繰り返されるため、作業内容が重労働となり「ムリ」が生じている事に起因している割合も大きいといえます。

　分業により作業工程を二つに分けた場合、10分清掃に集中し1分移動（実質休憩時間）、そしてまた10分清掃に集中し1分移動と、集中時間が30分から10分に短縮されます。また、作業内容も1工程のみに専担化される事により、より熟練度が高まるために疲れにくくなります。つまり、「ムリ」をなくすと疲れも少なくなります。

　結果として、分業により1人当たり清掃部屋数が増え、客室移動時間が増加したとしても、その移動時間を含めた作業時間内に、

１日２人で 30 部屋清掃の理論値により近づける事ができます。なお、実際には２工程に分業するのが最良なのか、２〜３工程に分業する方が効率的なのかは、ホテルの状況により異なります。

・ムラを見直しムダを排除する

　ある作業項目を４人の４工程に分業した場合、４人の作業が同時に終わっていけば、図表 1-5-9 のように６分で一つの作業がドンドン完了していくので管理が簡単です。ところが、図表 1-5-8 の様に、Ａさんの作業は６分、Ｂさんの作業は７分、Ｃさんの作業は８分、Ｄさんの作業は３分かかるとなると、Ａさん・Ｂさん・Ｃさん・Ｄさんはバラバラで作業を進めていく事になり、結果として、全て完了した作業がいくつあるのか、あるいは、どこまでの作業が完了しているのかを別途管理していく必要が生じてしまいます。

　各工程の清掃時間に時間差があり作業終了時間にムラ（図表 1-5-8 作業時間が一致しないイメージ図）が生じると、新たに管理することが増え、ムダが生じることになります。作業終了時間が図表 1-5-8 のように３〜５分差ならまだ管理はしやすいですが、これが工程ごとに 10 〜 15 分違ってくると、管理をしていくのが大変になってきます。

　50 項目の作業を各工程に分ける際に、作業終了時間が同じ時間でないと作業にムラが生じ、どの部屋の清掃が完了していて、どの部屋があと何工程未了かの管理をしないといけなくなり、ムダな仕事が増えてしまいます。

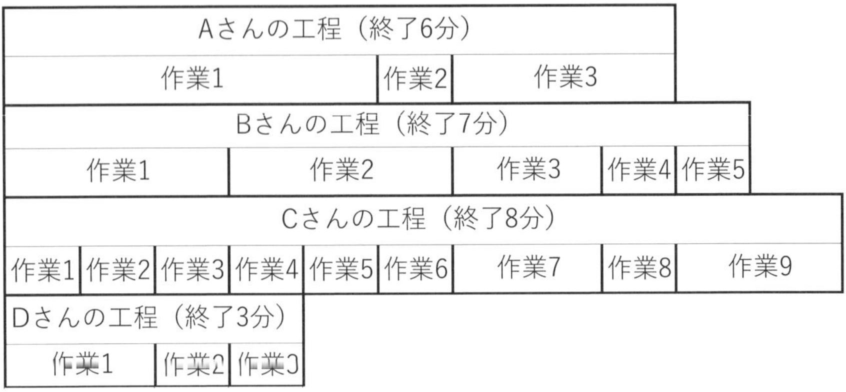

図表 1-5-8　作業終了時間が一致しないイメージ図

　そこで、図表 1-5-9 のように、作業工程の終了時間が同じになるように 50 項目を割り振り、各工程が同時に作業を終わらせるようにするとムラがなくなります。

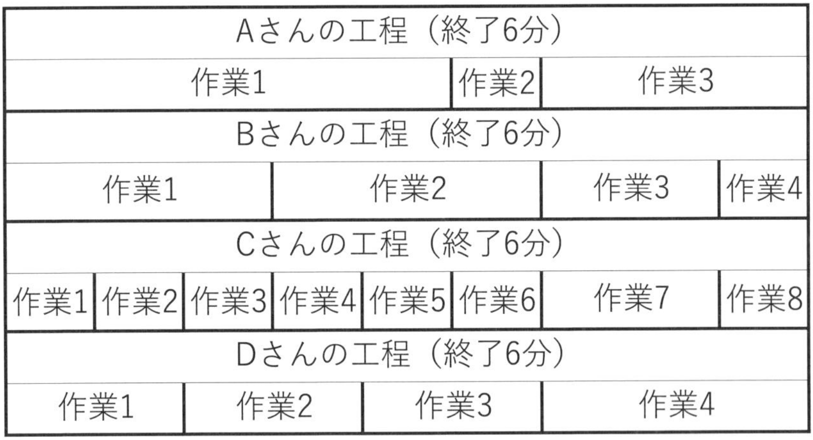

図表 1-5-9　作業終了時間が一致したイメージ図

（5）客室清掃事例の検証結果

　以上、アダム・スミスの分業による生産性向上を仕事に活かす事例としてホテルの客室清掃の実例を取り上げてみました。1人で全ての作業をやろうとすると1部屋の清掃で30分かかります。効率化追求により清掃スピードのアップを図ると15分でも清掃は可能ですが、30分かけた清掃より、かなり清掃品質が落ちる結果となります。

　一方、分業により50項目以上ある清掃作業を2〜4工程を分け、それぞれの工程をその工程の専門家が作業を行うようにすると、清掃品質を向上させながら時間短縮を図ることが可能となります。

　5時間（300分）の勤務時間で、1人で全ての清掃作業を行った場合は、1人当たりの清掃部屋数はＭＡＸ10部屋（300分÷1部屋30分）、ただし、実例検証では、実際に清掃している部屋数は、1日1人で7部屋から8部屋程度となっている場合が多い結果となりました。つまり、4人で実際に清掃している部屋数は、28部屋（7部屋×4人）から32部屋（8部屋×4人）という事になります（ラグジュアリーホテル）。なお、時間を重視し1人15分で清掃を完了させることも可能でしたが、この場合清掃品質がかなり落ちる結果となりました。

　一方、分業による清掃を行った場合は、1人で自分の工程を10分で終わらせていけるので、60分で6部屋、5時間（300分）で30部屋という計算になります。清掃は2工程（2人）で行ったので、1人当たりの清掃部屋数は15部屋（30部屋÷2人）という事になります。

　実証実験では、1工程5分という設定に無理がある工程があり、とりあえず、Ａ工程5分、Ｂ工程10分、Ｃ工程15分の3工程分

業を行いました。結果としては、清掃品質を維持しながら、1部屋当たり30分での清掃が可能となりました。反復継続により、1部屋当たり20分〜25分でも清掃が可能となりました。つまり、分業による清掃の場合は、清掃品質を上げながら3人で36部屋（300分÷25分×3人）、1人なら12部屋の清掃が可能となり、反復継続により、3人で45部屋（300分÷20分×3人）、1人なら15部屋の清掃が可能である事がわかりました。ただし、この件数は熟練者ならできますが、経験の浅いアルバイトがすぐに行う事は難しいという結果になりました。　今後は各工程の作業時間の均一化を含め、新人アルバイトができるだけ早く仕事をマスターできる内容に各工程の見直しを行っていく予定です。

そうとはいえ、アダム・スミスの分業による生産性向上は現在でも仕事に活用できる内容となっております。他にも、店舗ごとに時間をかけて行っている作業であれば、その作業を本社に集中すれば生産性は向上します。

例えば、備品購入に際して、忙しい各店舗の人にそれぞれ最適備品を調べさせて購入させるより、本社で一括して調査・研究して最適備品を購入する方がはるかに高い生産性を確保できます。

飲食であれば、店舗ごとに野菜を切って、料理の仕込みをしているなら、セントラルキッチンを作り、そこで作ったものを各店舗に配り、店舗で温めて料理を提供する方が生産性は高くなります。

また、職場ではたまに2人で作業をしたがる人を見かけますが、ビジネスの世界では同じ仕事を2人でやればコストが2倍かかり、利益が減るという事を覚えておきましょう。2人で行うことで、1人で行う作業時間が半分になればよいのですが、実際にやると不思議と半分にはなりません。同じ仕事でも1人ひとりが分業で別の作

業をするとか、別の場所の作業をする方が生産性の向上につながります。

　いずれにしろ、「分業による生産性向上」の知識は、職場での改善提案につながる可能性が高いので、ビジネス知識として是非活用できるようになりましょう。

分業による清掃

6. デビッド・リカードの「比較優位説」

絶対的優位と比較優位

(Absolute advantage and Comparative advantage)

　アダム・スミスは「国富論」で，慣習による競争制限や政府の規制等の縛りをなくし、市場の自由に任せれば経済が発展するという自由市場(Free market)主義を唱えました。この自由市場主義の基本思想を理論的に説明したのがデビッド・リカードです。特に国際分業の原理として確立した「比較優位説(比較生産費説)は経済学における最大の発見とも言われていますので、ここで紹介しておきます。

（1）比較優位説

財1単位の生産に必要な労働者数（人）

	ぶどう酒（樽）	毛織物（反）	合計
ポルトガル	10	20	30
イギリス	50	30	80

＊人数は説明を解りやすくするために変更しています。

つまり、両国では比較優位な商品（財）が反対となっています。

また、ポルトガルの生産費は、どちらの商品（財）においてもイギリスより小さい（ポルトガルが絶対的優位 =Absolute advantage）状況となっていました。

　ポルトガルで30人の労働者をぶどう酒の生産に投入すると、30人÷10人で3樽のぶどう酒を生産できることになります。ポルトガルがこのうち1樽を国内で消費し、2樽をイギリスに輸出すると、イギリスでは同量のぶどう酒は50人×2樽で100人の労働量を含むから、ポルトガルは同量の労働量を含む毛織物、すなわち100人÷30人＝3.3反の毛織物を入手できる事になります。一方、ポルトガルが30人の労働量で交換できる毛織物は、国内では30人÷20人で1.5反となります。

　つまり、ポルトガルでは30人の労働量をぶどう酒の生産だけに投入し、生産されたぶどう酒の一部を輸出し、それを相手国で毛織物と交換して輸入した方が、より多くの毛織物を入手することができます。

ポルトガル　比較優位なぶどう酒生産に特化

・30人をぶどう酒生産に投入（従来ぶどう酒10人・毛織物20人）

・10人で1樽（タル）生産できるので30人では3樽の生産が可能です。

・1樽を国内消費。残り2樽をイギリスに輸出します。

・イギリスではぶどう酒1樽を50人で生産。2樽なので100人の労働量と同一となります。

・イギリスでは、100人の労働量は毛織物3.3反（タン）と交換可能（100人÷30人＝3.3反）です。

・ポルトガル国内では30人の労働量で交換できる毛織物は1.5反のみ。つまり、ぶどう酒を輸出して毛織物を輸入すると1.5反→3.3反に増加。

イギリスで80人の労働量を、比較優位な毛織物に投入すると、80人÷30人で2.67反の毛織物が生産できます。このうち1反を国内で消費し、残りの1.67反をポルトガルに輸出すると、ポルトガルでは1.67反の労働量は、20人×1.67反で33.4人の労働量を含むので、イギリスでは同量の労働量を含むぶどう酒すなわち33.4人÷10人＝3.34樽のぶどう酒を入手することができます。一方、イギリスが33.4人の労働量で交換できるぶどう酒は、国内では33.4人÷50人で0.67樽です。

　つまり、イギリスでは80人の労働量を毛織物の生産だけに投入し、生産された毛織物の一部を輸出し、それを相手国のぶどう酒と交換して輸入した方が、より多くのぶどう酒を入手することができます。

イギリス　比較優位な毛織物生産に特化

・80人を毛織物の生産に投入（従来ぶどう酒50人・毛織物30人）

・30人で1反生産できるので80人では2.67反（80人÷30人＝2.67）毛織物の生産が可能です。

・1反を国内消費。残り1.67反をポルトガルに輸出します。

・ポルトガルでは毛織物1反を20人で生産。1.67反なので33.4人（20人×1.67反＝33.4人）の労働量と同一となります。

・ポルトガルでは、33.4人の労働量はぶどう酒3.34樽（33.4人÷10人）と交換可能です。

・イギリス国内では33.4人の労働量で交換できるぶどう酒は0.67樽（33.4人÷50人）のみ。

　つまり、毛織物を輸出してぶどう酒を輸入すると0.67樽→3.34樽に増加します。

したがって、各国はそれぞれ、自国内で生産費が相対的に低い財の生産に集中してそれを輸出し、それと交換に他の財を他国から輸入した方が利益を多くすることができます（国際分業）。

　アダム・スミスは絶対優位説を前提にしていましたが、デビット・リカードが比較優位説を発見して、国内市場のみならず、国際貿易においても自由市場主義を実現すれば、貿易を行う国の双方に利益をもたらす事を説明しました。

　やや話しが難しくなりましたが、ポール・アンソニー・サムエルソン博士は著書「経済学」の中で、有能な女性弁護士（Lawyer）と秘書の例を上げ「比較優位」をわかりやすく説明しているので紹介しておきます。

　ある有能な女性弁護士は手先が器用でタイプを打つのが得意でした。そのスピードは速く、秘書の二倍のスピードでタイプを打つことができました。しかし、秘書は弁護士業務ができません。この場合、有能な女性弁護士はタイプを打ってくれる秘書を雇うのが良いか、それとも秘書の給料を節約して自分でタイプも打った方が得かという考察です。

　弁護士の報酬は秘書の給料とは比べ物にならないくらい高いので、弁護士がタイプを打つということは、弁護士報酬という機会費用（Opportunity cost）を捨てることになります。機械費用（Opportunity cost）とは、ある選択を行うことで失ったものの価値の事をいいます。

　つまり、女性弁護士が自分でタイプを打った方が早いとしても、タイプを打ってくれる秘書を雇い、弁護士の業務に専念した方がより多くの報酬を稼げる、というものです。

（2）比較優位説を仕事に活かす

　会社組織では、優秀な人は全ての業務において絶対的優位になっている事が多く、自然と仕事が優秀な人に集中してきてしまいます。私の昭和時代には、「みんなに期待されている証拠だから頑張りなさい」と叱咤激励され、なんで自分だけがこんなに忙しいのか、という不満を絶えず抱えながらも優秀な人は我慢して仕事をしていました。しかし今時の若い社員にはそんな事が通用する時代ではなくなって来ており、業務が集中して大変になるとすぐにグレ　　山と　なって問題となってしまいます。

　「比較優位」の考え方は、相対的に得意なことを行わせる事によって、組織全体の生産性を高める事にも役立ちます。

　例えば、現場の「店舗管理」とデータ分析や報告書作成といった「業務管理」の仕事があったとします。二つの業務で全く同じクオリティの実績を挙げるのに必要な時間が次の通りだったとします。

店舗名	担当者名	店舗管理	業務管管理	合計時間
A	Iさん	3 時間	4 時間	7 時間
B	Sさん	3 時間	5 時間	8 時間
C	Jさん	2 時間	1 時間	3 時間
D	Jさん	2 時間	1 時間	3 時間

・Iさんは A 店舗を管理しています。店舗管理は 3 時間でできますが、パソコンが苦手で業務管理には 4 時間かかっています。

・Sさんは B 店舗を管理しています。店舗管理は I さんと同じで 3 時間でできますが、パソコンと日本語が苦手で、業務管理には 5 時間かかっています。

・Jさんは仕事が早く、店舗管理 2 時間、業務管理は 1 時間でできるので、1人で 2 店舗を管理しています。

今新規でE店舗が加わり、誰に担当してもらうか協議中だとします。

Iさんは8時間の勤務中、すでにA店舗で7時間を費やしており、もう1店舗を管理する余裕はありません。同じくSさんもB店舗管理で8時間を費やしており、もう1店舗を管理する余裕がありません。そうなると、一番優秀なJさんにお願いするしかなくなります。

この場合、Jさんは既にC店舗とD店舗の2店舗管理に6時間を費やしているので、3時間を要するE店舗の管理をすることによって、1時間の残業が必要となってきます。しかし、人がいないのでしょうがないです。こうして、優秀な人に仕事が集中してきてしまい、Jさんの不満はいずれ爆発します。他の人が1店舗しか管理していないのに、なぜ私は3店舗も管理しないといけないのか、という不満です。当然といえば当然の不満です。そこで已む無くもう1人社員を採用するか、という流れになってくるかもしれません。

ここでデビット・リカードの比較優位の考え方を応用してみます。

店舗名	担当者	店舗管理	合計時間
A	I・Sさん 2人で管理	3時間	15時間/勤務時間16時間 （8時間×2人） （勤務時間1時間余剰）
B		3時間	
C		3時間	
D		3時間	
新規　E		3時間	
店舗名	担当者	業務管理	合計時間
A〜E	Jさん	5時間	5時間/勤務時間8時間 （勤務時間3時間余剰）

・**Iさんとさんに比較優位である店舗管理をやってもらいます。1店舗3時間なので5店舗で15時間かかります。2人の勤務時間は合計16時間（8時**

間×2人）なので、新規店舗Eが追加されても、勤務時間内に仕事を終える事が可能です。

・Jさんには比較優位である業務管理をやってもらいます。1店舗1時間なので5店舗で5時間となります。したがって、新規E店舗が加わっても、3時間の時間的余裕ができる事になります。場合によっては、もう1店舗の店舗管理（2時間）と業務管理（1時間）をやってもらっても、合計時間は8時間（5時間＋新規3時間）と勤務時間内に仕事を終える事が可能です。

　新規E店舗の管理で、本来なら社員を1人増加させないといけなかった所、比較優位を応用した分業を行う事により、既存のスタッフだけでも対応する事が可能となり、余剰時間まで捻出する事ができました。更にもう1店舗が加わって6店舗になっても、既存のスタッフだけで業務をこなす事ができる様になります。

（3）組織が陥りがちなケース

　なお、会社組織でよくありがちなのが、先ほどのポール・アンソニー・サムエルソン博士が説明した弁護士と秘書との話で、弁護士がタイプばかりを打ち始めるという現象です。実際には、職位が高く給料が高い人が、本来自分でやるべき仕事を部下に丸投げして、自分は計数入力や簡単な書類の作成等のアルバイトでもできそうな仕事をやり始めるという事です。これは会社組織全体では生産性をかなり下げる事となります。

　例えば、先ほど見たホテル清掃の仕事で言うならば、業務全体の管理をする人や清掃が終わった客室の最終チェックをできる人が、清掃作業の方が気持ち的に楽だから、あるいは清掃作業が忙しいから、と言って日々清掃作業に没頭して管理やチェックをおろそかにした場合、清掃不備を招いて、結果として組織全体での生産性を低

下させてしまいます。

　あるいは、本来経営管理者は、自分が任せられた業務において、目標を達成するための企画立案や組織を動かすために弊害となっている問題の解決のため、お客様や自部門・他部門の調整を行うという重要な役割を担っております。この業務は若いスタッフだけではなかなか解決できない業務といえます。しかし、その業務を部下育成のためと言い訳して、部下に丸投げ、自分は簡単な業務をやり始め日々多忙となっている事がよくあります。

　この場合、上司は忙しくて部下の面倒をみている時間がなくなります。そしてそのうち、部下に指示したのに、部下が全然やってくれない、と愚痴をこぼし始めます。

　部下は上司に相談しても上司がなかなか取り合ってくれないので仕事が上手く進められないと悩み始めます。こうして上司が部下の悪口を言い出し、部下も上司の悪口を言い出し始め、組織内がちぐはぐになってきます。結果として、仕事が段々と滞り始めます。

　会社組織の生産性を下げている原因は、実はこの「比較優位」の考え方を理解していない管理者自身にある場合が多いのです。管理者が本来やるべき仕事をやらずに、簡単で気楽な仕事を中心にやり始め、毎日忙しい、忙しいと言い始める。

　管理者が本来やるべき肝心な仕事は部下に丸投げしているので、一向に問題解決が図れない。上司にどうなっているのかと聞くと、「私は彼に指示したのですが、彼がやらないのです」と言い訳する。こんな時は、「それができるなら彼はもう管理者になっているでしょう。しかし彼はまだ管理者ではなく、管理者はあなたです」と答える事が多々あります。

　「比較優位」の考え方をよく理解して、仕事の役割分担や会社組

織をよく見て、仕事の分担を見直せば、生産性を上げる方法がたくさん見えて来ます。

　組織で頭角を現す（Stands out a lot）どころか、経営管理者としての会社組織の生産性を上げる提案ができるかもしれませんので是非覚えておいてください。

7．カール・マルクスの「資本論」
（Das Kapital）Kapital）

　本書では組織の中で頭角を現し、経営管理者への道をいかにして
登って行くか、また、人生を少しでも豊にするにはどうしたらよい
か、という観点（Perspective）からビジネスパーソンとして身に付
けておくべきビジネス知識を紹介しています。そしてそのビジネス
知識をいかにして活用すればよいのか、というヒントを私の経験を
踏まえて紹介しています。その中でカール・マルクスの「資本論」
はビジネスを考える上で非常に参考になるので、ここでは「資本論」
について紹介します。

　前述した産業革命（Industrial Revolution）により、機械文明が
発達して生産性が飛躍的に向上、その結果、巨大な富が生み出され
ました。しかし、豊かになったのは一部の資本家だけであり、資本
家に雇われた労働者は生活に困らない程度の賃金をもらえたに過ぎ
ませんでした。この資本主義の構造的な仕組みを分析したのが、カー
ル・マルクスの「資本論」です。

アダム・スミスの「国富論」は、産業革命の前夜である 1776 年に発行されましたが、カール・マルクスの「資本論」が発行されたのは 1867 年であり、第一次産業革命の結果を検証できる時代であったともいえます。なお、「資本論」においては、デヴィッド・ハーヴェイ博士の著書、＜資本論＞入門 (訳者森田成也・中村好孝　発行所　株式会社作品社　2020 年 10 月 30 日　第 11 刷発行) にわかりやすく解説がなされているので、こちらを参考に紹介していきます。

（1）資本家だけが豊かになる

　「資本論」では、商品にはそれが役立つ「使用価値」と、交換する値打ちである「交換価値」がありますが、交換される物に共通するのは「労働」であると言っています。

　カール・マルクスによると、労働者の労働力も商品であり、労働力と交換されるものが賃金という事になります。

　労働者が 1 日生活するのに必要な労働時間は、労働者が生きていくためのものであり、資本家には利益をもたらしません。そこで、資本家は利益を得るために労働者に多めに働かせて「余剰価値」を生み出し、これを「搾取」(Exploitation) していると言っています。つまり、資本主義社会においては、資本家にならないと豊かにはなれないという事です。

　「労働者に多めに働かせて余剰価値を生み出す」という言い回しは現代では少し違和感がありますが、労働者を働かせて付加価値を付け、それによって生まれた余剰価値を資本家が搾取している、と理解すればよいでしょう。

　産業革命による生産性の飛躍的な向上で巨大な富が生み出されましたが、豊になったのは資本家だけであり、労働者は資本家に雇わ

れた貧乏な労働者として一生を送る事になってしまいました。

　最低賃金制などがなかった当時は、資本主義が発達すればするほど貧乏人がどんどん貧乏になり、資本家だけがお金持ちになり、貧富の格差が広がるといった現象が起きるという事です。この問題は現在でも同じかもしれませんが、この資本主義の仕組みを労働者階級の立場から分析したのが「資本論」です。

　「マルクス・レーニン主義」という言葉は多くの人が聞いた事があると思います。ロシア革命の指導理念として、ウラジミール・レーニンが考えたものをレーニンの死後、ヨシフ・スターリンが提唱し定式化されました。

　資本家から資本を取り上げ、全ての生産手段を社会化したものが共産主義であり、資本家だけが儲かるという仕組みを変えるという考え方は面白いものであったと思います。

　当社ではネパール出身の社員がたくさんいます。ネパールの統一共産党は母体が、ネパール共産党マルクス主義派とネパール共産党マルクス・レーニン主義派です。一方、ベトナムではベトナム共産党がベトナム唯一の政党であり、マルクス・レーニン主義やホー・チ・ミン思想を国家の指導理念として掲げています。他にもスリランカやフィリピンにも共産党が存在しており、マルクス主義は他に類をみない程の多大な影響を現実社会に与えたといえます。

　レーニンによるマルクス主義的見解では、人類は最終的に純粋な共産主義に到達し、国家も階級も存在しない平等主義社会を築き、そのような社会で労働者は搾取と疎外から解放され、自らの運命をコントロールし、能力に応じて働き、必要に応じて受け取るというルールを順守していくものとされました。

　2022年3月、ロシアがウクライナに軍事進行を始め、毎日多く

の罪のない民間人が殺されています。北朝鮮や中国も不穏な動きを見せております。共産主義社会では共産党の独裁者に逆らうものは、生命の危険に晒されるので、自由な発言もできない状態にあるといえます。マルクス主義の理想とは大きくかけ離れてしまったとしたら、それは誠に残念な事といえます。

（２）資本主義の仕組みを理解する

　アダム・スミスの考察では、分業による物々交換の過程で貨幣というものが登場したと書かれていました。カール・マルクスは「資本論」の中で、「貨幣」と「資本」の違いを明確にしました。

　商品（W）→貨幣（G）→商品（W）という流通は、分業により自分で作った物（W）を貨幣（G）と交換し、代わりに欲しい物（W）を購入して消費するといった流れになります。この流通の最終目的は消費であり、商品（W）の価値は使用価値となります。つまり、最初の商品（W）と貨幣（G）を交換手段として手に入れた商品（W）は、使用価値としてみれば同じ価値といえます。例えば、パン屋さんが自分で作ったパンを売り、売却して得たお金で、お米を買ったという取引です。

　一方、カール・マルクスが発見した流通は、貨幣（G）→商品（W）→貨幣（G）という取引です。これは、貨幣（G）で商品を買って、その商品（W）を売って貨幣（G）を得るという取引です。つまり貨幣を増やすために商品を買うという流通形態へと焦点をシフトさせ、「資本」という概念の原型を発見しました。

　この増加分、最初の価値を超える超過分を、カール・マルクスは「余剰価値」と呼びました。また、労働力は労働者が売る商品であるとも言っています。

そもそも貨幣（G）は同じ価値の物を買い、同じ価値の物を売る手段にしか過ぎません。だから貨幣（G）→商品（W）と商品（W）→貨幣（G）は等価交換なのです。つまり、貨幣（G）→商品（W）→貨幣（G＋△G）という取引の過程で貨幣（G）が増加するのは、「商品（W）」が消費される段階で起こると結論付けています。この「商品（W）」が労働力であり、資本家はこの労働力を使って余剰価値を手に入れている、という事になります。

　カール・マルクスの「資本論」では、以上の様な「資本」の仕組みを解明していますが、私が資本論を学んだ際、最も感銘を受けた事は、「資本論」の中身より、「世の中は使われる人より使う人の方が儲かる」というビジネスの原則に気づいた事でした。

　資本家に雇われた労働者の労働力は、資本家にとってみればコストの一部であり、コスト＋利益で商品を売る資本家は、労働者より取引金額が大きくなるだけ当然儲かるといえます。

　例えば、建物を建てるゼネコンは、サブコンという下請会社を使い、サブコンは内装工事会社や電気工事会社を使い仕事をやってもらいます。内装工事会社や電気工事会社はそのまた下請会社や下請けの職人に頼んで工事をやってもらいます。

　この場合ゼネコンは、サブコンから出てきた見積書に自社のコストや利益を乗せて、自社の見積書を作成して仕事を受注します。サブコンは下請会社の内装工事会社や電気工事会社の見積書を合計して、その金額に自社のコストや利益を乗せて見積書を作成します。内装工事会社や電気工事会社も下請会社や下請けの職人から見積書をもらい、その金額に自社のコストや利益を乗せ見積書を提出します。

　結果として誰が一番儲かるかというと、やはり一番利益が多いのはゼネコンという事になります。次に利益が多いのはサブコンであ

り、一番利益が少ないのは実際に工事を行う労働者である職人という事になる場合が大半です。

　使われる人の「コストと利益」は、使う人にしてみれば「コスト」でしかなく、そのコストに利益を乗せると金額規模が大きくなる分、利益金額も大きくなります。つまり「世の中は使われる人より使う人の方が儲かる」という資本主義（ビジネス）の原則を理解することが大切です。

（3）資本主義の仕組みを仕事に活かす

　「世の中は使われる人より使う人の方が儲かる」と言いましたが、実はこの原則は組織や取引先との力関係にも同じ事がいえます。

　仕事で新しい企画を考えた場合、企画を考えた人と企画に参加して仕事をした人とでは、やはり企画を考えた人の評価が一番高くなります。また、仕事を頼まれた会社より、仕事を頼んだ会社の方が、自然と上から目線のやり取りになり、仕事を頼まれた会社はいつも低姿勢になりがちです。もしこの取引先との力関係でストレスを感じていたとすると、会社もスタッフも良い仕事ができなくなります。

　例えば、ホテルはホテルの清掃会社に対し、かなりの上から目線で話をしてくるケースが多々あります。また、その様なホテルでは、ホテルスタッフも清掃スタッフに対してかなり乱暴な物言いをしてくるケースが多々あります。お客様に快適に宿泊していただくために、本来ホテルとホテル清掃会社は良きパートナーであるべきですが、「おたくの会社を使ってやっている」という考えが根底にあり、儲け金額の大小だけでなく力関係でも、やはりホテルの方が上になるといえます。また、内装工事会社であれば、下請けの工事職人に対しては、やはり上から目線の対応を取っているケースが良く見ら

れます。

　この様な場合の改善策として私がいつも提唱している事は、資本主義の仕組みを利用して、「お客様のお客様になる」という事です。ホテルの清掃のみをやっていては、常に仕事をもらっているホテルには頭が上がりませんが、ホテルを利用して、ホテルのお客様になれば、その時は立場が逆転します。1～2回の利用では金額が小さいので、会社全体でホテルを利用する企画を考えたらどうでしょうか。あるいは、逆にホテルを利用する旅行企画を立てて、ホテルを利用してあげる提案を考えれば、ホテルのコストの一部であった清掃会社が、ホテルをコストの一部と考える会社になり、しかもホテルからも喜んでもらえます。

　また、同じ様にいつも工事会社から仕事をもらっている工事職人が、逆に工事案件を工事会社に持ち込んで、工事会社に利益をもたらせてあげれば、日頃の待遇が驚くほど変わることに気が付くことでしょう。

　この事は日常の業務においても同じような事がいえます。「使われるより使う人の方が儲かるし、力関係が上」という資本主義の仕組みを考えて仕事をすることが、ストレスを感じないで楽しく仕事をするコツです。上司や取引先から言われた事だけを毎日やっている人は、資本主義の仕組みに登場する労働者（商品W）そのものになってしまいます。上司や取引先に提案を行い、上司や取引先に利益をもたらす事ができるビジネスパーソンになれば、会社での評価も高くなり、給料も高くなるでしょう。

　ちなみに、資本主義の仕組みからは少し外れますが、グループのホテル清掃会社のスタッフには、「清掃は芸術である。あなたは芸術家ですか？」と日頃より教育しています。

世の中には、仕事を頼まれても、頼む人が逆に頭を下げてくる仕事があります。それが先生という職業です。例えば、弁護士や公認会計士は高度な専門知識があるため、頼む方が頭を下げてお願いするケースが大半と言えるでしょう。芸術家も同じです。

　ホテルの客室に入った際に、ベットカバーにシワ一つないベットメイキングが施され、客室全体がピカピカに磨き上げられた芸術的な清掃が行われていた場合、客室に入った瞬間に非日常空間を味わえます。このような清掃を施せる芸術家になれれば、頼まれた仕事だけをしていても、関係者から尊敬され、相手から上から目線で話されてストレスを感じる事がなくなるでしょう。当社の清掃スタッフには、芸術的な清掃ができる芸術家を目指すように言っていますが、その理由は、カール・マルクス「資本論」で解明された商品（W）としての単なる労働者にならないための方法だからです。

８．アルフレッド・マーシャルの「経済学原理」
(Principles of Economics)

　大学生の時、専攻は経営学でしたが、日本大学の名誉教授であられた桑原晋経済学博士の経済学原論の講義で、「経済学の基礎に哲学があるとき経済原論になる」、との講義が何故か頭の中に残りました。「経営学」に対して「経済学」の講義は、何のための学問かという事より、ケインズやフリードマンの理論説明が中心であったため、学生であった自分には、経済学を勉強して、いったいこれが何の役に立つのかが全く解らない時期でもありました。

　こんな時、桑原晋経済学博士の講義を聞き、「経済学とは国や人類がどうしたら豊かになれるのかを研究している学問なのではないか」という自分なりの解釈ができ、経済学に興味を持てるようになったのを今でも覚えています。

　桑原晋経済学博士著の「現代経済原論」（千倉書房　昭和55年10月20日発行）で、経済原論と呼べるものは、アダム・スミスの「国富論」（原

書は「富国論」と訳されています）、カール・マルクスの「資本論」、
アルフレッド・マーシャルの「経済学原理」の三つの書しかない、
と書かれています。

　アダム・スミスとカール・マルクスについては既に紹介したので、
ここではもう一人のアルフレッド・マーシャルについても簡単に紹
介しておきましょう。

（1）限界効用（Marginal utility）

　アダム・スミスやデビット・リカードは「古典派経済学」と言わ
れ、市場がどのように経済を動かし繁栄させるかを論じていますが、
アルフレッド・マーシャルが確立していった「新古典派経済学」は、
合理的な個人がどのように市場を動かすかに焦点をあてました。

　イギリスの経済学者ウィリアム・ジェヴォンズ、オーストリアの
カール・メンガー、フランスのレオン・ワルラスが「限界効用」
（Marginal utility）という考えを発展させました。

　タフィというお菓子を食べた時、そのお菓子が大好きなので満足
感が得られます。しかし、もう1粒食べると、最初の時ほど嬉しく
なくなります。これが10粒目となると、美味しいには美味しいの
ですが、1粒目の時ほどではなくなります。15粒目になると飽き
てくるし、20粒目なると全く嬉しくなくなります。このことを「限
界効用逓減の法則」（Principle of diminishing marginal utility）
と言います。

　限界効用とは、財を1単位追加して消費することによる効用（満
足度）の増加分のことです。1単位あたりの満足度の増え方が徐々
に減っていきます。（図表 1-8-1　限界効用）

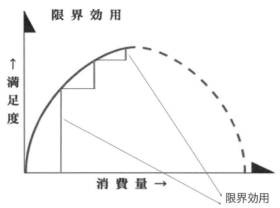

図表 1-8-1　限界効用

　19 世紀後半にはこうした限界原理を用いた理論が経済学の新し
い基本となったのですが、同じくイギリスの経済学者であるアルフ
レッド・マーシャルがこれをさらに進めました。

（2）需要（Demand）と供給(Supply)と価格(Price)

　価格が高ければ商品の需要は小さくなり、価格が低ければ需要
は大きくなります。これを需要の法則といいます。この法則は限界
効用逓減の法則によって導き出されます。

　あるお店が閉店セールを行い、買い物客にタオルを全部買って
もらおうとします。もしあなたが、タオルを 1 枚も持っていなけれ
ば、1 枚買って得られる効用（満足度）は大きいといえます。タオ
ル 1 枚に 1,000 円を払ってもいいかもしれません。2 枚目のタオ
ルの効用は 1 枚目ほど大きくないので、800 円しか払いたくないと
思うかもしれません。3 枚目はどうでしょうか。すぐに使わない可
能性もあるので 600 円なら買ってもいいと思うかもしれません。4

枚目となると 400 円なら買っておいてもよいか、と思うかもしれません。価格が安ければたくさん買うし、高ければ 1 枚しか買いません。

　例えば、タオルが 1 枚 1,000 円で売りに出ていれば 1 枚買いますが、500 円なら 3 枚買うというものです。タオル 4 枚の限界効用は 400 円なので、価格 > 限界効用となり需要につながりません。タオル 3 枚の限界効用は 600 円なので、限界効用 > 価格となり需要につながるというものです。つまり、限界効用を支払う価格と比較して説明したものです。

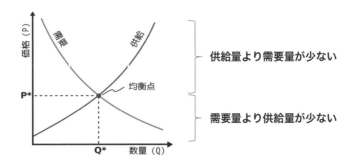

図表 1-8-2 需要曲線と供給曲線

　一方、企業サイドの供給行動はどうかと言うと、前述の閉店セールスの例題とは異なりますが、もう 1 枚タオルを売る事によって得られる追加の収入（限界収入）が、それを作る費用（限界費用）よりも大きければタオルを作ります。タオルを作る費用を埋め合わせられる程の価格でタオルが売れるなら、企業は多くのタオルを作ります。つまり、価格が高ければ企業からの供給は増え、価格が安ければ供給が減るという事になります。

このようにアルフレッド・マーシャルは消費者と企業を需給理論によって結びつけました。「需要曲線」は価格と消費者が必要とする数量との関係を示しています。横軸（X軸）にタオルの数量を、縦軸（Y軸）にタオルの価格を取ったグラフ（図表1-8-2 需要曲線と供給曲線）を作成すると、需要曲線は右下さがりになります。つまり、価格が上がると需要が減りますが、価格が下がれば消費者はより多く欲しがる、という事になります。「供給曲線」は、価格と企業が生産する量との関係を示しています。価格が上がれば生産費用の増加を埋め合わせることができるので、企業はタオルをもっと多く生産しようとします。

　タオルに対する需要と供給が同じになったときに、需要と供給の曲線が交差します。この均衡点を均衡価格（Equilibrium price）といいます。需要や供給により価格は変動しますが、いずれ市場が均衡価格で安定するようになります。

　2020年3月頃、日本で新型コロナウィルス感染症が拡大し始めました。供給量が一定のところ、国民の大半がマスクやアルコール消毒を使い始めたために需要が一挙に拡大し、店頭からマスクやアルコールがなくなりました。しばらくすると、従来50枚入り1箱500円で販売されていたマスクが、1箱1,000円や1,200円で、コンビニやドラッグストアーとは別のお店で販売されるようになりました。ちなみに会社のある東京の上野では、中華料理店やマッサージ店の入り口にマスクの箱を積んで販売していました。

　つまり、需要の急拡大に供給が追いつかず、コンビニやドラッグストアーの店頭からマスクがなくなりました。これを商売のチャンスと考えた人たちが、海外から独自ルートで商品を仕入れ、高い価格でマスクを販売し始めたという事です。しばらくするとメーカー

によるマスク増産により、コンビニやドラッグストアーにマスクの安定供給が戻ると、路上で販売されていたマスクは1箱390円で売られていましたが、売れ残るようになっていました。供給が増えてきたため高い値段では売れなくなって来たことと、コンビニやドラッグストアーでマスクを購入する方が衛生的で安心感があるため、路上で販売されていたマスクは限界効用も下がり売れ残ってしまったのです。

　この様に、需要と供給により価格が決まり、その価格は限界効用を考える「合理的な経済人」が市場で動かしている、というのがアルフレッド・マーシャルの教えです。

（3）需給理論を仕事に活かす

　当社スタッフには「需要と供給により価格が決まる」という話を何回も事あるごとに説明をしていますが、なかなか仕事と結びつかないケースが多々あります。

　例えば、札幌支店ではいつも人手不足の状態が続いていました。アルバイトを何故募集しないのか、と尋ねたところ、募集はかけて

いますが、札幌にはネパール人留学生が少ないためアルバイトを希望している人が少なく集まりません。したがって、半年以上アルバイトの募集をかけていますが、一人も応募がありません、との回答でした。では、スリランカ人や日本人はいないのか、と尋ねたところ、札幌にはホテルが多数あり、新規でアルバイトに来てくれる人が全くいないです、との回答でした。そのため、忙しい時には本社から飛行機に乗って3週間近くも応援に行っている事がよくありました。この様な事が倉敷やコロナ禍では東京でも発生し、担当者がいつも頭を抱えていました。実はこの様な話は他社でもよく耳にする話であります。

　需給理論に基づいて考えると、札幌に働く人がいないのではなく、「募集した時給では新規で働きに来てくれる人がいない」という事なのです。「需要と供給により価格が決まる」という事は、時給が安ければ、需要＞供給の状態（図表1-8-3）という事であり、「供給」であるアルバイトは、時給のもっと高い他社で働けるので、当社には応募してきません。つまり、相場より時給の安いアルバイトを欲しがる企業は多数ありますが、安い時給でもいいから働きたい、というアルバイトはいないという事です。

　一方、時給が高ければ、需要＜供給の状態であり、募集する先があればすぐにアルバイトが応募してきます。つまり、相場より高い時給を支払ってまでアルバイトを欲しいという企業は少ないのですが、高い時給ならそこで働きたいと考える人はたくさんいるという事です。

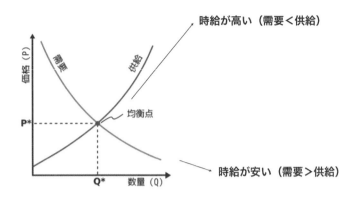

図表 1-8-3 価格の高低と需要・供給

　当時実際に、時給 980 円では 6 カ月間で応募がゼロでしたが、1,100 円なら何人か応募があり、1,200 円なら日本人を含め予想以上の多数の応募がすぐにありました。つまり、「そのエリアにはアルバイトをする人がいない」とか「ホテルの客室清掃をするような人がそのエリアにはいない」と言っている人は経済学を知らない人であり、実際にはその仕事における募集時給が、市場の需要と供給に見合っていないと応募してくる人がいない、というだけの事なのです。

　これはエリアに関係なく、募集する時給を上げたら、人がいないと言っていたエリアでも必ず多数の人が応募して来ることから、「需要と供給と価格」を常に頭に入れ、その市場における均衡点を探る事を考えれば問題解決が図れることを覚えておきましょう。

9. レオン・ワルラスの「一般均衡理論」
（General equilibrium　theory）

　小室直樹法学博士の著書「経済学をめぐる巨匠たち」(ダイヤモンド社
2004年1月8日　第1刷発行)にレオン・ワルラスの功績がわかりやすく説
明されているので引用をまじえ紹介しておきます。

　オーストリアのメンガー、イギリスのジェヴォンズと共に限界効
用理論の発見者として知られるフランスの経済学者レオン・ワルラ
スは、その主著「純粋経済学要論」において展開した一般均衡理論
（General equilibrium theory）において、経済均衡の一般的条件
を確立し、経済を「科学する」道筋を拓きました。

　経済に限らず、あらゆる社会現象は複雑な「相互関連」の関係にあ
ります。例えば、消費の低迷と賃金カットの関係で考えてみましょう。

　賃金カットされてお金がないので消費が冷え込んでいるのか、あ
るいは、モノが売れないから、利益が落ちて社員に支払う賃金もカッ
トせざるを得ないのか。どちらか片方だけが真なり（true）、とは

言い難いといえます。なぜなら、消費と賃金は相互に作用し、原因と結果が常に循環しているからです。消費が落ち込めば賃金は下がり、賃金が下がれば消費は冷え込み、消費の冷え込みは更なる賃金カットにつながっていきます。

　もう少しわかりやすい説明をすると、パンの価格は、現実にはパンの需要と供給だけで決まる訳ではありません。米や蕎麦（そば）やパスタ等の代替品の価格が安ければ需要はそちらへ流れるだろうし、ジャムやバター等付随して消費される商品の価格にも影響されます。もちろん、商品としてのパンの価格には、原料となる小麦の価格も大いに影響します。この様な価格の相互依存関係をワルラスは数学的に定式化しました。

　十九世紀まで、科学たるもの原因と結果は常にリニア（直線的）な一方通行の関係にあるべきで、相互に影響を与え合うスパイラルな関係、つまり循環論等は学説として認める訳にはいかない、と考えられていました。

　マルクスは労働価値説を展開し、モノの価値は、それを生産するために投じられた労働時間で測られると主張しました。しかし、同じ労働時間を投入しても、熟練工と見習い工とでは、作り上げた商品の価値に大きな差が出ます。これを加味（Seasoning）して正しく商品価値を計測するには、例えば熟練工の1時間は見習い工の50時間に相当するといった「換算率」（Conversion rate）が必要となります。しかし、マルクスは、これを「市場のメカニズムに依って決まる」としたのです。

　投下された労働時間が商品の市場価値を「決める」としつつ、労働の実質的な価値は市場で「決まる」というマルクスの学説は、循環論に陥っているとして矢のような批判を受けました。社会現象に

おいて「総ては、総てに依存する」という実態を、マルクスは理論的に説明する事ができなかったのです。実はマルクスだけではなく、ワルラス以前の経済学者は皆、この「相互関連」の壁を破る事ができず苦心惨憺（take great pains）しました。

　一つの経済現象は、他の総ての経済現象に依存するという実態を、ワルラスは一般均衡理論に依って解明したのです。

　この様な説明を聞くと、実際にはどのように解明したのか、興味を持つ方もいると思いますので簡単に紹介しておきましょう。

（1）ワルラス均衡

　２つの条件を満たす状態（資源配分）をワルラス均衡といいます。

条件１：消費者の効用最大化（生産者の利潤最大化）が実現する

条件２：全市場の需要と供給が一致する

　この条件を前提に、Ａさん・Ｂさんが２財を交換する所から始まります。２財をそれぞれＸ財・Ｙ財とします。

　消費者が効用最大化を実現するためには、Ａさん・Ｂさんの効用関数を最大化すればよい事になります。「効用」とは消費者が財・サービスを購入して得られる満足度の事です。効用(U)を財の消費量(x)とかの関係性で表したものを効用関数と言います。

効用関数 U = U(x)

　U は効用の英語「Utility」の頭文字を使っているだけです。

　Ｘ財の消費量を (x)、Ｙ財の消費量を (y)、ＡさんのＸ財の消費量を [x a]、ＡさんのＹ財の消費量を「y a」、というようにした場合、

A・BさんのX財とY財の効用関数は、

　　　・Aさんの効用関数：Ua(xa, ya)
　　　・Bさんの効用関数：Ub(xb, yb)

　消費者の効用最大化を図るには、この式を最大化すればよいのです。
　次に、AさんBさんのX財とY財を交換するので、2人の初期保有量に財の価格を掛けたものが、その人の予算額と同じになります。

　　　・X財の価格＝Px　　　・Y財の価格＝Py
　　　・AさんのX財の初期保有量＝Xa
　　　・AさんのY財の初期保有量＝Yaと表記すると、次の通りとなります。
　　　・Aさんの予算式＝Px・Xa＋Py・Ya
　　　・Bさんの予算式＝Px・Xb＋Py・Yb

　2財を交換する場合、AさんとBさんは初期保有分が交換できる最大の数となります。つまり、財の供給量は「Aさんの初期保有量＋Bさんの初期保有量」という事になります。
　Aさんの効用最大化をするとき、予算内でしか財を交換できないため、Aさんの実際の消費量とAさんの予算式は以下となります。Bさんも同様です。

　　　・Aさん　(Px・xa＋Py・ya)＜＝(Px・Xa＋Py・Ya)
　　　・Bさん　(Px・xb＋Py・yb)＜＝(Px・Xb＋Py・Yb)

　これで条件1の消費者の効用最大化が実現する条件が整います。

次は条件2の全市場の需要と供給を一致させます。財の供給量は「A
さんの初期保有量＋Bさんの初期保有量」となります。財の需要は
「Aさんの需要関数＋Bさんの需要関数」となります。この供給と
需要をイコールで結ぶと、需要と供給が一致します。

（供給）　Aさんの初期保有量＋Bさんの初期保有量
・X財の供給＝Xa＋Xb　　・Y財の供給＝Ya＋Yb
　（需要）　Aさんの需要関数＋Bさんの需要関数
・X財の需要＝xa(Px,Py)＋xb(Px,Py)
・Y財の需要＝ya(Px,Py)＋yb(Px,Py)

以上より、X財市場及びY財市場の需給を一致させると次の通り
になります。

・xa(Px,Py)＋xb(Px,Py)＝Xa＋Xb
・ya(Px,Py)＋yb(Px,Py)＝Ya＋Yb

ちょっと話が複雑になってきましたが、二財が多数財となり、生
産者の利潤最大化等の考えを加えていくと式が更に複雑になりま
す。ただ簡単に言えば、需要も供給もあらゆる財の価格に依存して
いることが上記の式から読み取れるのではないでしょうか。つまり、
各商品市場は相互に依存し合い、需要と供給が同時にバランスを保
つ均衡点が存在するというのが、「一般均衡理論」という事になり
ます。
　つまり、前述の通り、パンの価格は、現実にはパンの需要と供給
だけで決まる訳ではありません。米や蕎麦（そば）やパスタ等の代

替品の価格が安ければ需要はそちらへ流れるだろうし、ジャムやバター等付随して消費される商品の価格にも影響されます。もちろん、商品としてのパンの価格には、原料となる小麦の価格も大いに影響するという事で、商品市場は相互に依存し合っているという事です。

（2）相互依存の考えを仕事に活かす

　賃金カットされてお金がないので消費が冷え込んでいるのか、あるいは、モノが売れないから、利益が落ちて社員に支払う賃金もカットせざるを得ないのか。どちらか片方だけが真なり（true）、とは言い難いという事です。なぜなら、消費と賃金は相互に作用し、原因と結果が常に循環しているからです。消費が落ち込めば賃金は下がり、賃金が下がれば消費は冷え込み、消費の冷え込みは更なる賃金カットにつながっていきます。

　相互依存とはこの様な関係である事を学びましたが、経営管理者が何もしないでただ嵐が去るのを待つだけでは会社が潰れてしまいます。特に中小企業は大企業の様に体力がありません。嵐が去るのを待っていては会社が潰れてしまいますので、すぐに行動を起こさないといけません。そこで、「にわとりが先か卵が先か」と議論する前に、常に現状を出発点として、今できる対策を打ち出す必要があります。

　新型コロナ感染症の影響で海外の工場から物が入らなくなり、中古品を初めとした物価が上昇し始めました。更にウクライナとロシアの戦争により原材料や石油も高騰、円安の影響もあり、更に物価が上昇しています。皆さんの生活が大変になる中で、皆さんからの仕送りを生活費の一部として当てにしている母国の家族も、円安の影響で手取り収入が減り大変な思いをしております。では経営管理者としてどのように振舞えばよいのか。ホテル清掃会社を例にとっ

て考えてみましょう。

　物価が上昇して生活が厳しいので、できれば給料を上げてあげたい。しかし、新型コロナ感染症の影響で売上高が大幅に減少、会社の利益が上がらない状況が続いており、給料を上げる余裕がない。その様な状況が続く中、アルバイトの最低時給だけが再度見直され引き上げられた。会社の損益だけでなく、税引き後のキャッシュフローがますます厳しい状況に陥っている。

　これらの事象は全て相互依存関係にある事はわかりますが、経営管理者としては常に相互依存を認識しつつ、あくまで現状を出発点とした対策を考え、行動に移さないといけません。「にわとりが先か卵が先か」という議論を始めていたのでは、何を優先すべきかがわからなくなってしまいます。そこで経営管理者として、次の提案をしてみたらどうでしょうか。

　まず第1に、今回の新型コロナ感染症の影響による収益ダウンは100年に1度の出来事と言われるくらい厳しいものといえます。したがって、従来の経費削減策を繰り返すだけでは利益確保が厳しいといえます。そこで、イノベーションによる生産性向上を図り、会社の収益体質を抜本的に革新する必要があります。具体的には、分業による生産性向上とIT化による生産性向上を図る事を行ってはどうでしょうか。何の意見も言えない社員が多い中、この様な意見が言えれば、あなたは間違いなく組織で頭角を現す事ができるでしょう。

　分業による生産性向上は、前述のアダム・スミスの分業の考えを取り入れ、従来の1人1室清掃のやり方を取りやめ、ベッドメイキングやバス、トイレ清掃等を分業で行う事にしたものです。清掃品質を維持したまま、生産性向上を図る方法への革新です。テイラーの科学的管理法の本質を理解せずに、ただそれをまねた効率化向上

では、いずれ清掃品質の劣化を招くからです。

　次にIT化による生産性向上です。従来は、何号室の清掃を何時から何時まで誰がやったのかを、1日の作業日報に手書きで記入していました。清掃部屋数が300室あれば、300室分を全員が手書きで記入していくというものでした。

図表 1-9-1　手書きで日々管理している資料

　これらの作業は、携帯端末を利用したアプリ開発により、その場で入力していけば、記入時間も集計時間も大幅に削減することができ、生産性が飛躍的に向上します。この様に生産性向上による収益力拡大の自助努力を行っていく必要があります。ただ、これでも収益力減少に歯止めがかからない様であれば、最終的には価格転嫁を図るしかありません。（図表 1-9-1　手書きで日々管理している資料）

　しかし、清掃品質が悪ければ、たとえホテルの宿泊料金が上がって、清掃会社の清掃料金も見直してあげようか、となった場合でも、清掃料金を上げてもらう事は多分厳しいでしょう。つまり、清掃品質が良くないと、価格転嫁で料金を上げてもらう交渉も厳しいという事です。全店で全員の清掃品質を一定レベルで維持をしていく事は非常に難しいことで、この維持にはやはり人材育成をしっかりと継続的に行っていく必要があります。

　生産性向上の推進も品質向上も、結局のところ、なぜそれが必要

なのかを全員に理解させないと、なかなか進みません。会議室でいくら説明をしても、現場にいるリーダーやチェッカー、アルバイトが理解して、納得しないと継続的な推進が途切れてしまいます。

つまり、生産性向上も品質向上も価格転嫁による料金引上げも、全ては人材育成につながっていると言っても過言ではありません。

ただ、人材育成だけ一生懸命やっても、生産性向上や品質向上への取組を日々行っていかなければ、なかなか変えられません。やはり、ここでも相互依存の関係が成り立っています。

そこで、経営管理者を目指す皆さんならどうしますか。「にわとりが先か卵が先か」を議論するのではなく、「まずは現状をスタート地点として、取り組める事は全て取り組みましょう。ただし、人材育成は根底をなすものなので、特に力をいれて継続的に取り組んで行くべきだと思います。ただ、レオン・ワルラスの「一般均衡理論」の通り、全ては相互依存関係にあるので、あらゆる対策を同時に講じていく必要があると思います」と意見をしたらどうでしょうか。先程の意見ではないですが、あなたは間違いなく、組織の中で頭角を現わすことができるでしょう。

現代の経済理論を支える柱石ともいうべき数理経済学の始祖はワ

ルラスであり、ワルラス以降の経済学を理解するには数学の知識が少しないといけません。そこで次節では数式を見ただけで初めから全く頭が受け付けないという人のために、話が少し脱線しますが、ほんの少し数学の復習をしたいと思います。

写真はワルラス「純粋経済学」
(株)春秋社発行所　久武雅夫著　昭和 24 年 1 月 15 日発行)

10. ビジネスで使う数学の復習

　数式を見ると、見ただけで「難しくてわからない」と思ってしまう人がたくさんいます。ここでは、経済の話から少しそれますが、経済学で使われるビジネスパーソンとして知っておくべき数学知識を簡単に復習しておきます。

（1）関数とはなにか

　関数というと、$y = f(x)$ という式が出てきます。$f(x)$ という表示の意味は、「xの関数 (function)」という意味です。つまり、$y = f(x)$ は「yはxの関数である」という意味になります。

　こういう説明になると、わかったような、わからないような、感じになる人が多いのではないかと思いますので、もっと簡単に説明します。

　$y = function(x)$ を $y = f(x)$ と表示しているもので、function を変換装置と考えると簡単に理解できるものと思います。

$$X \Rightarrow \boxed{\begin{array}{c} \textbf{変換装置} \\ \text{f (x)：変換手順} \end{array}} \Rightarrow y$$

　xとうい数字を入力すると、変換装置を通り、yという数字が出てくるというものです。

　例えば、変換装置の中身が 2x + 1 だったとすると、$f(x) = 2x + 1$ です。

$$\textbf{xが1の場合、} f(1) = 2 \times 1 + 1 = 3$$
$$y = f(x) = 3$$
$$\textbf{xが2の場合、} f(2) = 2 \times 2 + 1 = 5$$
$$y = f(x) = 5$$

となります。関数というと難しく聞こえますが、簡単に言うと、入力（インプット）したものを、決められた手順で変換して出力（アウトプット）する変換装置という事になります。

（2）一次関数

一次関数とは、$y = ax + b$ の様に、x が最大でも1回かけられている式で書ける関数の事です。一次関数をグラフにすると直線になります。

例えば、簡単に $y = 2x$ をグラフにすると次の通りになります。

xが1の場合、yは2×1＝2　　xが2の場合、yは2×2＝4

xが3の場合、yは2×3＝6　　xが4の場合、yは2×4＝8

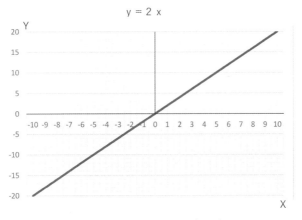

（図表 1-10-1　一次関数のグラフ）

x に 1,2,3,4・・・と数字を入れていくと、$y = 2x$ なので、y は 2,4,6,8・・・となり、図表 1-10-1 のような直線となります。

ちなみに、$y = ax + b$ の b がゼロになった一次関数を「比例」といいます。つまり、比例は一次関数の一種です。

今度は等速直線運動のグラフを表示してみましょう。一定の速度でt 時間（h）移動した場合、進んだ距離x（Km）から速度を求める事ができます。直線の傾きが速度になります。

x(km)

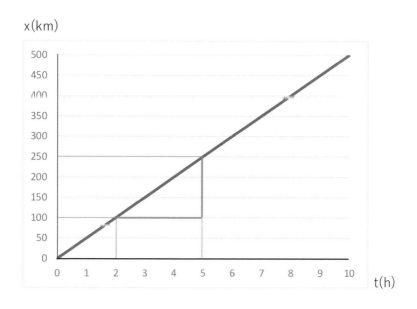

図表 1-10-2　等速直線運動 x-t グラフ

車が２時間目から５時間目までの３時間で、１００㎞から２５０㎞まで１５０㎞進んだとすると、車の速さは距離÷時間で時速５０㎞であったことがわかります。この速さは直線の傾きになります。

$$\text{直線の傾き} = \frac{\text{縦軸の増加量}}{\text{横軸の増加量}} = \frac{\text{進んだ距離}}{\text{かかった時間}} = \frac{(250\text{-}100)}{(5\text{-}2)} = \frac{150}{3} = 50 \ (\text{km/h})$$

なお、この直線のグラフは、y=５０x（このxはX(Km)のxではないです）の式で表わせされます。 X軸（横軸）のxが１なら

Y軸（縦軸）のyは５０、xが２ならyは１００・・・、xが５ならyは２５０となります。一次関数をグラフにすると、このように直線のグラフになります。

（3）二次関数

　空中に手で支えた物体を静止状態から手を離して落下させると、t秒間での落下距離Sは次の式で表せます。

$$S = \frac{1}{2} \ gt^2 \ [m]$$

　（ただし、gは重力加速度と呼ばれる物理定数で、約9.8［m/sec²］である）つまり落下距離は、（時間）２に比例します。この事を初めて明らかにしたのは、ガリレオ・ガリレイであり、アイザック・ニュートンは、この現象の背景にある自然の深い秩序を理論的に明らかにしました。

アインシュタインが特殊相対性理論から導いた、世界で一番有名な式と言われている「E＝mc²」（エネルギー（E）、質量（m）、光速（c））にも二乗が登場します。このように自然界には二次関数がよく現れることが発見されました。一方、経済の世界でも実は同じような事がよく現れます。

例えば、ダイヤモンドの値段は、一般的に粒が大きくなるにつれて高くなります。土地の値段は1坪100万円の場所なら、50坪で5,000万円、100坪で1億円となります。しかし、ダイヤモンドは大きくなるにつれて希少価値が高まるので、一般的に重さ（カラット）が2倍、3倍、4倍・・・になると、値段は4倍、9倍、16倍・・・になると言われています。値段は重さ（カラット）の2乗に比例し、加速度的に増加していくという二次関数の世界へとつながっています。

　参考までに、二次関数の教科書に $y = ax^2 + bx + c$ という式がよく出て来るので説明しておきます。物体に勢いをつけて投げ下した場合、最初の速度、つまり初速が v0 ［m /sec2］ であるとすると、t 秒間の落下距離 S［m］は、初速で進んだ距離 v0t（速さ×時間）が加算されるため、次の式で表されます。

$$S = Vot + \frac{1}{2} gt^2$$

　二次関数というとなぜか $y = ax^2 + bx + c$ という数式をかすかに覚えている人が多いと思いますが、後ろの $bx + c$ が何のためにいつもあるのかが学生の頃は理解できませんでした。しかし、上記のように初速がある落下現象一つ取っても、二次関数の基本形 $y = ax^2$ の形だけでは全部を表すことができないため、二次関数の教科書には $y = ax^2 + bx + c$ （a ,b ,c は定数、a と記載されていることが多いです。

　二次関数とは、$y = ax^2$ の様に、x が最大でも2回かけられている式で書ける関数の事です。二次関数をグラフにすると放物線になります。

　例えば、$y = 2x^2$ をグラフにすると次の通りになります。

xが1の場合、yは2×1×1＝2

xが2の場合、yは2×2×2＝8

xが3の場合、yは2×3×3＝18

xが4の場合、yは2×4×4＝32

　xに 1,2,3,4・・・と数字を入れていくと、$y = 2x^2$ なので、y は 2,8,18,32 となり、y の数字は一次関数の直線とは違い加速度的に増加していきます。

　X が -1,-2,-3,-4・・・の時も、y は 2,8,18,32・・・となり、y の数字は x がプラスの時と同様に、0 で x と接した原点で対称的な曲線を描きます。二次関数のグラフは図表 1-10-3 のような放物線となります。

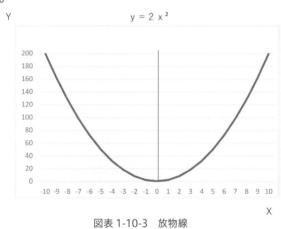

図表 1-10-3　放物線

　二次関数は学校ではこの様に教わってきたと思いますが、「それがどうしたの？」という疑問が残ったことを記憶しています。実はこれが数学に興味を持てなかった原因ではないかと、私は個人的に考えております。

　経済学の冒頭でも述べておりますが、「経済学とは？」と聞かれ

てまともに答えられた人がいないのと同様に、なんのためにそれを勉強したのか、それが何に使えるのか、という所を理解していない人が多く、結果としてその学問に興味を持てない人を多く作り出してしまっているのではないでしょうか。

では二次関数の放物線が y = a x² ではなく、逆に y = -a x² だったらどうでしょうか。

例えば、y = − 2 x ² をグラフにすると次の通りになります。

xが0の場合、yは− 2 × 0 × 0 = 0

xが1の場合、yは− 2 × 1 × 1 = − 2

xが2の場合、yは− 2 × 2 × 2 = − 8

xが3の場合、yは− 2 × 3 × 3 = − 1 8

xが4の場合、yは− 2 × 4 × 4 = − 3 2

x に 0,1,2,3,4・・・と数字を入れていくと、y = − 2 x ² なので、y の値は 0,-2,-8,-18,-32・・・となり、y の数字は加速度的に変化していきます。二次関数のグラフは図表 1-10-4 のような放物線となります。

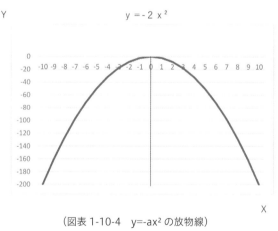

(図表 1-10-4　y=-ax² の放物線)

投げたボールが頂点に達して落下する。人間が生まれて子供から

大人に急成長して、その後ピークを迎え、いずれ老人になり亡くなります。植物も種から芽が出て急成長して大きくなり、花が咲きピークを迎え、実が成り最後には枯れていきます。自然の摂理（Providence of nature）で自然界に存在するものは全てこの放物線の軌道をたどります。ただし、中には鹿児島県の屋久島に生えている縄文杉のように、樹齢 7,200 年と言われているものもあり、一見放物線の軌道をたどらないようにも見えるものもありますが、何億年・何億光年のスパンで考えた場合、やはり終わりがあるものと思われます。

会社も同じで、創業してから時流にのり急成長する時もありますが、いずれ環境変化に対応できずに衰退して、いずれ消滅します。もっとも、環境変化に適応して、縄文杉のように放物線が落ちないように努力していく事が経営といえます。

この様に二次関数や放物線は我々の生活に密接なものです、と中学生の時に教わっていれば、数学にもう少し興味を持てた人も多かったかもしれません。

　ちなみに、8. アルフレッド・マーシャル「経済学原理」の限界効用（図表 1-8-1）の説明でも放物線が登場していますので、読み返してみてください。

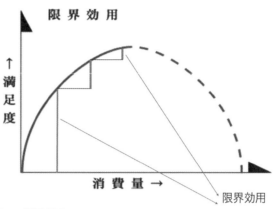

図表 1-8-1　限界効用

（4）微分について

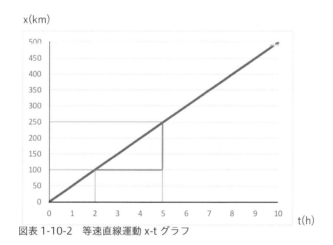

図表 1-10-2　等速直線運動 x-t グラフ

　一次関数で説明した（図表 1-10-2　等速直線運動 x-t グラフ）を参照。

　一次関数の（図表 1-10-2 等速直線運動 x-t グラフ）では、車が等速で動いていたので、X 軸を t（時間 h)、Y 軸を X（距離 Km)とした場合、車の速度は青い直線の傾きで表すことができました。

車が２時間目から５時間目までの３時間で、１００㎞から２５０
㎞まで１５０㎞進んだとすると、車の速さは距離÷時間で時速５０
㎞です。この速さは直線の傾きになります。

$$\text{直線の傾き} = \frac{\text{縦軸の増加量}}{\text{横軸の増加量}} = \frac{\text{進んだ距離}}{\text{かかった時間}} = \frac{(250\text{-}100)}{(5\text{-}2)} = \frac{150}{3} = 50\text{(km/h)}$$

　ちなみに、縦軸の増加量÷横軸の増加量 = Tan θ で、三角関数
で出て来る、三角形の左の角度を表します。
　次に、図表1-10-5　速度が変化する車の軌道のグラフでは、途
中で車の速度が速くなったり、遅くなったりしているため、直線
AB の傾きはあくまで平均速度でしかありません。

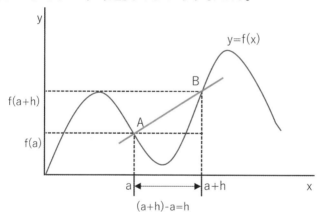

図表 1-10-5　速度が変化する車の軌道

　なお、この図での直線 AB の傾きは $\dfrac{f(a+h)\text{-}f(a)}{(a+h)\text{-}a} = \dfrac{f(a+h)\text{-}f(a)}{h}$
ということになります。
　ではもっと正確な速度を測定するにはどうしたらいいでしょう
か。測定時間 a + h の h をどんどん縮めて、限りなく h → 0 に

近づけていくと、AとBも近づいていきます。そして、点A（a，f(a)）における接線の傾きをf'(a)と表します。なお、（a，f(a)）は、x軸がa、y軸がf(a)の地点という意味です。

　点A（a，f(a)）における接線の傾きf'(a)を式で表すと次の式になります。

$$f'(a) = \lim_{h \to 0} \frac{f(a+h)-f(a)}{h}$$

　このとき、このf'(a)をx＝aにおけるf(x)の微分係数といいます。ちょっと難しいので、x＝a　における接線の傾きと理解してください。hを限りなく0に近づけていきます。

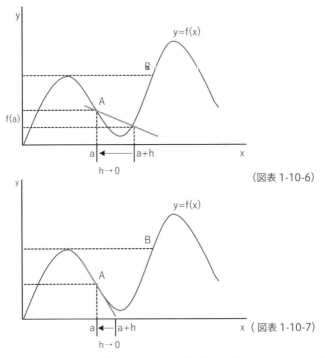

（図表 1-10-6）

（図表 1-10-7）

　limはリミット（極限）という意味で、h→0はhを限りなく0に近づけるという意味の記号であり、特段難しいものではありません。

具体的にこの式を使ってみると、より理解が深まると思いますので、例題をやってみましょう。

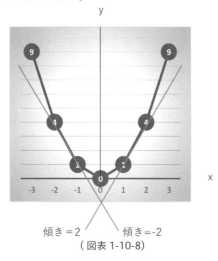

（図表 1-10-8）

$f(x) = x^2 、a = -1$ とすると、 $\displaystyle\lim_{h \to 0} \frac{f(a+h)-f(a)}{h} = \lim_{h \to 0} \frac{f(-1+h)-f(-1)}{h} =$

$\displaystyle\lim_{h \to 0} \frac{(-1+h)^2-(-1)^2}{h} = \lim_{h \to 0} \frac{(1-2h+h^2)-1}{h} = \lim_{h \to 0} \frac{h(-2+h)}{h}$

$\displaystyle= \lim_{h \to 0} (-2+h) = -2$

$\therefore f'(-1) = -2$ 　　　　となります。

$f(x) = x^2 、a = 1$ とすると、 $\displaystyle\lim_{h \to 0} \frac{f(a+h)-f(a)}{h} = \lim_{h \to 0} \frac{f(1+h)-f(1)}{h} =$

$\displaystyle\lim_{h \to 0} \frac{(1+h)^2-(1)^2}{h} = \lim_{h \to 0} \frac{(1+2h+h^2)-1}{h} = \lim_{h \to 0} \frac{h(2+h)}{h}$

$\displaystyle= \lim_{h \to 0} (2+h) = 2$

$\therefore f'(1) = 2$

となります。

f'(-1), f'(1) は、曲線 y = f(x)（図表 1-10-8）のそれぞれ X = − 1，X = 1 の点の接線の傾きを表します。

つまり、微分とは、微小な変数の変化に対応する、関数の変化の割合の極限（微分係数）を求める事です。皆さんがざっくりと頭に入れるなら、横軸の X が動いた時に、縦軸の Y がどれだけ動いたかを調べるものだと理解してください。 x が動いた分を時間、 y が動いた分を距離だとすると、 （距離÷時間は「速さ」を表しているというだけです。この x を限りなくゼロ $\overset{(Lim)}{\underset{x\to 0}{}}$ に近づけて行って、1 点と交わる接線の傾きを求めるものが微分だと、ざっくり理解できれば十分です。

（5）微分的思考を仕事に活かす

数式を見た瞬間に、初めから頭が受け付けないという人がたくさんいますが、これは数式の文字に惑わされて難しいと思っているだけで、内容を理解していれば、ざっくりとは理解できるようになり、仕事にも活用できるようになります。

ちなみに私の場合は、微分というより、微分的思考を常に仕事で活用しております。例えば、1 人交通費上限金額 15,000 円にするという話になった場合等、金額や計数が出てきた際には、必ずと言っていいくらい、なぜ 15,000 円なのか、14,000 円ではなぜだめなのか、ダメなら 14,999 円ではダメなのか、と言う様に微分的思考で限りなくゼロに近づけて計数の根拠を考えていきます。

かつて社内でアプリの話が議論になったことがありました。清掃スタッフの仕事は非常に重労働で大変なことから、スタッフのモチベーションを上げていくために、仕事を行った分ポイントが貯まり、ポイントを貯めていくと携帯アプリ上のレベルが上がっていき、

レベルが上がると時給も上がっていく。そして一定ポイント以上になるとルーレットが出てきて、ルーレットを回して出たポイントでボーナスがもらえる、というゲームアプリを作りました。

これは同時に、アルバイトが入れ替わるたびに清掃時間や清掃品質がまちまちとなり、生産性や清掃品質を維持するのが難しかったため、その改善を行うためのものでもありました。清掃作業を分業化して単純化すると共に、マニュアルにより作業のやり方や手順、適正時間を全て決め、アルバイトでも全員が同じ作業手順、同じ作業内容、同じ時間に作業を終わらせるように、アプリ上で管理するのが目的でした。つまり、マクドナルドの様に、学生バイトでも同じ味のポテトやハンバーガーが作れるように、作業を全てマニュアル化して生産性と品質維持を図るというのが狙いでもありました。

最初はいつもの様に、現場からはめんどくさいからやりたくない、忙しいからいちいち作業の開始と終わりにアプリ操作をしている時間がない、自分の携帯電話は使いたくない、携帯電話を持っていない、アプリの操作方法がわからないのでやりたくない等々のオンパレードでした。

ところが少し経つと、従来ペーパーに記入していた清掃開始時間や終了時間をわざわざ20メートル先に置いてある管理表に1日に10往復以上もして書きに行かなくてもよくなり、また、客室清掃に入ってよいのか、部屋の清掃状況がどこまで進んでいるのかも、その場で携帯アプリを見てすぐに確認できるようになり、アプリが非常に便利なものだという事に気が付き始めました。

そこで、最初はアプリを一生懸命入力した人に、その次はアプリで高ポイントを獲得した人を毎月表彰していきました。そのころになると、現場から一生懸命作業をしてアプリを入力しているのに、

自分のポイントが思ったほど上がらないとの疑問の声が出始めました。

　以前から店舗別の獲得ポイント一覧で、ポイントがゼロになっている人が何人もいて、その人達はアプリをまだ操作してない人だと認識していました。ところが、日々の清掃状況をアプリで確認すると、部屋番号・浴室清掃開始時間・浴室清掃終了時間・清掃者名、ベッドメイク開始時間・ベッドメイク終了時間・ベッドメイク者名、チェック開始時間・チェック終了時間・チェッカー者名、清掃中、チェック待ち等の表示が時間を追うごとにきちんと表示されており、アプリ操作をしていない人がほとんどいないという事に気が付きました。

　そこでシステムチームを呼んでアプリのポイントの集計方法を詳細に確認した所、実は作業ごとに決められたポイントがありますが、それをやっただけではその決められたポイントが単純に累積されていかないという事がわかりました。アプリのポイント獲得には次の三つの条件が付いていました。

①１日の総労働時間に対し、清掃している時間が７０％以上ないとポイントがゼロになる。つまり、なにも作業をしていない待ち時間が３０％以上になるとポイントが消えてしまう。

②標準作業時間を超えるとポイントがゼロになる。お風呂清掃の標準作業時間が15分だったとした場合、30分かかってしまうとポイントがゼロになってしまう。

③１日に35項目以上のアプリ操作をしないとポイントがゼロになる。過去のデータから、１人の平均作業項目が35項目程度であったため、平均以上の作業項目をやらないとポイントがゼロになってしまう。

ポイントが挙がらない理由はこの辺が影響しているのではない
か、という説明でした。これを聞いてなるほどそういう事か、と思っ
たスタッフもたくさんいたと思います。しかし、ここで微分的思考
を使って質問をしてみました。

　②の標準作業時間１５分の作業に３０分かけるとポイントがゼロ
になるという事ですが、２９分でもゼロになるのですか？と聞いた
ところ、少し嫌がった顔でゼロにはなりません。何ポイントか付き
ます、との回答でした。

　あれ、そうなの？では何ポイントつくのですか？　ちなみに、
１６分なら何ポイントつきますか、１５分１秒だった場合はどうな
りますか、と聞いた所、痛いところを突かれた感じで、そこはソフ
ト会社が作ったので実は私もわかりません、との回答でした。そん
な事では全然納得できないので、どんな計算式が入っているのかを
確認するようにシステムチームに注文をつけました。

　また、③の 35 項目については、34 項目だと何でだめなのですか、
と微分的思考で聞いた所、平均値をざっくり取ったものであり、特
に理由がないとの回答でした。

　ちなみに、ある店舗のお風呂清掃の標準作業時間が１５分であり、
1 件 500 ポイントとなっていました。1 日の作業目標が、1 人で全
ての清掃を 11 室清掃する 9,350 ポイントであったことから、お風
呂清掃の人の目標は、9,350 ポイント ÷ 500 ポイントで 18.7 個の
お風呂清掃となっていました。したがって、アプリ上で 35 項目以
上の操作をしないとポイントがゼロになるというやり方は、そもそ
もおかしいでしょうとのことで取りやめを指示しました。

　組織にはいろいろな考え方を持った人がいますし、立場も違いま
す。誰でも自分に不利益を被るような話には反対したがるもので

す。また、実際には不利益を被らなくても、従来のやり方が変わるというだけで大半の人が最初は難色を示します。

そんなときに10人中10人を納得させるには、根拠のある計数で説明するのが一番簡単なやり方といえます。日頃より社内では「計数には全て根拠を持たせなさい」と言っておりますが、実はこの計数こそが議論に打ち勝つ方法であり、また、みんなを納得させる最良の方法だからです。

15,000円という金額や35項目といった数字が、誰かがなんとなく適当に決めた値では、納得できない人が出て来るはずです。16,000円でもなく、15,001円でもなく、14,999円でもない15,000円となった根拠を明確に示せば、みんな納得するはずです。それには数字で示された計数に根拠を持たせる事が一番明確で説得力のあるものになります。

時間を見たら、まず1分を減らしたらどうなるのか、では1秒減らしたらどうなるのか、あるいは1分増えたらどうなるのか、1秒増えたらどうなるのか、という思考で計数を検証します。金額をみたら100円減らしたらどうなるのか、1円減らしたらどうなるのか、という風に考える習慣をつけておくと、計数の根拠が理解できるようになり、説得力のあるビジネスパーソンとして組織の中で頭角を現わすことができます。

11．ジョン・リチャード・ヒックス
「価値と資本」経済分析ツール

　数学についての苦手意識を少し取り除いたところで、再び小室直樹法学博士の著書「経済学をめぐる巨匠たち」(ダイヤモンド社2004年1月8日　第1刷発行) に戻り、今度はジョン・リチャード・ヒックスの功績について引用をまじえ紹介していきましょう。

　経済理論を数学で証明できれば説得力が増す事になり、科学にする事ができます。ワルラスがこの道を切り開き、ジョン・リチャード・ヒックスやポール・アンソニー・サムエルソンが経済学を科学として確立させました。ヒックス教授はワルラスの一般均衡理論を科学的に完成させ、経済分析の道具として使えるものにしました。しかし、ヒックス教授の最大にして最高の功績は波及効果分析の理論といえます。

　「総ては、総てに依存する」という経済現象を初めて科学的に説明したのはワルラスですが、ヒックス教授はこれを、より精緻な数学に書き換え、依存関係が生む波及効果、つまり一つの変化が相互関連の網の目を伝わって全体に波及していく様子を数式に定着させました。

　経済に限らず、あらゆる社会の変化は、それだけで終わりません。変化が変化を呼び、その変化が新たな変化を呼んで、変化の連鎖は無限に広がっていきます。この相互関連プロセスにおける波及を理論的に把握し得たのは、社会科学の中で経済学のみであります。その方法を発見したのがヒックス教授であり、サムエルソン博士です。

　実際にはどのような方法なのかをケインズ・モデルで見てみましょう。

$$Y = C + I \quad \cdots ① \quad \text{有効需要の原理}$$
$$C = aY \quad \cdots ② \quad \text{消費関数（a = 0.8）}$$
$$I = I \quad \cdots ③ \quad \text{投資関数}$$

　まず、有効需要の原理 (principle of effective demand) によって需要 (demand) は供給 (supply) を決定します。需要を構成しているのは消費（C）(consumption) と投資（I）(investment) です。供給は国民総生産（Y）(gross national product) で示されます。これを現したのが①の式です。

　一方、消費関数によって国民総生産（＝国民所得）は消費を決定します。仮に月収が 1 万円増えたら、人々はこれをどのように使うだろうか。「これはラッキー！」とばかりにパーッと飲んでしまう人もいるだろうし、消費が低迷している時なら、とりあえず全額貯金をしたいという人もいるはずです。ただ、大体 8 割を消費にまわして残りを貯金する、というくらいが一般的パターンのようです。②の式の「a」は 0.8 くらいに置いておくのが妥当な線といえます。

　①②の式を見ても分かる通り、Y（国民総生産）と C（消費）は相互に依存関連し、どちらが原因で、どちらが結果とは言い切れない関係にあります。ここでは話を簡単にするために、投資（I）は一定だとします（③式）。意図的に操作しなければ、「投資額は増えも減りもしない」と仮定し、国民総生産＝ 500 兆円、消費 400 兆円、投資 100 兆円である時、有効需要を増やすために公共投資を意図的に 1 兆円増やすとどうなるかを考えてみましょう。

　投資（I）増加分だけ国民総生産（Y）も増加するから、国民総生産（Y）は501兆円になります。国民総生産（Y）が増加すると、②式によって消費（C）も0.8兆円増えます。

消費（C）が 0.8 兆円増えると、①式によって国民総生産（Y）も 0.8 兆円増え、国民総生産（Y）が 0.8 兆円増えれば消費（C）は 0.64 兆円増えます。

　この動きを繰り返しながら、国民総生産（Y）はどんどん増えていきます。これが「乗数効果」です。1 兆円の投資増（Δ I）、ちなみに「Δ」はデルタといい増加を表す記号です。この投資増が国民総生産（Δ Y）に与える波及効果は、次の通りとなります。

$$\Delta Y = 1 + 0.8 + (0.8)^2 + (0.8)^3 + \cdots + (0.8)^{n-1} +$$

　求めるべき Δ Y は、初項 A（数学の教科書では a という記号で表示されますが、ケインズ・モデルでは消費関数 a = 0.8 に a 表示を使用しているため、ややこしくなるので、ここでは A と表示します）が投資増加の 1 兆円、そのうち消費に回る比率を公比 r = 0.8（ケインズ・モデルでは消費関数 a = 0.8 と表示しています）とします。

　投資（I）が 1 増加すると、Y = C ＋ I でまず国民総生産（Y）が 1 増加します。国民総生産（Y）が 1 増加すると、C = a Y なので消費（C）が 0.8 増加します。消費が 0.8 増加すると、Y = C ＋ I なので国総生産（Y）は更に 0.8 増加します。国民総生産（Y）が 0.8 増加すると、C = a Y なので消費は $(0.8)^2$ 増加します。消費（C）が $(0.8)^2$ 増加すると、国民総生産（Y）は $(0.8)^2$ 増加します。

　これを無限等比級数の和を求める数学の公式（④式）を用いれば、1 兆円の投資にどれくらいの波及効果があるかを計算できます。

③無限等比級数の和を求める公式

$$S = A + A r + A r^2 + Ar^3 + Ar^4 + \cdot\cdot + A r^{n-1} + \cdot\cdot = \frac{A}{1-r}$$

（ただし｜r｜＜１、n＝∞）この公式に当てはめると

$$\Delta Y = 1 + 0.8 + (0.8)^2 + (0.8)^3 + \cdot\cdot\cdot + (0.8)^{n-1} + \cdot\cdot = \frac{1}{1-0.8} = 5$$

となります。つまり、１兆円の投資効果は直接効果１兆円の他に4兆円の波及効果があるという事になります。

　この乗数効果を、微分を使った式で計算すると、無限等比級数で算出された結果と同一になりますので、参考までに表示しておきます。

　システムは次の通りです。

$$Y = C + I \cdot\cdot\cdot\cdot ①$$
$$C = 0.8\,Y \quad \cdot\cdot\cdot\cdot ②$$

連立方程式①②を解きます。

$$Y = 0.8\,Y + I \quad なので、Y - 0.8\,Y = I$$
$$0.2\,Y = I \qquad \therefore \quad Y = 5\,I \cdot\cdot\cdot\cdot ③$$
$$C = 0.8 \times 5\,I \quad \therefore \quad C = 4\,I \quad \cdot\cdot\cdot\cdot ④$$

　システムを微分します。①をＩに関して微分すると（Ｉの増加分をデルタΔまたはｄと表示します）⑤が得られます。②をＩに関して微分すると⑥が得られます。

$$\frac{dY}{dI} = \frac{dC}{dI} + 1 \cdots ⑤$$

$$\frac{dC}{dI} = 0.8 \frac{dY}{dI} \cdots ⑥$$

$$\frac{dY}{dI} = 0.8 \frac{dY}{dI} + 1 となります。$$

$$\frac{dY}{dI} - 0.8 \frac{dY}{dI} = 1 \quad \therefore \quad \frac{dY}{dI} = 5 \quad \cdots ⑦$$

$$\therefore \quad \frac{dC}{dI} = 4 \cdots ⑧$$

ここで扱っている式は一次式であるから、⑨⑩のような式になります。

$$\frac{dY}{dI} = \frac{\triangle Y}{\triangle I} \cdots ⑨ \qquad \frac{dC}{dI} = \frac{\triangle C}{\triangle I} \cdots ⑩$$

乗数効果は$\triangle Y = 5 \triangle I$

投資の増加$\triangle I = 1$とすると、有効需要の増加$\triangle Y = 5$となり、無限等比級数の和を求める公式で算出した計数とも一致します。

この様な「総ては、総てに依存する」という経済現象を初めて科学的に説明したのはワルラスですが、ヒックス教授はこれを、より精緻な数学に書き換え、依存関係が生む波及効果、つまり一つの変化が相互関連の網の目を伝わって全体に波及していく様子を数式に定着させました。

また、経済に限らず、あらゆる社会の変化は、それだけで終わりません。変化が変化を呼び、その変化が新たな変化を呼んで、

変化の連鎖は無限に広がっていきます。この相互関連プロセスにおける波及を理論的に把握し得たのは、社会科学の中で経済学のみであります。その方法を発見したのがヒックス教授であり、サムエルソン博士です。ちょっと難しそうに見える式も出てきましたが、前節で勉強した数学の復習で少しは概略が理解できたのではないでしょうか。

　数学により導き出された答えは科学的であり、数字に根拠を持たせる事ができるので、組織の中で物事を説明する際に、説得力を持たせることができます。ワルラスやヒックス教授、サムエルソン博士が経済学を科学にした功績は偉大な事ですが、皆さんはその詳しい内容までは経済学者ではないので、あまりこだわる必要はないと思います。ただ、科学的に算出された数字は根拠が明確であり、10人中10人を説得できます。

　そこでビジネスの中では、あらゆる数字に根拠を持たせて説明できるようになれば、10人中10人を説得できることができ、社内で一番の理論家として、組織の中で頭角を現わすことができるようになるでしょう。

１２．ジョン・メイナード・ケインズ
「雇用・利子・貨幣の一般理論」

　ビジネスパーソンの一般常識として、ケインズとシュンペーターを知らないと言うと笑われるくらい有名な経済学者なので、最後にこの２人を簡単に紹介しておきましょう。

　小室直樹法学博士の著書「経済学をめぐる巨匠たち」(ダイヤモンド社 2004 年 1 月 8 日　第 1 刷発行) では、ケインズ経済学の誕生を次の様にわかりやすく解説しています。

　要約すると、アダム・スミスに始まりリカードがその礎を築いた古典派経済理論の基本思想は「レッセ・フェール（自由放任)」であります。規制、介入閉鎖的な慣習、こうしたものを市場から追放し、市場本来のメカニズムに任せておけば、「最大多数の最大幸福」は必ず達成されます。彼らに言わせれば「国家が経済活動に干渉する等、もっての外」という事でした。

産業革命前夜に「国富論」を著したアダム・スミスの時代から二十世紀の初頭までは、確かに古典派のセオリーは機能していました。自由市場政策の下、多少の波はありつつも、基本的に右肩上がりの経済成長が続いていました。政治家や商人も多くがレッセ・フェールを信奉し、古典派経済学の理論は経済学の「常識」となっていました。

　ところが、1929年10月24日、ニューヨーク市場で株価が大暴落、これを引き金に倒産、工場閉鎖が相次ぎ、失業者が町にあふれました。世界中を不況の渦に陥れた、世に言う世界恐慌です。しかも、倒産の連鎖は多くの金融機関をも呑み込み、職もない、パンもない、貯金も消えました。もちろん、失業保険等もある筈ない。世界中がそうだから、逃げ場もなく、市民生活は悲惨を極めました。

　しかし、この未曽有の事態を目の当たりにしながら古典派は、これは市場が一時的に混乱し、機能不全に陥っているだけ。そのままにしておけばそのうち事態は沈静化すると言いましたが、待てど、暮らせども回復どころか事態は悪化するばかりでした。

　古典派は、4人に1人が失業している状況で「失業はあり得ない」として失業の存在を認め得なかったのですが、これは、古典派経済学が理論の前提としている「セイの法則」にありました。

　「セイの法則」とは、フランスの経済学者ジャン・バプティスト・セイが発見した原理で、一国の総需要は総供給に等しくなるというものです。簡単に言えば「市場に供給されたモノは必ず売れる」というものです。勿論、個々の商品は、市場で売れ残る事もありますが、一国の経済全体で見ると、供給過剰な市場がある一方で、供給不足の市場もあり、これを相殺すると全体としては供給量に等しい需要が生まれる、ということです。つまり、供給が需要を作る、モ

ノを作れば作っただけ需要が生まれるというものです。

この前提が成り立つ限り、基本的に供給過剰は起こり得ない。局所的な供給過剰は自由な交易や、市場の価格メカニズムが働くことで解消される。売れないモノは価格が下がり、売れるところに流れる。これは人手についても同様で、売れ残りがモノの供給過剰なら、失業は人手の供給過剰である。市場のメカニズムによって賃金が調整され、労働市場の流動性が損なわれなければ、一時的な失業は起きても、それが長く続くという事はあり得ない、という考え方でした。

古典派が「起こり得ない」とした深刻な失業が1929年の大恐慌により起こりましたが、結局、古典派は何ら有効な手立てを提示できませんでした。そこで登場したのが、英国が生んだ20世紀最大の経済学者、ジョン・メイナード・ケインズでした。

「セイの法則」が成り立つ、「モノを作れば、作っただけ売れる」時のような景気の良い時は古典派のいう通り市場メカニズムが働いて資源は適切に配分され失業も起きない。しかし、実際には「作っても、作っても売れない」状況だってある。そんな時は、市場を自由放任にしていても駄目で、政府が動いて需要を作り出す必要がある、というのがケインズの考えです。

古典派は理論を展開する際に「初めは供給ありき」と考えました。供給こそが需要を作ると考えましたが、ケインズ理論は需要こそが供給を作り出すという考え方となっています。一国の経済規模は、国民総需要の大きさによって決定される。いくら供給を増やしても、需要以上にモノが売れる事はあり得ない。そしてケインズは、経済活動の原動力となる国民総需要を「有効需要（Effective demand）」と呼んで、国民総生産は有効需要と等しくなる、としました。

前節のジョン・リチャード・ヒックス教授のところで紹介しましたが、ケインズは、有効需要は消費と投資で構成されるとしました。不況で消費の拡大が望めないなら、投資を増やして景気を刺激すべし。不景気で民間投資の増加が期待できないなら、公共投資をふやすしかない、というものでした。古典派の「市場の自由に任せて待つべし」という考えが常識となっていた時代に、ケインズ理論はまさに常識を覆す革命的なものでした。世界恐慌という大試練を経て、次第に「市場のメカニズムが機能不全に陥ってしまった場合は、国家の経済介入も已むなし」という考えが認められるようになりました。

　今でこそ特に違和感なく聞けるケインズ理論ですが、有効需要が少なければ有効需要を作りだせばいい、という考えは当時ではまさに「革命」と呼ぶにふさわしい画期的な考え方であったことが容易に想像できます。また、今現在特に違和感なく聞ける事自体が、ケインズ理論の影響力の凄さを物語っているものといえるのではないでしょうか。

　評論家、翻訳家山形生氏の著書「超訳　ケインズ『一般理論』」(東洋経済 2021 年 3 月 18 日発行) に、ケインズの「雇用・利子・貨幣の一般理論」の題名の意味が簡単に理解できそうな内容が記載されていましたので合わせて紹介しておきます。

　「原文の重要な論理の流れ」は次のようなものだと考えている、とケインズ理論の概略を簡潔明瞭に説明しています。

1. 雇用、特に労働は名目賃金が簡単に下がらない。だから価格を通じた市場での需給調整はきかない。
2. その場合、雇用は経済全体の総需要で決まる。これが経済の供給能力よ

り低いと失業が起きる。

3. 総需要は、消費と投資に分けられる。

4. 消費は、かなり一定だ。だから需要が十分かどうかを左右するのは投資
　だ。投資が足りなければ、政府が公共投資で補うべきだ。

5. 民間の投資は、投資プロジェクトの期待収益率と金利で決まる。期待収
　益率が金利より高いプロジェクトが実施される。

6. 期待収益率は、あまりはっきりわからない。株式市場もその評価のあて
　にはならない。だから投資を増やすには金利を下げるべき。

7. 金利は、人々が流動性＝現金を手元に持ちたがると上がる。中央銀行が
　お金を刷って人々に配れば、みんな満足するので金利は下がる。

8. 現金をどのくらい持ちたがるかは、実態経済とは連動しない。だから失
　業がなくなる水準まで金利が自動的に動いたりはしない。失業があるほ
　うが一般的で、完全雇用のほうが特殊なのだ。

　少し補足すると、公共投資については、ジョン・リチャード・ヒック
スのところの計算式で見たように、公共投資をすれば投資と消費
が刺激され、政府が支出した金額以上に国民所得が増加する、とい
う「乗数理論」（公共投資の必要性）の考え方が根底にあります。
　また、民間の投資は、投資プロジェクトの期待収益率と金利で決
まるという部分は、金融機関の金利よりも限界効率が高ければ企業
は投資事業を始めます。つまり、金融機関から借入をして投資をす
るという「限界効用理論」の事です。
　金利については、利子率決定に関する理論で「流動性選好説」の
ことを言っています。資産保有者は資産を貨幣で持っていれば、交
換が容易で、なおかつ元本の価値の安全性（流動性）を確保できま
す。有価証券で所有していると、流動性が失われる反面、利子によ

る収益性を確保できるというものです。例えば、債権の金利が低い場合、人々は利子を犠牲にして流動性を選好して貨幣を所有します。金利が上昇すると貨幣に対する需要が小さくなるという事です。

いずれにせよ、世界恐慌でほとんど全員が頭を抱えて困っている時に、有効需要がなければ有効需要を作ればいいじゃないか、という発想は現代の経営にも非常に参考になります。

新型コロナウィルス感染症の影響が長引いて顧客が全然いなくなってしまったホテルや飲食店では、頭を抱えてお店を閉めた所もたくさんあれば、お弁当を売出しお弁当需要の掘り起こした店舗や、リモート作業ができるホテルプランを作り、新しいホテル需要を作り出したホテルもたくさんあります。

また、後ほど紹介しますが、アイリスオーヤマのように市場創造型の商品開発を経営の軸に据え、日頃より「ピンチをチャンスにする経営」ではなく「ピンチが必ずチャンスになる経営」を掲げ、コロナ禍でマスクの大増産を行い、マスクの出荷数が国内トップシェアになった会社もあります。

苦境に立たされた時に、「有効需要がなければ有効需要を作り出せばよい」というケインズの考え方は、組織の中で頭角を現わすチャンスにもなるので、是非覚えておきましょう。

13. ヨーゼフ・シュンペーター
「資本主義、社会主義、民主主義」

　最後の節は、ケインズと同年に生まれたオーストリアの経済学者ヨーゼフ・シュンペーターを紹介しておきましょう。シュンペーターといえば「創造的破壊」という言葉があまりにも有名です。大学生の時にシュンペーターを勉強した際に、「創造的破壊」という言葉に魅了され、すぐさま自分の座右の銘にしました。それ以来、社会人となり銀行を退職するまでの20年間は、座右の銘を「創造的破壊」として、目標を100％達成する事ではなく、発想を変え、イノベーションを起こせば、目標は200％、300％達成できるものだ、という考えをいつも持って仕事に取り組んでいた事を記憶しています。

　吉川博東京大学大学院教授の著書「いまこそ、ケインズとシュンペーターに学べ」― 有効需要とイノベーションの経済学 (ダイヤモンド社 2009 年 2 月 26 日　第 1 刷発行) において、シュンペーターの事を次の様に解り易く解説しています。

若きシュンペーターは社会主義者との対立が激しかったウィーンで、「資本主義とはなんだろう」と考えた。彼は資本主義の本質を企業家によるイノベーションに基づくダイナミズムに求めた。静態的な資本主義というのは形容矛盾。つまり動き・変化のない資本主義経済などというものは存在しない、とシュンペーターは考えた。これがシュンペーターの基本的なビジョンである。

　たしかにわれわれの住む資本主義経済の歴史を振り返ってみると、てこには常に新陳代謝がみられる。長い間人類は農業を主たる生産基盤としながらゆっくりとしたペースで経済・社会を変えてきた。ところが、18世紀後半から、次第に生産が利潤を追求する企業によって担われるようになると、変化は歴史上かつてないスピードに加速化した。（産業革命の節で見てきたように）馬車は鉄道に変わりやがて自動車に変わった。こうした変化をもたらしたのは企業によるイノベーションである。

　鉄道の登場により馬車は消えた。こうした変化により経済は発展する。それは私たちが文字どおり毎日のように経験していることだ。パソコンが登場して30年経っていない。今では当たり前に使っている携帯電話もそれほど古くからあるわけではない。携帯電話が登場したことにより公衆電話の数はめっきり少なくなった。こうしたプロセスをシュンペーターは「創造的破壊」という言葉で表現した。

　「いまこそ、ケインズとシュンペーターに学べ」における簡潔明瞭な「創造的破壊」についての説明でしたが、経済に興味がない人には、もう少し詳しく説明をした方が、イメージがわきやすいと思われるので、次の著書に記載されていた説明を追記しておきましょう。

　ナイアル・キシテイニー著書、月沢李歌子訳者「若い読者のための経済学史」（株式会社すばる舎 2020年8月24日　第4刷発行）では次の様に

書かれています。

　起業家（同書では企業家でなく起業家と表記）が、新しい種類の冷蔵庫やラジオを製造する工場を建てるといった構想を実現するには、レンガ、鉄、労働力を確保しなければならない。ほかの経営者が資源を、消費者が欲しがっている製品をつくるために使っているときに、消費者が欲しがるかどうかもわからない新しい製品をつくるために入手することができるだろうか。銀行が資金を貸してくれればできる。必要なものは買えるのだ。金銭は売買の手段であるだけでなく、経済の心臓であり、循環する血液である。それらをすべるのが起業家という脳だ。シュンペーターは1920年代、オーストリアの銀行の頭取になったときにそれを実際に体験している。

　成功すれば、起業家は富を得る。人々が蓄音機やテレビを欲しがり、購入すれば、新製品がさざ波のように広まる。まもなく、そうした起業家をまねて同じ自動車、溶鉱炉、染料を製造する者が現われる。新製品は業界全体を改革し、経済は拡大する。

　最終的には、いくつかの企業が倒産し、次のイノベーションが起こるまで、経済は縮小する。拡大しては縮小するという資本主義経済の浮き沈みのサイクルは、イノベーションの波と起業家と模倣者の盛衰の積み重ねから生まれる。新しい技術は古い技術の息の根を止める。荷馬車は自動車に、ろうそくは電球にとってかわられる。カメラ用フィルムメーカーであるコダックのような企業が成長し、その後衰退して、携帯電話にデジタルカメラを搭載したサムスンのような新しい市場のリーダーが現われる。シュンペーターはこれを「創造的破壊（creative destruction）」と呼んだ。資本主義は、起業家が休むことなくもたらす不断の変化だというのがシュンペーター見方だった、と解説しています。

昔、世界中の街中で見かけたソニーのウォークマンはスマートフォンの登場により世界からほとんど姿を消しました。日本を代表する会社であった、総合電機の東芝や液晶のシャープは、会社自体が分割されたり吸収合併で日本の会社でなくなったりしています。まさにシュンペーターの言う資本主義経済の浮き沈みのサイクルは、イノベーションの波と企業家と模倣者の盛衰の積み重ねから生まれる、という事が現在も続いています。

　ワルラス以降の経済学は数学的手法を使ったものが多いのですが、シュンペーターの理論は数学的手法では説明されていないので、逆に経済学の専門家ではない我々ビジネスパーソンにとっては共感しやすいかもしれません。シュンペーターはケインズに匹敵する20世紀最大の経済学者と言われていますが、一方で偉大な社会学者と言われているのも、この所以なのかもしれません。

（1）「創造的破壊」を仕事に活かす

　シュンペーターのいう「創造的破壊」は、既存の産業や商品自体の息の根を止める程の革新的なイノベーションの事を言っておりますが、この考え方は日常の業務の中でも大いに活用できます。

　皆さんが毎日行っている業務は、従来からやっている仕事のやり方をそのまま引継いでやっているだけといえます。つまり、誰かが敷いたレールの上を毎日走っているだけなのです。毎日毎日、自分のところに来た仕事を処理して、ただ忙しいと言って一日が終わってしまう。仕事が来ない日は、今日は暇だなと言って、仕事が自分の机の上に来るまでブラブラして待っている。特に大企業の管理者には、自分の仕事は判断業務なので、それでいいと思っている人がたくさんいます。これでは組織が当然衰退していきますが、

これは敷かれたレールの上をただ走る仕事しかできない人が多いからです。

　ちょっと気の利いた人は、毎日の仕事の中でムリ・ムラ・ムダがないかを考えて、その改善を行うことにより業務の効率化を図ろうとします。ただこれはあくまで業務の効率化であり、イノベーションとは呼べません。それでも、ただ毎日レールの上を走る仕事しかできない人と比べれば、各段にすばらしい人材といえます。ただ、皆さんには経営管理者として、あるいは経営管理者になるために、組織で頭角を現わしてもらわないといけません。

　「創造的破壊」とは、従来の仕事の仕組みとして敷かれたレールを壊して、全く新しいレールを自分で引くことだと考えております。

　９．レオン・ワルラス「一般均衡理論」の（２）「相互依存の考えを仕事に活かす」でも記載しましたが、具体例としてホテル客室清掃の仕事に「創造的破壊」をもたらす例を説明しましょう。

　ホテルの客室清掃は１人で１部屋全てを清掃するというものでした。つまり、シーツのはがし、ベッドメイク、お風呂、トイレ、掃除機、食器洗浄、アメニティセット等の50項目以上の作業を１人でやっていました。したがって、仕事を一人前にできるようになるまで、何年もの時間を要していました。また、何号室がチェックアウト清掃なのか、何号室のお客様が連泊されるステイ清掃なのか、

またセットするものは何か、セットする数はいくつか、等の情報を
ホテルからペーパーでもらい、それを各フロアーにコピーしたり、
手書きで書き写したりしていました。100部屋程度ならまだしも、
400部屋もあるホテルでは大変な作業になります。しかも、当日の
清掃実績をホテル側と確認し合うために、何百室もの部屋の清掃開
始時間や清掃終了時間、担当者名やチェック者名を全て手書きで一
生懸命毎日記入していました。この業界ではこんな作業を何十年も
続けている会社がまだたくさんあると思われます。

　これは、従来から敷かれたレールの上を走ることしか考えていな
いから、何十年も同じ仕事のやり方を続けているのです。ホテルの
客室清掃は収益性に乏しく、重労働であるために大手企業が参入し
にくい業界であり、そのため、世界市場でもまれたイノベーション
競争とは縁遠い世界となっています。

　具体的にはまず作業の分業化を行いました。熟練者にしかできな
い難しい清掃作業を分業により単純化し、分業された作業をマニュ
アル化します。マニュアル通りに清掃を行えば、アルバイトでも熟
練者と同じ作業手順と作業方法で清掃を行うことができ、また、熟
練者と同じ品質で同じ時間に清掃ができるようになります。マクド
ナルドやデニーズといったレストランが良いお手本となります。ス
タッフの多くは、マクドナルドやファミリーレストランでのアルバ
イト経験があり、この話はわ
りとスムーズに理解を得られ
ました。

　マクドナルドのポテトフラ
イが、作る人により中の方が
半分まだ冷たかった、あるい

は、半分こげた茶色になっていたことがありますか？ないですよね。これはマニュアル通りに全員が同じやり方で作っているからですよね、というように話します。

　分業による生産性向上は、前述のアダム・スミスの分業の考えを取り入れ、従来の1人1室清掃のやり方を取りやめ、ベッドメイキングやバス、トイレ清掃等を分業で行う事にしたものです。清掃品質を維持したまま、生産性向上を図る方法への革新です。テイラーの科学的管理法による効率化向上では、現実的には熟練者が不足し、いずれ清掃品質の劣化を招くからです。

　ホテル客室清掃は一般的な建物清掃とは異なり、清掃品質が厳しく求められる割に、清掃料金も安く、ビルメンテナンスの様に十分な利益を確保することが難しい業界といえます。

　そこで企業としてやっていくには、薄利多売で清掃部屋数を増加させていく必要があります。ところが、清掃の熟練者を育てるには3年〜5年もかかってしまい、清掃部屋数の増加に熟練者の人数が追いつかなくなります。ましてや重労働業務であり、時給を高くしないと人が集まらないことから、1室当たりの清掃時間を短縮して人件費コストを削減しないと利益確保が難しくなります。そこで、1部屋30分で清掃すべきところを、たくさん清掃すれば給料が高くなるインセンティブ方式を採用して、1部屋25分→20分→15分と清掃時間の短縮を求めていきます。熟練者でない人にこれをやらせると、100％間違いなく清掃品質が落ちます。

　建物清掃でオフィスの廊下に髪の毛が1本落ちていても誰も気が付きませんが、ホテルの客室に髪の毛が1本でもあるとクレームにつながります。ホテルはお客様に非日常空間を味わってもらう場所であり、日常を感じさせてしまうとお客様のクレームにつながりま

す。特に前泊者の飲み物が冷蔵庫に残されている、袋の破けた歯ブラシが残っているのは最悪のケースで、ホテルのブランドを汚すことにもなってしまいます。

　ただ、冷蔵庫の中のペットボトルのお水を、ほんの一口だけ飲んで、そのままフタを閉められて同じ所に置かれると、外見だけでは全く見分けがつかなく苦労します。また、歯ブラシの袋を破り、歯磨き粉だけ使用して、歯ブラシの袋を破れた方を下にして、外見からは未使用状態にみえるようして帰られる宿泊者もいます。客室清掃には本当に神経を使う所が多く、熟練者でないと見抜けない落とし穴がたくさんあります。

　これら注意すべき点を全てマニュアル化して、分業により新人アルバイトでも熟練者と同じレベル、同じスピードで作業ができるようになれば、清掃部屋数を増加させていっても、品質と生産性を維持できるようになります。つまり、薄利多売で清掃部屋数を拡大していっても、熟練者の成長を待たずに、清掃品質を維持しながら生産性の向上を図ることができる仕組みにレールを敷きなおす事ができる、ということです。

　次にIT化による生産性向上です。従来は、何号室の清掃を何時から何時まで誰がやったのかを、1日の作業日報に手書きで記入していました。清掃部屋数が300室あれば、300室分を全員が手書きで記入していくというものでした。しかも、記入するペーパーが各フロアーの決められた1カ所に置かれているため、それを記入するために各スタッフが1日10往復以上移動しないといけなかったのです。

　ある店長が、ホテルが大きいので私は1日13キロも歩いていますと、やや自慢げに話していたことがありました。移動時間は付加

価値を生まないムダな時間であり、1日13キロを仕事中に毎日の様に移動しているとしたら、1日に3時間以上も付加価値を生まないムダな時間を費やしているという事を理解できていなかったようです。

　これらの作業は、携帯電話を利用したアプリ開発により、その場で入力していけば、記入時間も集計時間も移動時間も大幅に削減することができ、しかもペーパーレス化が図れます。これも従来の仕事のやり方という古いレールを新しいレールに敷きなおした事になります。

　ちなみに、日本で有名な「創造的破壊」といえば、元トヨタ自動車工業の大野耐一副社長が中心となって確立したトヨタ生産方式があげられます。

　従来自動車の生産においては、材料が加工され部品となり、部品が組み合わさってユニット部品となり、最後の組み立てラインに流れていくという流れの中で、前工程からつぎつぎと製品化する方式が取られていました。これは、少品種の自動車を量産化することにより原価を安くするというアメリカ式の生産方法でした。高度経済

成長時代には、企業の生産方式はアメリカ式でよかったのですが、低成長時代となり、ニーズが多様化する時代の流れの中で、多品種少量生産で原価を安くする方法が求められていました。

　こんな中、大野副社長はアメリカのスーパーマーケットを見て、スーパーマーケットを生産ラインにおける前工程とみてはどうかと考えつきました。スーパーマーケットというのは、顧客にとって、必要とする品物を、必要な時に、必要な量だけ入手できるお店である。スーパーマーケットの側からすれば、顧客がいつ何を買いに来てもいいように、品物を揃えておかなければならないと考えています。そこで、顧客である後工程は、必要な商品（部品）を、必要な時に、必要な量だけ、スーパーマーケットに当たる前工程へ買いに行く。前工程は、すぐに後工程が引き取っていった分を補充すればよいと考えたのです。

　従来の考え方は「前工程が後工程へ物を供給する」という考え方が常識でしたが、「創造的破壊」で「後工程が前工程に必要なものを、必要なとき、必要なだけ取りに行く」という逆転の発想で、世界的に有名になった「ジャスト・イン・タイム」という生産体制を確立しました。

　従来生産現場で発生していた、前工程で問題が発生すれば、後工程で欠品が生じラインがストップする、あるいは、後工程とは無関係に部品が生産され、欠品がある部品がありながら、不要不急の部品在庫が山ほどたまる、と言った現象を解消しました。なお、前工程は「かんばん」という「引き取り情報」または「運搬指示情報」及び「生産指示情報」がわかるビニール袋に入った1枚の紙切れで情報が共有され、引き取られた分だけつくればよいということになりました。

世界から注目を集めた「創造的破壊」＝「ジャスト・イン・タイム」は科学技術の発明ではないですが、イノベーションとして産業界に多大な影響を与えてくれました。

第2章
経営学

Business economics

第2章　経営学

　経営学は個体経済、とくに生産経済を営む企業について研究する学問です。個体経済とは、国家や地方公共団体の経済である財政、家庭の経済である家計、それぞれの事業体の経済である企業の三つに区別されています。これら3種の個体経済が、全体としての社会経済または国民経済の実体となっています。この中で財政と家計はもっぱら消費を目的としていとなまれる個体経済ですが、企業は生産を目的とする個体経済であるために、企業は財政及び家計とは明確に区別されています。この様な企業という生産を目的とする個体経済を研究する上では、二つの基本的な問題が所在します。

　一つは、生産経済を専門的に遂行する組織単位体としての経営経済の構成および管理に関する問題です。もう一つは、生産経済の組織単位体が、その継続的な経営的生産活動を続けていく場合の諸問題です。最初の一つ目は、一般的に組織問題または管理問題といわれているものであり、二つ目は経営活動の継続的遂行に伴って生ずる費用問題として包括的に考えられているものです。学生の頃経営学の教科書の1冊として読んでいた、古川栄一商学博士の著「経営学通論」（発行者　同文館出版株式会社　昭和56年5月10日　四訂32版発行）にはこの様に「経営学」が紹介されていました。

　しかし一般的なビジネスパーソンにはやや難しい表現なので、個人的には簡潔明瞭に、経営学とは「企業が維持・存続・発展を行うためにはどうしたらよいのかを考える研究」という説明をしています。

　なお、企業を動かすのは組織であり、組織を動かすのは人で

す。経営の方向性を決めるのは経営理念であり、活動を分析・報告するのは計数である事から、経営学は経済学・心理学・社会学・数学・政治学・哲学・人類学等との折衷性という特質を持っているといえます。

1. フレデリック・テイラー「科学的管理法」
（The Principles of Scientific Management）

　近代経営学が最初に最も発達したのはドイツですが、ドイツでの経営学の研究内容は、企業資本の問題やいわゆる会計学的研究と一体となって進展しました。一方、アメリカで発達した経営学は、経営学を理論的な学問としてつくりあげるということよりも、経営問題に関する実際的処理の観点が重視されました。企業の経営規模が拡大するにつれて、当然にまたその経営活動の内容も複雑になってきます。そして、これを合理的に運営するために、特別の専門知識が必要となってきたのです。そのためアメリカでは、従来の小規模の商業または中小工業の時代にみられなかった専門経営者（Expert manager）が発生することとなりました。

　アメリカの経営学は、実にこのような専門経営者の養成のための学問として、また、大規模経営を合理的に運営するための経営管理の科学として発展してきました。大規模経営の出現とともに、その実際的必要から生成・発展したアメリカの経営学は、具体的にはテイラーによって創始された、いわゆる科学的管理法を出発点としていると言われています。

　テイラーの科学的管理法は、はじめは工場内部の労働問題から出発し、次第に財務及び販売、購買などの業務の分野にも広く及ぶようになりました。そして、ついには企業の全経営部門に対する管理の科学にまで拡大発展し、今日の盛大なアメリカの経営学を成立させるための基礎となりました。つまり、テイラーの科学的管理法を知らずして経営者や経営管理者は物を語れないというものなので、ここではテイラーの「科学的管理法」を紹介していきたいと思います。

（1）科学的管理法が生まれた時代背景

　テイラーの時代、企業では労働者の組織的な怠業によって生産能率が疎外されることが多かったので、これを克服するために出来高給制度、分益制、割増賃金制などさまざまな刺激的賃金制度が考案されましたが、経営者がしばしばインセンティブを計算する賃率の切下げをしたために、事態は一向に改善されませんでした。

　そこでテイラーは問題が賃金制度そのものよりも賃率や標準作業量の決定方法にあると考え、時間の研究によって労働者が一日に成すべき標準的な作業量、すなわち課業を科学的に決定することと、作業条件や作業方法を標準化することを基礎にした課業管理を提唱しまし

た。また、この課業を達成するための方策として異率出来高制度、企画部の設置、指図票制度、機能的職長制度などを提唱しました。

　もう少しわかりやすく説明すると、19世紀後半、アメリカでは鉄道網の発達や機械の導入が進み、製造業の生産量拡大が続いていました。当時は出来高給制が一般的だったため、労働者の賃金は際限なく上昇し、高すぎる賃金水準に耐えられない雇用者は出来高単価（賃率）の引き下げを繰り返したのです。その結果、労働者は働けば働くほど賃金率が下がると考えるようになり、組織的怠業が頻繁に発生するようになったのです。そして、科学的管理法の名が全米に知られるようになったのは、1910年の東部鉄道運賃率事件がきっかけでした。これは、ミシシッピ川東部の鉄道会社が従業員の賃金上昇を理由に、運賃の値上げを州際通商委員会に申請したところ、利用者が強く反発し、鉄道会社がテイラーの方法を導入して経営を能率化すれば運賃値上げは不必要になると反論したものでした。翌年、州際商業委員会が値上げを却下して運賃問題は終結しましたが、そこに至るまでの論戦がマスコミによって詳細に報じられたために、科学的管理法は一躍有名になりました。

（2）怠業の原因

　労働者の組織的怠業について、テイラーは次の三つの原因を上げて科学的管理法の必要性を説明しています。中には現代の組織にも存在する内容があり、仕事を行う上で参考になるため簡単に紹介しておきます。

怠業の原因　その1

　働き手たちの間には「1人当たり、あるいは機械1台当たりの生

産量が増えると、いずれは大勢が職を失うことになる」という誤解が太古の昔からはびこっている。

　しかし、個々の現場におけるモノづくりの歴史を振り返ってみると、新しい機械の発明であれ、よりよい手法の導入であれ、何らかの改善がなされたつど、人材の生産性が高まってコストが低減し、やがては仕事が増えるため、解雇が起きるどころか、より多くの人材が必要とされてきました。

　テイラーは靴を例に取って説明しています。靴づくりの工程すべてを人手ではなく機械に任せたところ、コストが従来の何分の一かですみ、価格が大幅に下がった。結果、いまや労働者階級でも大人に限らず子供までもが年に1，2足の靴を買い求め日常的に履くようになった。ところがそれ以前は、おそらく5年に一度くらいしか靴を買わなかった。機械の導入により、働き手一人当たりの生産量は飛躍的に増えたが、需要が大きく押し上げられたため、靴業界の雇用者数はかつてないほど高い水準にある、と説明しています。

怠業の原因　その2

　一般的に用いられているマネージメントの仕組みには欠陥があるため、働き手が自分の最大の利益を守るためには、仕事を怠けたり作業のペースを落としたりせざるを得ない状況が生じている。雇用主の側もさまざまな作業における適正な所要時間をつかんでいないため、働き手にとっては作業を手加減した方が有利なのである。

　大勢を一か所に集めて同じような仕事をさせ、1日当たりの賃金基準を統一すると、多くの人が持つ「楽をしよう」という傾向を、大きく助長させることになる。この状況の下では、有能な人材も少しずつ、しかし確実に仕事のペースを緩めていき、やがては最も効

率の悪い人材と同じ水準に落ち着く。もともとはやる気に満ちていた人材も、怠けぐせのついた人材のかたわらで2、3日も働くと、信じられないような現状に気づくだろう。仕事の遅い輩が、たった半分の仕事量で同じ賃金をもらっているなら、自分だけがむしゃらに仕事をするのはばかげている、となるからです。

怠業の原因　その3

　産業界においては、非効率な経験則がいまだにはばあまねく行き渡っており、それをそのまま実践しているため、働き手の努力のほとんどが水泡に帰している。

　どの職場においても、働き手は見よう見まねで作業の詳細を覚えるため、個々の作業にいくつものやり方が生まれる。その数は各工場でおそらく10ないし50、いや100に及ぶかもしれない。同じ理由から、一つの職種でも、仕事に使う道具は実にさまざまである。各業種の各作業について、多彩な手法や道具が用いられているわけだが、それらの中には必ず、もっと高い効率と優れた成果をもたらす手法や道具があるはずだ。最善の手法や道具を見つけたり発明したりするには、すべての手法と道具を対象として科学的な研究や分析を行い、併せて緻密な時間・動作研究を行うしかない。こうして、機械を用いたすべての作業に、経験則に代えて科学的な手法を少しずつ取り入れていくのだ。すべての働き手を対象に、不必要な動作を省き、非効率で鈍い動作を手際のよい動きに改めると、時間の節約と生産量の増大が実現する、と説明しています。

（3）レンガ積みにおける検証—ギルブレスによる調査
　レンガ積みは、ごく古い時代から続く作業ですが、道具や素材は

おろか、作業法そのものも、実に数百年にも渡ってほとんど進歩していないものでした。おびただしい数の人間がこの作業に取り組んできたにもかかわらず、何世代もの間、これといった前進が見られない業界でした。

ギルブレスは、レンガ積み職人の作業速度や疲労度に何らかの影響を及ぼす要因は、どれほど些細なものも見逃さずに実験の対象にしました。壁からどれくらい離れた位置に、両足、モルタル容器、レンガの山をそれぞれ置くべきかを正確に特定しました。これにより、レンガを積むたびに1，2歩前に出たり、後退したりする必要をなくしたのです。モルタル容器とレンガの山については、どのくらいの高さに置くのが最適かも調べ、それに合わせて足場を設計し、道具や素材を載せておくための棚も取り付けました。この足場を用いると、レンガ、モルタル、職人、壁が互いにほどよい位置関係になります。壁が高くなっていくにつれて、特別に手配された作業員たちが足場全体を調整します。こうするとレンガ積み職人は、足元のレンガをつかんだり、コテにモルタルをつけたりするためにかがみこみ、立ち上がるという動作をせずにすむようになりました。

　これまで長い間、レンガ職人はみな、およそ5ポンド（約2.3キロ）のレンガを積むたびに、150ポンド（約68キロ）くらいの体を2フィート（約60センチ）ほど屈めては伸び上がる動作をしてきたわけで、そのためにどれだけ膨大な労力がムダになっていたことでしょう。しかもこの動作を、1人ひとりの職人が1日に1,000回くらい繰り返していたそうです。

さらなる研究の結果、レンガをトラックから降ろして職人の元へ運ぶ前に、作業員の手で丁寧にレンガを選り分け、最もきれいな面を上にして木枠の上に並べて置くようにしました。こうすると、職人は最適な体勢で手際よくレンガをつかみ取ることができる。レンガをひっくり返して吟味してから積むという手間が省け、壁の表面にレンガのどの面や角を持ってくるのがよいかを見極めるための時間も節約できるようになりました。

　また、レンガを貼る際には、モルタルの上にレンガを載せた後、レンガがしっかり固定するように、コテの柄の端で何度かたたくのが普通でしたが、モルタルの練り加減が適度であれば、レンガは上から手で押さえた時の圧力により、ちょうどよい深さまで埋め込まれることに気づきました。そこで、モルタルの調合担当者に、練り具合にも細心の注意を払うように求め、レンガを上から叩く時間を不要にしました。

　職人の大多数は従来と違った手法や慣わしには抵抗します。したがって、たいていの腕の良い職人たちは、この種の研究が大きな成果につながるのか、首をかしげました。しかし、ギルブレスは、厚さ12インチ（約30センチ）の工場の壁を、2種類のレンガを積んで両側にきれいに目地が見えるように仕上げるのに、組合に所属する選りすぐりの職人に任せたところ、1時間当たり350個のレンガを積み上げました。古い手法では、近隣地域の平均は120個でしたので、実に3倍近くに効率化が図られたのでした。

　テイラーはギルブレスが素晴らしい功績を上げたのは、科学的管理法の4つのエッセンスをうまく活かした

からだと説明しています。

① 職人ではなく、マネジャーの力でレンガ積みの科学を掘り下げ、各人の動作一つひとつに綿密なルールを設けたほか、最適な道具や作業環境を突き詰め、一律に導入した。

② 職人を慎重に選び抜いて訓練を施し、きわめて高い技量を身に付けさせた。その一方、最善の手法に馴染めない者、あるいはそれを拒否する者には職場から去ってもらった。

③ マネジャー層がたえず手助けと目配りを行い、指示を守って作業ペースを高めた者には日々それ相応の上乗せ賃金を支払うことによって、腕のよい職人をレンガ積みの科学に馴染ませた。

④ 職人とマネジャーが仕事と責任をほぼ均等に分け合った。マネジャーは、朝から夕方まで職人たちに寄り添って手助けや激励をし、困難を取り除いてあげた。かつては高みの見物を決め込んで助け舟などほとんど出さず、仕事の手法、道具、ペース、協調関係などについて責任をほぼ丸投げしていたものだが。

　通常のマネージメント手法においては、「働き手に大きな動機を与える必要がある」という考え方が常識とされているため、出来高制、割増し賃金、ボーナス制度など先進的な報酬制度のいずれかを導入することをマネージメントのほぼすべてだとみなしています。つまり、従来における最善のマネージメントとは、おおまかに言って、「働き手が最大限の自主性を発揮して仕事に取り組み、雇用主がその見返りに特別なインセンティブを与える仕組み」と定義していました。それに対比し、それより圧倒的に優れたマネージメント方法が、前述のような科学的手法を取り入れた科学的管理法であると説明しています。

（４）ベアリング用ボールの検品に対する考察

　テイラーのベアリング用ボールの検品に対する考察は、作業現場におけるスピードと品質の関係や休憩等の考察結果が記載されており、現代の作業現場においても非常に参考となる内容なので、フレデリックW.テイラー著｜新訳｜科学的管理法　― マネージメントの原点（訳者　有賀裕子　発行者ダイヤモンド社　2018年9月25日第6刷発行）より併せて引用紹介しておきます。

　たいていの場合、科学的管理法の4つのエッセンスの中で最も重要なのは、「科学を掘り下げる」である。対象とする仕事が複雑な場合には、とりわけ重要性が増す。ただし、一部の事例では、「科学的な視点に基づく人材選定」が何より大きな意味を持つ。その典型例として、自転車のベアリング用ボールを検査するという、きわめて簡単だが、特殊な作業が挙げられる。

　何年か前に自転車ブームが頂点に達した頃、自転車のベアリングに用いるために、硬化鋼製の小さなボールが年に数百万個も製造された。製造工程は２０以上の作業からなるが、その中でおそらく最も重要なのは、仕上げ研磨を行ったあとの製品検査だった。ヒビな

どの欠陥があるボールを取り除き、良品だけを出荷するための作業である。

　私は、この分野におけるアメリカ最大の工場から、業務を体系化する仕事を依頼された。この会社はすでに8〜10年前から日給制で工場を操業していたため、検査にあたる120人以上の若い女性たちは、「ベテラン」であり、仕事に熟達していた。

　仕事の中身がどれほど初歩的なものであっても、日給で働く人々が個別に作業する形態から、科学的な視点に基づく共同作業へと、短時間のうちにやり方を切り替えるのは不可能である。ただし、たいていの場合、仕事の環境にはどこかに不備があるため、それをすみやかに改善して、すべての関係者に恩恵を及ぼすことはできる。

　この職場では、検査担当の女性たちは1日に10時間半働いていた（土曜日は半日勤務である）。彼女たちの作業内容は、左手の甲を上にした状態で指を閉じて、指と指との間にきれいに光る小さなボールを載せて転がしながら、明るい照明の下でじっくり吟味し、欠陥品があれば右手で持った磁石で吸い取り、専用の箱に投げ入れる、というものだった。くぼみ、硬度不足、キズ、ヒビ割れなど4種類の欠陥を探すのだが、ほとんどの欠陥はごく細微であり、特別に訓練された者でないと見つけ出せない。常に神経を研ぎ澄ませておく必要があるため、椅子に座った楽な態勢での作業だから体は疲れないにもかかわらず、神経はかなりの緊張を強いられていた。

　10時間半という作業時間は長すぎるため、ごく簡単な調査からも、その大半は無駄になっているのは確実だと見て取れた。あらためて述べるまでもないが、勤務時間を決めるにあたっては、作業と休憩のメリハリをつけ、「何となく時間が過ぎていく」状態を避けなくてはいけない。

そこで私たちは勤務時間の短縮を決めた後、作業全体の科学的研究をサンフォード・E・トンプソンに委ねた。

　私たちはまず、製品検査室のベテラン職長を通して、仕事のできる検査担当者、職場での発言力の大きな検査担当者に個別に面談し、それまで１０時間半で行っていた作業量を１０時間で終わらせるように求めた。彼女たち一人ひとりに、1日の勤務時間を１０時間に縮めるが、日給は時短前と同じ額に据え置くと伝えた。

　２週間ほど経った頃、職長から「面談した製品検査担当者たちはみな、従来と同じ作業量を１０時間でこなせると述べ、時短を受け入れました」と報告があった。

　私は周りから気配が十分でないと見られていたため、時短の提案に対して検査担当者たちに投票をしてもらえば、自分の存在価値をアピールできるのではないかと考えた。ところがこれが完全に裏目に出た。実際に投票を行ったところ、全員が「１０時間半勤務に満足しており、変更はまったく望んでいない」という意思表示を示したのだ。

　そこで当座はこの件は片づいたことにしておいたのだが、数か月後に気配りをかなぐり捨て、独断で勤務時間を１０時間、９時間半、９時間、８時間半と段階的に短くしていった（日給は据え置いた）。すると、勤務時間を短くするたびに、実際の検査件数は減るどころか増えたのだった。

①「パーソナル係数」による適正判断

　この部門に、旧来のやり方に代えて科学的管理法を導入する仕事は、おそらくアメリカ国内で並ぶ者のないほど動作・時間研究に深い経験を持つサンフォード・E・トンプソンの指揮の下で進め、全

体の監督をH・L・ガントに委ねた。

　大学の心理学部では、「パーソナル係数」をめぐる実験が折に触れて行われている。被験者に前触れもなく対象物、たとえばAやBなどの文字を見せ、その文字に気づいた瞬間に決められたボタンを押すなどの動作をするように求めるのだ。文字が視界に入ってからボタンが押されるまでの間隔は、精巧な装置を用いて測定する。

　この実験からは、「パーソナル係数」は個人差がきわめて大きいことがわかっている。一部の人は、生まれつき抜きん出た知覚と反射神経を備えている。視覚から入ったメッセージが瞬間に脳に伝わり、脳もすみやかに適切な指令を出して手を動かすのだ。このタイプの人々はパーソナル係数が低く、他方、知覚や反射神経が鈍い人はパーソナル係数が高いと判定される。

　トンプソンはいち早く、自転車のベアリング用ボールの検査者に最も求められる資質は、パーソナル係数の低さだと悟った。もちろん、ほかの作業と同じく忍耐力や勤勉さなども欠かせない。とはいえ、検査担当者の女性たちと会社の利益をあくまで追求するためには、パーソナル係数が低いという美点を持たない人は全員去ってもらう必要が生じた。不幸にもこれは、理解力に優れ、よく働き、信頼できる働き手を、知覚力と反射神経が鋭くないというだけの理由によって解雇せざるをえないことを意味した。

②完璧な検品のための工夫

　時間をかけて少しずつ適格者を選り抜きながら、ほかの変革も進めていった。賃金を何らかのかたちで仕事量と連動させる場合、仕事量を増やそうとするために品質が犠牲になりがちなため、これについての歯止めを設けなくてはいけない。したがってほとんどの場

合、出来高を増やそうとするのに先立って、品質の劣化を防ぐための断固とした措置を設けることが必須である。ベアリング用ボールの検査作業では、品質こそが生命線であり、欠陥品を見つけて取り除くのが任務なのだから。

そこで、最初のステップとして、人知れず仕事の手を抜くことができないようにした。具体的には、いわゆる二重検査を取り入れたのである。最も頼りになる４人の検査担当者に、一般の検査担当者が前日に検査したボールを再度検査させるのだ。職長がロット番号に細工をするため、４人はだれの分を二重検査しているのかわからない仕組みになっている。さらに、彼女ら４人が再検査したロットの一つを、翌日、仕事の正確さと誠実な人柄で抜擢された主任検査者が再び検査する。

くわえて、二重検査が公正な目で正確に行われているかどうかを確認するために、効果的な手段を取り入れた。２、３日に一度、職長が特別ロットを用意するのだ。そこには一定数の良品のほか、各種の欠陥品をいくつか混ぜておき、欠陥品の数を記録しておく。しかも、一般の検査者にも二重検査の担当者にも、この特別ロットと出荷用ロットは区別がつかないようになっている。このようにして、手抜きや偽りの申告をしようという誘惑の芽を摘んだ。

③奏功したさまざまな施策

これらの工夫によって品質劣化への歯止めを設けたあと、出来高制を押し上げるための効果的な手法をいっせいに導入した。昔ながらのずさんなやり方をやめて、新たによりよい手法を導入したのだ。日々の実績を出来高と品質の両方について正確に記録して、職長が色メガネで評価するのを防ぐとともに、１人ひとりの検査担当

者を公明正大に扱うようにした。ほどなく、職長はこの記録に基づいて彼女たちを発奮させるのに成功した。出来高と品質、両方で高い成果を上げた者は昇給させ、いま一つ仕事に熱が入らない者は減給にしたほか、仕事が遅い、あるいはぞんざいであるなど、改善の見込みがない者は解雇した。

　その上で、1人ひとりの時間の使い方を細かく調べ、ストップウォッチと記録用紙を用いて正確な時間研究を行った。その狙いは、各検査の適正な所要時間を見極め、1人ひとりが最も手際よく最大の成果を上げるように作業環境を整えるとともに、過酷な作業による過労などの危険を排除することだった。この調査からは、惰性で作業をしている、おしゃべりに興じながら作業をしている、あるいはなにもしていないといった時間がかなりにのぼると判明した。1日の勤務時間を１０時間半から８時間半に短縮したあとでさえ、検査担当者たちをじっくり観察したところ、１時間半ほど作業を続けると、集中力が切れ始めることがわかった。明らかに休憩が必要とされていた。疲れが限界を超えるのを防ぐため、１時間１５分ごとに１０分間の休憩をはさむようにした。午前と午後に２回ずつ休憩を設け、働き手たちにはその間、手を止めて席を離れ、あたりを歩き回ったり、おしゃべりをしたりするなど、気分転換するよう義務づけた。

　この状況をめぐっては、「検査担当の女性たちをあまりに過酷な環境に置いている」という意見もあるに違いない。お互いに離れた位置に座らせたため、作業中のおしゃべりなどは不可能に近かったのだ。しかし、勤務時間を縮め、私たちが知る限り最も好ましい作業環境を用意したところ、彼女たちは安定したペースで作業をこなすようになり、仕事に集中しているかのようなふりは見せなく

なった。

　改革がここまで進み、検査担当者のふるい分けが終わり、彼女たちに負荷をかけすぎないように予防措置を施し、手抜きをしようという誘惑を排除し、理想に近い作業環境を整えると、いよいよ最終ステップへと移った。働き手の最大の希望である昇給、そして雇用主が何よりも求める出来高と品質の最大化、つまり低人件費を実現するのだ。具体的には、有能な働き手が１日にこなす作業量を慎重に見極め、それと同じ量を各人に与え、ノルマを達成したら、かなりの上乗せ賃金あるいはボーナスを支払うことにした。

　この事例では、これらを実現するために、いわゆる「差別的出来高賃金」を取り入れた。この制度の下では、各自の賃金は出来高に応じて増え、仕事ぶりが正確であればさらに上乗せ幅が大きくなる。

　詳しくは後述するが、差別的出来高賃金を導入し、二重検査の結果に基づいて賃金に格差をつけたところ、出来高が跳ね上がったばかりか、品質も目覚ましく向上したのだった。検査担当者たちに持てる力を最大限に発揮させるには、１時間ごとという高頻度で出来高を測定するほか、思うように出来高が伸びない者には指導者をつけて問題点のあぶり出しと修正を行い、背中を叩いて進歩を促す必要があることがわかった。

④効果的な報奨の与え方
　背後には一般原則がある。人材マネージメントに大きな関心を抱く人々は皆、この原則を尊重すべきである。つまり、働き手に「最高の仕事をしよう」という意欲を持たせるために報奨を活かそうとするなら、よい仕事をしたあと、すぐに与えなくてはいけな

い。大多数の人間は1週間、長くても1カ月先のことしか考えられないから、仮に報奨をもらえるとしても、それが1カ月以上先であるなら、そのために激務に耐えるのは無理というものだ。

　ごく普通の働き手に最善を尽くさせるには、終業時にその日の出来高を把握し、報奨の大きさをはっきり知ることができるようにしなくてはいけない。さらには、より未熟な存在、たとえば自転車のベアリング用ボールを検査する若い女性、あるいは子供に対しても、目上の人が注意を払う、実際には褒美を与えるなど、それ相応の励みを1時間おきぐらいの頻度でもたらすべきである。

　こうした理由から、従業員への株式の付与や年末の特別手当などの利益配分は、一生懸命に働こうという意欲を引き出すうえで大きな効果を上げていない。物事を気楽に考えて力を入れずに仕事をしていても、今日を楽しく過ごせるとわかっているなら、6カ月後に褒美をもらえるかもしれないからと言って、いま汗を流してコツコツと働こうとはしないだろう。

　また、利益分配が効果につながりにくい第2の理由として、1人ひとり自由に大志を追い求めさせるようなシステムが、いまだに考案されていないことが挙げられる。努力へのインセンティブとしては、全体の福利よりも個々人の大志や野心のほうが常に大きく働いてきたし、この状況は今後も変わらないだろう。協力体制の名の下に、怠け者が職場にまぎれ込み、怠業を重ねても、周りと同じ利益分配を受けるなら、有能な人材もこうした怠け者に引きずられてしまうに違いない。

　利益分配には、このほかにも大きな問題点がある。働き手たちは平等な利益分配はいつでも歓迎するが、損失を引き受けることはで

きないし、その意志も持ってはいない。そのうえ多くの場合、利益
と損失のどちらにしても、働き手がそれを引き受けるというのは、
適切でもなければ公正でもない。なぜなら、利益も損失も、働き手
にはどうしようもない事情によって決まる面が強く、彼らの貢献も
反映されていないからである。

⑤労使双方に大きなメリット

　さて、自転車ベアリング用ボールの検査担当の女性たちの話題に
戻そう。すべての改善を終えたあと、以前は１２０人で行っていた
作業を３５人でこなせるようになった。しかも、作業スピードを上
げたにもかかわらず、検査の正確性は３分の２も向上したのであ
る。彼女たちにも、次のような恩恵が及んだ。

①以前より賃金が8割から10割ほど上がった。

②労働時間が10時間半から8時間半に縮まった。くわえて、1日の間にほどよ
　い間隔で4回の休憩を設けたため、健康な女性が過労に陥るおそれがなく
　なった。

③各人がマネジャーから特別な気づかいや配慮をされている、もし何かうま
　くいかないことがあってもマネジャー層がいつでも手助けや指導をしてく
　れる、という安心感を得た。

④若い女性は全員、月2回、好きな時に2日連続の有給休暇があたえられるべき
　であり、検査担当者たちにもこの特典があたえられたのではないかと思う。

（5）科学的管理法を仕事に活かす

　よく職場で、「現場の店長に、アルバイトの1日の目標を決めて
やる様に指示しましたが、全然やらない。その目標数字をどうする
か考えてもこない」と愚痴をこぼしている管理者を見かけます。ま

た、「私は指示したのですが、現場がやらないのです」と愚痴をこぼしている管理者も見かけます。

　この様な場面に出くわした際には、テイラーの科学的管理法で言う所の、「マネジャーの任務」を管理者自身が行えていない場合が多いといえます。経営管理者、テイラーのいう所のマネジャーの任務とは、次の4つの任務ですので、自分と照らし合わせて、自分は管理者の仕事ができているだろうかを、今一度見直してみましょう。

①人ひとり、一つひとつの作業について、従来の経験則に代わる科学的
　手法をもうける。

自分は以前そう教わったとか、誰かがそう言っていたとか、前からこのやり方でやっているとか、みんなこのやり方でやっているとか、過去の経験則的な話しはまったく説得力のない話だと考えてください。ほとんどの人は、新しい事を始めようとすると、必ずと言っていいほどこの様な返答をしてくるものです。そこで、管理者が「それじゃあそのままのやり方でもしょうがないか」と回答をしていたのでは管理者の仕事とは言えません。科学的手法を用いて、全員を納得させるやり方を自ら考えるのがマネジャーの仕事です。

　例えば、ホテル客室清掃で清掃のたびに50m先のリネン庫まで、1件1件わざわざベッドシーツを取りに行っていたとします。

　なぜカートを使わないのかと聞いたところ、「ホテルから廊下にカートを置いてはダメだと言われていますし、シーツもすぐに取りに行けるので大丈夫ですよ」との返答でした。そこで、管理者であるあなたが、「それじゃあしょうがないね」と答えていたのではダ

メなのです。

　1部屋清掃するたびに、50m先のリネン庫にシーツを取りに行っているなら往復100mとなります。1人1日10室清掃したとすると、1日のシーツを運ぶ移動距離は1,000mです。スタッフが10人いたなら、全員のシーツを運ぶ移動距離は10,000m、つまり10kmになります。歩く時間が1km15分だとすると、150分のムダな時間が発生しています。物や人の移動は付加価値を生まないムダな時間です。

　カートを客室内に入れながら徐々に移動させれば、廊下にカートを置かないでもシーツを取りに行く移動時間を短縮できます。このやり方で一回やってみましょう、という感じで科学的手法を取り入れていくことを考える事が管理者の仕事です。

②働き手が自から作業を選んでその手法を身に付けるのではなく、マネジャーが科学的な観点から人材の採用、訓練、指導などを行う。

　つまり、現場の意見をうのみにして作業のやり方を決める。あるいは、新人指導方法を現場に丸投げするのは管理ではありません。科学的手法を用いてマニュアルを作成し、また、最も効率的な新人教育方法はどうしたらよいのかを科学的手法を用いて決めるのが管理者の仕事なのです。

　例えば、ベテランスタッフが忙しいからといって、入りたてのバイトに2，3回客室清掃を教えて、あとは勝手にやらせてしまっていたとすると、その新人バイトはそのうち、自己流で覚えた清掃方法が正しいものだと思い込みます。しばらく経って新人を指導する立場になった時、今度は次の新人にその自己流の清掃方法を教えま

す。その人がまた2，3回教えただけで新人バイトに勝手にやらせてしまうと、また新しい自己流の清掃方法ができてしまいます。これでは清掃方法も清掃手順も清掃時間もバラバラになってしまい、清掃品質が落ち、清掃不備が出始めます。

　科学的手法で考え出された、清掃方法・清掃手順・清掃時間をマニュアルにして、新人にはそのマニュアルが1人でできるようになるまで、しっかりとOJTリーダーを付けて教育します。そして、新人バイトでも社員でも、全員がマニュアル通りの同じ清掃をできるように教育・指導していく事が管理者の仕事です。

③部下たちと力を合わせて、新たに開発した科学的手法の原則を、現場
　の作業に確実に反映する。

例えば新しいアプリシステムを導入するなら、担当部署に任せきりにするのではなく、現場作業に早く確実に定着し反映できるように、部下や他部署が力を合わせられるように立ち回るのが管理者の仕事です。システムチームが現場に入ってスタッフに教えているので、自分はわからないとか、システムチームが勝手にやっているので現場から文句が出ていて困る、などと文句を言っているようでは管理者の仕事になっていません。そうならないように関係部署や現場を上手く調整することが管理者の仕事です。

④マネジャーと最前線の働き手が、仕事と責任をほぼ均等に分け合
　う。かつては実務のほとんどの責任を多くの最前線の働き手に委ね
　ていたが、これからはマネジャーに適した仕事はすべてマネジャー
　が引き受ける。

つまり、現場にちょっと顔を出して様子をみるだけというのは管理者の仕事とは言えないのです。ムリ・ムラ・ムダを排除する方法を考える。例えば最適なシフトを考えて管理をする事により収益を生み出す事を考える。最適な仕事のやり方を考える仕事こそ管理者の仕事なのです。部下たちの間で伝えられてきた知恵を残らず集め、それらを分類、整理して、決まり、法則、定石などへまとめ上げ、部下たちの日々の作業を助け、一緒になって作り上げる。これがマネジャーの仕事なのです。

　新任の係長やマネジャーから自分はいったい何をやればよいのか、という質問を何度か聞いたことがあります。こんな時はテイラーの科学的管理法でいうマネジャーの任務や後述する管理者階層等を読み、自分の役割を考えてみましょう。現代の組織でも、このマネジャーの任務ができてなく、組織が上手く回っていないという事がよくあります。

　次にこの科学的管理法を実際に活用するために、もう少し具体的に科学的管理法のやり方を紹介しておきましょう。

（6）科学的管理法（課業管理）の原理

　科学的管理法について説明をしてきましたが、実際には何をどうしたらよいのかが、まだ今一つわからない人もいると思いますので、ここでは課業管理の原理について説明していきましょう。

　課業管理においては、あらゆる労務者の仕事は、少なくとも1日前に、管理者によって、完全に計画化されていることを要します。そして計画の結果は、各労務者に対して完成すべき仕事の過程と、

それに用いるべき手段とを詳細に記載した、「完全に記載された指図票」として与えられなければなりません。この様な方法であらかじめ計画された合理的な仕事が、実は課業と言われるものです。

　この課業に基づいて労務者の仕事が実施されます。したがって、課業管理では、課業の設定とその実現とが中心的課題となります。そしてそれは、労務者と管理者との協同的努力によって遂行されなければならないのです。それは具体的には、労務者に対しては高い賃金の支払いを招来し、また雇用者においては低い労務費の負担という事になります。つまり、高い賃金と低い労務費の実現が、課業管理の目標とされます。この課業を決めるのは管理者の仕事です。課業管理としての科学的管理法の目標を達成するために、テイラーは次の4大原理の適用が必要であると言っています。

1　日々の高い課業（A large daily task）　—　工場における地位の高低のいかんにかかわらず、あらゆる労務者はすべて、はっきりと決められた日々の課業を与えられなければならない。この課業は、決して漠然とした、または不確定のものであってはならない。それはあくまで周到に、かつ完全にその内容が決められているとともに、容易に達成されるようなものであってはならない。

2　標準的諸条件（Standard conditions）　—　これら各労務者の課業は、完全な１日の仕事量でなければならない。同時に、各労務者に対しては、その課業を確実に成し遂げうるような標準的諸条件と諸道具とが与えられていなければならない。

3 成功に対する高い支払い（High pay for success） ―― 労務者
がその課業を完成した場合には、それに対して確実に多く支払
われなければならない。

4 失敗の場合の損失（Loss in case of failure） ―― 労務者は、
もしもその課業が達成されなかった場合は、早晩それによって
確実に損失をこうむらなければならない。

　課業管理の原理がわかったところで、次は具体的な課業をどのよ
うに設定していけばよいのかを見てみましょう。

（7）課業の科学的設定

　課業管理が有効に実現されるためには、その基礎となる課業の設
定がもっとも重要です。この課業は、企業の経営組織が進捗してく
ると、すでに述べたように、一流労務者でなければ達成が困難なも
のであることが要求されます。テイラーはこのような課業を科学的
に設定するために、個々の作業について時間研究と動作研究を行い
ました。

① 「時間研究」

時間研究は、課業を設定するのに要する基本時間を調査することで
す。この時間研究では、労務者が実施しようとする個々の作業を
分析して、そのおのおのの基本動作に要する要素時間を調査しま
す。作業に含まれている基本動作の一つひとつについて、ストップ
ウォッチを用いて測定して、それを記録していきます。その作業に
要する時間を総計すれば完成です。

しかし多くの場合、これらの基本動作に対する要素時間だけでは不十分であるから、これに労務者の休憩その他の避けることのできない余裕時間の何パーセントかを追加します。このようにして決定された時間が、その作業に認められる標準時間となります。この労働者の1日あたりの課業の実現に要する標準時間が、時間研究によって科学的に決定されたことになります。

② 「動作研究」

　時間研究は、動作研究を前提としているものです。したがって、課業を科学的に設定するための時間研究では、作業に含まれているムダな動作は、これを省くようにしないといけません。そのため動作研究では、まず、ある作業についての個々の基本動作を分析し、次にそれによって発見された不必要な動作は取り除きます。このようにして、その作業に必要かつ有効な基本動作だけを選び出して、これを標準動作に組み合わせるようにします。

　なお、ギルブレスは前述したレンガ積作業に対する動作研究では、従来は1個のレンガを積むのに18動作を要していたものを、4，5動作にまで減少させました。それにより、それまで1人1日せいぜい1,000個に過ぎなかったものを、1日で2,700個まで積めるようにしました。

　ある作業の動作分析の結果A，B，C，Dの基本動作を見出し、それに不必要なEの動作をまず除去します。つぎに、甲、乙、丙、丁の4人労務者について、それぞれA，B，C，Dの基本動作の模範型を研究します。そして、これら労務者の模範動作の型として、甲ではA、乙ではB、丙ではC、丁ではDを選び出したとします。これによって誰の熟練にも属さない、唯一最良のA，B，C，Dの作業の模

範型を作ることができます。

　このような動作研究によって、作業の標準化を行い、これを労務者の課業として訓練するならば、ここに正しい意味の熟練の移転が行われ、一流の労務者が養成される、というのがテイラーの考えでした。

　テイラーの科学的管理法は作業の科学化に終わり、管理の科学化にまでは至ってないとの批判もありますが、従来の経験則的な仕事のやり方からの脱却を図るうえでは非常に役に立つ考え方といえます。

　現場作業のマニュアル作成を行う時や、作業の見直しを行う際に、現場スタッフの経験則に基づいたやり方に流されないために、大いに参考になりますので覚えておきましょう。

（8）管理者の階層

　テイラーの科学的管理法は作業の管理であり、管理の科学ではないと言われていたので、ここでは経営管理者の職能について説明してをおきましょう。徳重宏一郎教授の著書「経営管理要論」(発行所　株式会社同文館　1994年5月20日　改訂版1刷発行) に管理者の階層別種類がわかりやすく解説されているので紹介しておきます。

管理者の階層は一般的に3階層をなしています。

1　トップ・マネージメント（Top management）

2　中間管理層（Middle management）

3　監督管理層（Lower management）

　トップ・マネージメントは、取締役会、社長、副社長、専務、常務、常務会がこれに相当し、中間管理層は、事業部長、部長、課長と呼ば

れる職位にある管理者で、監督管理者は係長、職長の職位を指します。これらの管理者はすべて、計画設定、組織編成、動機づけ、統制の管理過程を含む管理職能を担当しています。しかし、管理階層の違いによって、各管理過程の内容は異なっています。いま、計画設定過程をみると、トップ・マネージメントが設定する計画は経営活動全般に関連性があり、しかも長期間にわたる計画で、しばしば環境との関係が重視されます。これに対して、下位層の管理者がたてる計画は、特定部門の活動あるいは作業現場を対象とした短期的な計画で、日常業務の効率的遂行に重点が置かれています。

　例えば、企業の今後いかなる事業分野に進出すべきか、そのためにどのような手段を用いたらよいか、というような戦略的な問題は、いうまでもなくトップ・マネージメントの計画設定の過程において取り扱われます。

　他方、来週の作業をどのような段取りで実施するか、という作業日程については、現場の監督管理者の計画化において決められます。また、組織編成についても同様で、例えば、企業全般にわたる組織機構の変更、上級人事の異動はトップ・マネージメントの決定事項ですが、現場での緊急に処理すべき業務の割振り、臨時工の配置は下位管理者の組織編成過程でおこなわれます。このように、管理過程は、あらゆる管理者が共通的に遂行しますが、それぞれの管理過程は、管理者の階層によってその内容を異にしています。この違いは図表2-1-1のように表せます。

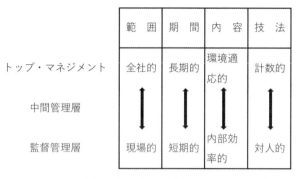

	範　囲	期　間	内　容	技　法
トップ・マネジメント	全社的	長期的	環境適応的	計数的
中間管理層	↕	↕	↕	↕
監督管理層	現場的	短期的	内部効率的	対人的

図表2-1-1　階層による管理職能の相違

　さらに、各管理過程は、すべての管理者にとって、同じ重要性をもつものではありません。それぞれの管理階層の特質に応じて、管理過程のいずれかにウエイトがおかれています。

　したがって、それぞれの管理過程に費やされる時間も、管理階層によって違ってきます。つまり、現場の店長と係長やマネジャーとは管理する内容のウエイトの置き方が違うという事です。

　これは、図表2-1-2にみるように、計画設定、組織編成は上位階層に行くほど重要な職能ですが、統制や動機づけは、店長や係長など監督管理層にとってより重要な仕事となってきます。

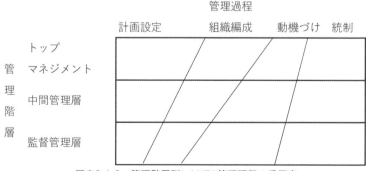

図表2-1-2　管理階層別にMITA管理課程の重要度

管理階層の性質の相違は、それぞれの管理者に必要とされる技能にも反映します。テリー等は、管理者に共通に求められる技能として、技術的技能（technical skills）、人間理解技能（human skills）および構想化技能（conceptual skills）の三つをあげています。

　技術的技能とは、仕事を行う過程に含まれている手法、装置、技術を適切に利用する能力で、それは経験と教育を通じて身に付けることができます。清掃現場でいえば、熟練清掃スタッフのノウハウです。

　人間理解技能は、他人の心情を理解し、共感をもち、他人の権利を尊重する能力で、それは組織内外のあらゆる人間関係に適用することができます。常に自己主張ばかりするのではなく、人の意見にも耳を傾け、相手の気持ちを考えて対応できる人間性の事だといえます。

　構想化技能とは、組織の個々の活動における相互関係を理解しながら、企業を全体的視点から包括的に捉えるという総合化の能力を意味し、それは、解決すべき問題の性格、構造を概念的に想定してみる場合に役立つために、意思決定には不可欠な能力といえます。いろいろな問題がある中、総合的な判断を下せる能力といえます。

　図表2-1-3が示すように、人間理解技能はあらゆる階層の管理者に同等に求められますが、構想化技能は上位階層に多く、技術的技能は下位階層により多く要請されるものとなっています。

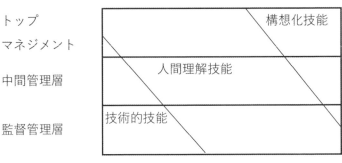

トップ
マネジメント

中間管理層

監督管理層

構想化技能

人間理解技能

技術的技能

図表2-1-3　管理階層別にみた管理者技能

　このように、経営管理者も階層により、やるべき仕事の重要度や
管理者技能に違いがあります。新任管理者の中には担当職場の動機
づけ、つまりモチベーション・アップについて今一つ人任せにして
いる管理者が意外に多くいます。図表2-1-2管理階層別にみた管理
過程の重要度を見てわかるように、現場の動機づけは監督管理層に
とって、最も重要な管理業務の一つとなっていますのでよく覚えて
おきましょう。

　また、図表2-1-3管理階層別にみた管理者技能のうち、人間理解
技能はどの階層にも同等に求められる技能です。変わり者で協調
性に欠ける人は、なかなか良い意味では、組織の中で頭角を現わす
ことが難しいといえます。また、すぐに怒ったり、感情的になった
り、言い訳ばかりする人や他人の批判ばかりしている人も、組織の
中ではなかなか受け入れられません。組織に受け入れられる人間性
を身に付けることは、管理者になるためや上位階級に上がっていく
ために必要な技能の一つですので、心当たりのある人は改善するよ
うに努力していきましょう。

（9）ミドルマネジャーの役割

グロービス経営大学院編著「グロービスＭＢＡ　ミドルマネージメント」（ダイヤモンド社　2021年11月30日　第1刷発行）には、管理者の役割について、「ミドルマネジャーの役割」としてより具体的な説明がなされているので紹介しておきましょう。

　ミドルマネジャーという言葉は、直訳すれば中間管理職となり、広義には企業トップと現場スタッフの間の管理職、すなわち「事業部長」「部長」「課長」「マネジャー」などさまざまなレベルの人々を含むと前置きしたうえで、ミドルマネジャーの役割について、東レ研究所の佐々木常夫氏の言葉を借りて次のように説明しています。

■ 課長がすべき仕事 ■

・課の経営方針の策定と遂行状況のチェック（方針策定）
・部下の直面している現実を正しく把握し、その仕事のやり方を指導し、組織全体を最高の効率にもっていく（部下の監督と成長）
・自分の課で起こっていることを経営に的確に報告するとともに、経営の意思、目標を課全員に的確に伝える（コミュニケーション業務）
・社内外の関係者を自分の目標どおりに導いていく政治力（政治力）
　また、ドラッカーは課長クラスに限らず、あらゆるマネジャーが行う仕事として次の項目を挙げています。
・目標を設定する
・組織する
・動機づけとコミュニケーションを図る
・評価測定する
・人材を開発する
課長、マネジャーや係長になったのに、自分が何をすべきかがわか

らず、そこからなかなか頭角を現わせなくなる人がいます。

　例えば会社の経営方針が策定されても、自分の課に落とし込んだ経営方針の策定と遂行状況のチェックができない人。具体策を作成して実施はするが、遂行状況のチェックをしないために、いつも決めた事がいつのまにかうやむやになり、誰もやらなくなってしまう。具体策の策定までは良かったのですが、これでは最終評価が悪くなり、次のステップに上がるのは難しいでしょう。決めた事が定着化するまでフォローする、いわゆるPlan→Do→Check→ActionのPDCAサイクルの継続実施がミドルマネジャーの仕事である事をしっかり認識しましょう。なお、チェック結果をフィードバックせずに改善アクションを起こさないために実績が出ないケースがよくあります。現場に目標を設定しないとダメだと主張し、それを実行しようと言う事になってから、いつまでたっても目標を全然決めないミドルマネジャー。目標を設定するのはミドルマネジャーの仕事であり、誰かから目標数字をもらうまで何もできないというのではミドルマネジャーとしての仕事になっていない、ということを認識しましょう。

　部下が直面している問題点につき、ありきたりのアドバイスをするだけで、改善できるまで具体的に指導を続けないミドルマネジャー。もし、問題点を放置しているといずれ大問題となり、結果として信用を失墜することになってしまいます。仕事が上手くいくように、部下の監督と指導をすることがミドルマネジャーの仕事であるという事をしっかり認識しましょう。

　これ以外にも思いあたるケースが多々あると思いますが、ミドルマネジャーの仕事とは何かを理解して、自分に足りていなかった事にしっかりと対応していく努力を続ければ、組織の中で頭角を現わ

すことができるでしょう。

　ただし、当然ミドルマネジャーを指導、育成するのはその上司の仕事です。ミドルマネジャーの業務が停滞しているにも関わらず、適切なアドバイスをできない上司がいたとしたら、その上司も改善が必要です。後ほどモチベーションやリーダーシップのテーマが出てきますが、その組織論を勉強して、上位管理者になるほど組織を動かすためのノウハウを身に付けていく必要があります。

　「私は彼に指示したのですが、彼がやらないのです」という発言は経営管理者として経営学の勉強不足と認識してください。

2．H.I アンゾフ「企業戦略論」
(Corporate Strategy)

アンゾフは著書「企業戦略論」（訳者　広田寿亮　発行所　学校法人産業能率大学出版部　昭和56年2月28日24版発行）の中で、企業がどんな分野に進んでいくべきかを決める意思決定である、「戦略的意思決定」について論じています。その必要性については次の様に説明しています。

　企業やマネージメントというものは、いろいろな業務活動の1種の巨大な複合体であり、分析、意思決定、コミュニケーション、リーダーシップ、動機づけ、評価、コントロール、といったものから成り立っている。こういった諸要素の中で意思決定こそマネージメントを成功させるための基礎である。ピーター・ドラッカーも、「マネージメントの最終製品は意思決定とアクションである」と言っています。とにかく、意思決定は、それが明示されたものであろうと暗黙のものであろうと、あらゆるアクションに先行するものである、と説明しています。

　経営学には多様なアプローチによる研究が展開されています。ア

メリカの経営学者クーンツは、この混乱した状態を、かつて「経営管理論のジャングル」（Management theory jungle）と呼び、経営管理論の統一的理論を導き出すための問題提起として、アプローチの違いに基づき6つの学派に分類しました。

1　管理過程学派（ Management Process School ）
2　経験学派（ Empirical School ）
3　人間行動学派（ Human Behavior School ）
4　社会システム学派（ Social System School ）
5　意思決定学派（ Decision Theory School ）
6　数理学派（ Mathematical School ）

この様な多様なアプローチの中から、アンゾフは意思決定、特に戦略的意思決定こそマネージメントを成功させるための基礎であると論じました。また、テイラーの科学的管理法以降の経営学の流れについてもわかりやすく解説しているので、「企業戦略論」を引用して紹介しておきます。

　戦略的意思決定という問題を考えてみると、そのアプローチは分析的なものである。そもそも、マネージメントというものは、一種のアートとして生まれ、発展してきた。20世紀の初頭、F・Wテイラー、エルトン・メーヨー、アンリー・フェイヨルといった先駆者たちが、マネージメントというものに科学を適用し始めたのであった。また、第二次世界大戦後には、オペレーションズ・リサーチやマネージメント・サイエンスを企業の諸問題に適用するという点で、いわば一種の開花期を迎えたのである。マネージメントの進展を歴史的にふり返ってみると、いわゆる"内的問題から外的問題へ"

というプロセスを経てきたように思われる。

　すなわち、テイラーやメイヨーをはじめ、彼らと同時代の人たちは、製造工場の中での、個人やグループの生産性の問題に専念したのであり、戦後は、さらに広範囲に、企業内での操業上の諸問題に努力が払われるようになった。そして最後に、企業の外的な問題、すなわち戦略的な問題に対する分析的なアプローチが試みられるようになった、と説明しています。

　次に戦略的意思決定の説明に入る前に、意思決定についてもう少し詳しく説明しておきましょう。

（1）意思決定の種別

　アンゾフは意思決定を次の三つのカテゴリーに分けて説明しています。

　　　① 業務的意思決定

　　　② 管理的意思決定

　　　③ 戦略的意思決定

　業務的意思決定は、通常、その企業の活動力と関心の大半に影響を与えるもので、その目的は、企業の資源の転化のプロセスにおける効率を最大にすることにあります。言い換えれば、現行の業務の収益性を最大にすることです。そのおもな決定領域としては、各機能部門および製品ラインへの資源の配分（予算化）、業務の日程計画化、業務の監視、コントロール・アクションなどがあげられます。したがって、そのおもな決定事項は、価格決定、マーケティング戦略の策定、生産の日程計画および平均在庫量の設定、研究開

発、マーケティング、および業務活動などに必要な費用の決定といったものです。

　管理的意思決定は、最大の業績能力を生み出すように企業の資源を組織化するという問題に関するものです。したがって、管理的問題の一面は、いわゆる組織機構に関するもので、権限と職責との関係、仕事の流れ、情報の流れ、流通経路、諸施設の立地といったものを組織化することです。もう一つの面は、資源の調達と開発に関するもので、資材（原材料）源の開発、人の訓練と啓発、資金の調達、諸施設および設備の調達などに関するものです。

　戦略的意思決定は、主として企業の内部問題よりもむしろ外部問題に関係のあるもので、具体的に言えば、その企業が生産しようとする製品ミックスと、販売しようとする市場の選択に関するものです。工学用語を使っていえば、戦略的な問題というのは、企業とその環境とのあいだに“インピーダンス・マッチ”（回路のインピーダンスが異なると、信号電流の一部が反射されてノイズとなったり、出力が低下したりします。この不整合を解消するのがインピーダンス・マッチです）を作り上げるためのものです。あるいは、もっとありふれた言葉を使うなら、その企業がどんな業種に従事し、将来どんな業種に進出すべきかを決める問題である、と言っています。

　以上より、意思決定の中では戦略的意思決定が上位にあり、その枠内において業務的意思決定が行われ、管理的意思決定はこれを補完するという関係にあります。しかし、このことは、戦略的意思決定が常に優先し、他はこれに続くということを意味するものではありません。現実の企業では、しばしば販売高の低迷、流通在庫の増大といったような業務活動の過程で問題が発生し、それが業務的意思決定で解決できないときに、管理的意思決定の対象となってきま

す。それでも解決できないことが明らかになって、はじめて戦略的意思決定の問題として取り扱われることが多いからです。

　経営管理者については、職能面・技能面・意思決定面からみても、それぞれの三つほどのカテゴリーに分けられることが理解できたと思います。しかし、それぞれの意思決定においては、いずれも相互依存と相互補足的な関係にあるといえます。つまり、下位階層で解決できない問題は上位階層の問題になり、そこで解決できない問題はトップ・マネージメントの問題となってきます。したがって、皆さんは日頃より、自分より上の階層の職能や意思決定能力を身に付けられるように訓練をしておかないといけません。その話は上司の仕事であり自分ではわからない、というのではなく、自分より上位階層の目線にたった意見を言えるように判断力や技能向上について訓練をしておきましょう。そうすれば組織の中で頭角を現わすことができるはずです。

（２）製品・市場戦略

　アンゾフは「企業戦略論」の中で戦略の構成要素として、次の4つの基準をあげています。

　　　① 製品―市場範囲
　　　② 成長ベクトル
　　　③ 競争上の利点
　　　④ シナジー

　成長ベクトルというのは、現在の製品―市場分野との関連において、企業がどんな方向に進んでいるかを示すものです。これについ

ては図表2-2-1に示すようなマトリックスを使って説明しています。

製品 / 市場	現	新
現	市場浸透（力）	製品開発
新	市場開発	多角化

図表2-2-1 成長ベクトルの構成要素

　市場浸透戦略は、現在の製品で、現在の製品市場分野にとどまって売上高を伸ばしていくというものです。つまり市場占有率を高めていく戦略で、広告宣伝の強化や価格の改定、流通経路の整備、その他の販売促進策を駆使して、既存の顧客の売上高を伸ばすか、新しい顧客の開拓を行っていくものです。

　市場開発戦略は、現在の製品で新たな市場を開発して売上高を伸ばしていくというものです。つまり現在の製品を新たな市場に売り込み成長の機会を見出していく戦略です。これは、一つには従来国内市場を対象に販売していた製品をネット販売や海外進出により市場範囲を拡大していくことです。もう一つは、赤ちゃん用の紙おむつを、老人用の紙おむつとしてニーズを喚起し、新たな市場を開発していく場合などがあげられます。

　製品開発戦略は、現在の市場に対して新製品を提供して売上高を伸ばしていく戦略です。この場合の新製品とは、品質や性能を改良した製品も含まれています。この戦略では研究開発や生産のシナジーが大きいため、新技術を応用した製品を持つ企業でよく行われる戦略です。新車販売や家電の新製品販売は毎年行われています。

　多角化戦略は、製品と市場と共に企業にとって新しい分野に進出

し、そこに成長の機会を求める戦略です。この分野は現在の市場や製品とは異なり、経験も希薄であり、不確実要因が多く、リスクをともないがちですが、低成長期にあってしかも市場ニーズが多様化している今日では、業務提携・合併・買収などの手段を用いて多角化戦略をとる企業がたくさんあります。

さて、次に競争上の利点ですが、これはこの様に製品—市場分野と成長ベクトルによって決められたフィールド内での、企業に強力な競争上の地位を与えるような、個々の製品—市場の特性を明確にする事です。つまり、自社の強みを明確にして、その強みを活かして戦略的意思決定を行う、ということです。

製品—市場分野、成長ベクトル、競争上の利点は、いずれも外部環境におけるその企業の製品—市場の進路を示しています。第1の製品—市場分野は、いわゆる探求の分野を示しており、第2の成長ベクトルは、その分野の中での方向性を示し、第3の競争上の利点は、個々の進出分野の特性を示しています。そして、シナジーは、新しい製品—市場分野への進出にあたって、企業がどの程度の利益を生み出す能力があるかを測定するものです。つまり、新しい分野に進出することによって、企業が所有するすぐれた能力（小売店の全国的なチェーンとか、コンピュータ技術のリーダーシップなど）をどれくらい活用できるのか、あるいは、企業に欠けている何らかの重要な能力を獲得しなければならない、といったことを決める基準として、シナジーは特に有用なものとなります。

（3） 「製品・市場戦略」を仕事に活かす

センチュリオンホテルというビジネスホテルのワンランク上の顧客をターゲットにしたホテルチェーンがありますが、この会社は

元々「オリエンタルパサージュ」というパチンコのホールをやっていた、ヤナガワという会社でした。かつては首都圏に20店舗近くのお店を持ち、ピークでは年商2,000億円もの規模を有していました。ところが、出玉の規制が厳しくなり、若者がスマートフォンのゲームに流れ始めたことから、パチンコ市場の縮小が始まって来ました。一方、パチンコの機械メーカーはパチンコ機械の値段をドンドン上げて、軒並み高収益を挙げていましたが、ホールでは新台を購入しても、機械代を償却できない所が多数出始める状況となっていました。

この様な状況の中、年商が1,000億円を切り始めた頃から、社長がパチンコホール業界は衰退産業であり将来性がないとの経営判断をされ、国の政策でもある観光需要の拡大に合ったホテル事業への転換、いわゆる多角化の戦略的意思決定をされました。

パチンコホールの原価は90％でしたので、パチンコホールの売上高1,000億円は、ホテル業界の売上高100億円に相当するので、パチンコから撤退して、一挙に売上高100億円のホテル会社にするという社長の経営目標が打ち出されました。パチンコホールは駅前や繁華街の真ん中に店舗があったため、一等地の優良物件を多数所有している同社にとっては、競争上の優位点は十分にあると思われました。

また、お客様との接客・コミュニケーション力で固定客をつかんできたオリエンタルパサージュの営業方法からすると、お客様がフロントの前にいってもパソコンを見て顔も上げないホテルフロントスタッフや、チェックインが3時なので、3時にならないとお客様を案内しない、という伝統的なホテルの接客応対が社長には我慢できなかったのです。これには完全に共感し、社長ならホテル業界に

新たな風穴を開けることができると直感しました。

　その後も社長の躍進が続き、インバウンド向けに金の鯉をモチーフにしたお風呂や、各フロアーの床・壁・天井が全て違う、きらびやかな和風の手作りホテルをデザインするなど、インバウンドに喜んでもらう施策を次々と打ち立てました。さすがに余りにもきらびやかなので、最初は日本らしくないのでは、と進言しましたが、外国人がみんなジャパニーズ、ジャパニーズと言って大喜びしているのを見て、外国人にうける日本はこれなのか、と私がビックリしたこともありました。

　また、従来のホテル業界は結構アバウトな所も多く、15,000円で予約が入らなければ13,000円に下げて予約が入るのを待つといった状況でした。ここではパチンコ時代のノウハウを活かし、15,000円でだめなら14,500円ではどうか、14,500円でだめなら14,000円ではだめか、と言った具合にレベニューコントロールを始めました。パチンコホールでは、月末の収益目標を達成するために、日々の収益目標設定とその差額を管理、曜日や日にちを見ながら稼働率等で差額を調整していくという非常に精緻な管理ノウハウを有していました。そして、これらを担う若手集団は、ホテルの予約価格がいずれＡＩに代わる事を見越して、将来ＡＩに振り回されないように、ＡＩが学習すると思われるデータの分析を手作業で行い、ノウハウを蓄えてきました。結果として、センチュリオンホテルの稼働率と単価を掛け合わせたＲｅｖ．Ｐｅｒという指標は、コロナ前・コロナ中・コロナ後も各エリアでほぼトップないしはトップクラスとなっており、多角化戦略においてシナジー効果が十分に発揮されているといえます。

　年商100億円のホテル会社を創るという経営目標の中で、投資

ペースが早過ぎるのが気になっていた矢先に、新型コロナウィルスの感染拡大でホテル業界は大打撃を受けることとなりました。しかしここでも、インバウンド向けのカプセルホテルの高級バージョン的なキャビン4店舗を即座に閉店、物件売却利益が見込める店舗も躊躇なく売却、創業地であるサウナ・カウセルホテルビルの売却等、普通の経営者ではなかなか決断できない戦略的意思決定を即座に行ってくれたことにより、100年に1度と言われる難局を、3年間銀行返済や家賃支払いを1回も滞ることなく乗り越えることができました。もちろん今でこそいえますが、その間は売上低迷で月間7億円ペースの資金不足が生じており、資金調達においても40年間の金融経験で得たノウハウをフル活用し対応しましたが、さすがに3年間も続くとしんどくなり、財務担当常務さんと私は疲弊が続き寿命が縮まったような気がします。しかし、これもひとえに創業者である会長の英断もあってのことですが、いずれにせよ、年商1,000億円の商売を惜しげもなく捨て、多角化でホテルへの事業転換を行い、また、コロナ禍では撤退も生残りのための物件売却も、他社より相当に早い段階で意思決定を行い、アクションを起こしたことにより、被害が最小限にとどまったことは事実です。企業の維持、存続、発展のために英断を伴う戦略的意思決定を即座に行い、電光石火のごとくアクションに移した、経営戦略の好事例と言えるでしょう。

　この様な戦略的意思決定はトップ・マネージメントが行うものですが、アンゾフの製品・市場のマトリックス（図表3-2-1　成長ベクトルの構成要素）を頭に入れておくと、意外と仕事に活用できます。

　親密会社の派遣会社では、当時ホテルスタッフの派遣とホテル清

掃会社への管理者派遣を行っていました。派遣スタッフは100％外国人スタッフでしたが、中にはアルバイトを希望するスタッフも多数いました。ただし、アルバイト希望者の多くは、家族滞在ビザの方が多く、日本語があまり話せないので、母国のリーダーの下で働く仕事でないとなかなか職場に上手くなじむことができませんでした。しかし、当時担当の係長はこれらのアルバイト希望スタッフをどうにかして活用したいと考え、営業部に相談していました。

そこで、外国人スタッフを全国で集められる競争上の利点を活かして、バイト派遣という新市場開発戦略を展開することにしました。日本語があまり話せないという問題については、その係長が現地に入り込んで、母国のリーダーを育てたり、日本語のできるスタッフをリーダーとしてバイトと一緒に送り込んだりして、日々コミュニケーションを取りながら対策を取りました。この様な結果、多数の首都圏ホテルへの清掃アルバイト派遣を行う事ができました。

また、夏や冬のリゾートホテルへの短期バイト派遣やリゾートホテルに来た外国人アルバイトを束ねるリーダー派遣先もでき、新市場開発戦略が上手く立ち上がりました。なお、今後はさらなる新市場開発でホテル以外のアルバイト派遣先を開発していきたいとの事でした。ちなみに係長はこの功績で、組織の中で頭角を現わしたためマネジャーに昇格しました。

別の例を考えてみましょう。ある責任者が、担当しているホテルの客室清掃は利益が出ないので、料金が上がらないのであれば撤退したいと言っていました。確かにそのホテルは清掃料金が安いわりに、清掃品質にはかなり厳しいホテルであり、また、ホテル側の人員削減で、従来ホテルサイドでやっていた業務まで清掃会社に振ら

れてきている状態で、利益を確保するのが難しい状態でした。清掃料金がもう少し上がれば、赤字からの脱却が図れ、清掃コストをもう少し引き上げ、更に品質向上が図れる態勢を作れるわけですが、担当責任者としては赤字額を縮小することが第一課題であり、これ以上のコストアップにつながる人員配置には対応したくない、というのが本音でした。更に別の例で言うなら、ある店舗では、人件費が急上昇しており、目標収益の達成が絶対に無理だと主張する管理者もいました。

　この様な場合、黒字化が無理だとか、目標収益は絶対にいかない、と言っていたのでは組織の中で頭角を現わすことはできません。製品―市場のマトリックスを思い出して、どのような戦略的意思決定を行えばよいのかを考えてみましょう。客室清掃は利益が出づらいので、もっと利益率の高い新製品開発戦略に取り組んだとしたらどうでしょうか。

　ホテルには通常の清掃では落としきれない汚れが多数発生します。例えばエアコン内の洗浄や、カーペットの汚れ、ソファーのシミ、排水管内の汚れ、洗剤で洗っても落とせない便器の黒ずみ、同じく洗剤では落ちない風呂場の赤カビやシャワーヘッドの塩素の塊等です。

　ホテル清掃会社の強みは、毎日部屋を清掃していて、部屋の中の不具合状況等を一番よく把握している所にあります。これらをリストアップして特別清掃の提案をすれば、新たな収益チャンスが発生します。この新製品開発戦略で日頃の低収益を補填し、収益不足を補えば、目標を達成することが可能となるかもしれません。

　ちなみに関連会社では、他のビルメンテナンス会社と違う、ホテル営業を止めずにカーペット洗浄をする技術や高級ソファーのシミ

を落とす特殊技術、大がかりでなく簡易にできる排水管高圧洗浄技術、日々客室清掃中に行うことができるエアコン洗浄技術等、業界トップレベルのノウハウがあったので、実はこれらを利用すれば新製品開発ではなく、市場浸透戦略で収益チャンスを作る事が可能でした。

　担当者はその事を知っていたと思いますが、実際にお客様に売り込むだけの商品知識とビジネス知識がなかったのです。

　言われると実に簡単なことですが、現場で働いているとなかなか日頃の自分の業務と違う、このような収益改善の具体的な発想が思い浮かばない人がたくさんいます。アンゾフの製品・市場もマトリックスを常に頭に入れ、自社の強みを活かせるような新製品開発戦略や新市場開発戦略を活用できるようになると、組織の中で頭角を現わすチャンスが生まれてきますので、是非覚えておきましょう。

3．ボストン・コンサルティング・グループ「PPM」
(Product　Portfolio Management)

　経営戦略策定の枠組みとして、ボストン・コンサルティング・グループの開発したPPMは、アンゾフの製品—市場マトリックス同様、仕事に活用できるので紹介しておきましょう。

　「製品の累積生産量が2倍になると、単位当たりのコストは20〜30％低減する」という経験則を経験曲線といいますが、PPMはこの経験曲線効果を前提において、投資（資金需要または資金流出）に大きく影響を与える市場成長率と収益（資金創出または資金流

入）を決定する相対的市場占有率とのマトリックスによって、複数
事業に対する資源配分を決定する枠組みを作りました。

市場成長率		相対的市場占有率	
	高	花形製品	問題児
	低	金のなる木	負け犬
		高	低

図表2-3-1　PPMマトリックス

1 金のなる木

相対的市場占有率が高い反面、成長率の低い製品は「金のなる木」といいます。この製品は、占有率を維持する必要な投資を上回る資金流入をもたらします。したがって、他の事業に対する資金源となっています。

2 花形製品

成長性に高い市場で相対的に大きい占有率をもつ製品は「花形製品」といいます。この製品は利益率が高く資金流入も多いが、成長率を維持し高い占有率を保っていくために投資を維持しなければならないので資金流出も大きくなります。差し引いてみると、資金を創出するとは限らないが、高い占有率を維持する限り、成長率が鈍化して再投資の必要がなくなったときには、大きな資金源となる可能性があります。

3. 問題児

市場は成長期ですが、占有率が相対的に低い製品は「問題児」といいます。資金流入は少ないが、それをはるかに上回る投資をしなければなりま

せん。投資を怠るとますます他企業に遅れをとり、市場から消滅してしまいます。しかし投資を続けても低い占有率にとどまるならば、成長が停滞したときには、完全に「負け犬」になってしまいます。

4 負け犬

成長率と相対的市場占有率とが共に低い製品は「負け犬」と言います。資金流入は少なく、そのうえ景気変動などの外部要因で利益率が左右されるので不安定といえます。

　「金のなる木」は、企業にとって主要な資金源となります。資金は潤沢ですが占有率を維持するのに必要な最小限の投資にとどめ、過剰な再投資は避けるべきです。その資金は、将来成長が見込まれる事業あるいは製品の育成、開発に振り向ける方が賢明といえます。

　「花形製品」は他企業よりも優位にあって資金流入は大きいが、少なくとも現在の市場占有率を維持することが最優先課題となります。そのためには市場成長率と同程度か、それ以上の成長を続けるべきで、それに要する資金は惜しみなく投資しなければなりません。そうすれば、やがて成熟期に達したときに「金のなる木」になり、有力な資金源に育つはずです。

　「問題児」は、全てが将来「花形製品」に育つわけではありません。「金のなる木」の資金を「問題児」に総花的に投資すると、全てが占有率を上げることができないまま、やがて徐々に「負け犬」になってしまう恐れがあります。

　「負け犬」は短期的には多少の資金流入があっても、長期的には安定した資金源にはなりえません。また、成長の低迷している事業分野であることから、これに多額の投資をしても市場占有率を相対

的に高めて「金のなる木」に育てることは到底できません。特に採算に限界にあるような企業は、撤退して資金回収する事も考えるべきといえます。

　好不況にかかわらず資金源となる「金のなる木」をいくつか持ち、ここから生ずる資金を「問題児」に投資し、成長率の高いうちに「花形製品」に育てあげる。あるいは、この資金を研究開発に投資して、直接「花形製品」を作り出す。「花形製品」はいつか「金のなる木」に移行して次の資金源となります。「花形製品」に育たない「問題児」及び「負け犬」は、短期的資金源として利用するか、あるいは撤退して資金回収し、他に有効に活用するとしています。この様に、ボストン・コンサルティング・グループのプロダクト・ポートフォリオでは、相対的市場占有率と市場成長率という二つの座標軸によって、事業あるいは製品の評価がなされています。

　会社経営にとって資金は血液であり、資金繰りを管理していくことが会社を維持・存続・発展していくためにはとても重要です。例えば、ホテルでは継続的に内装工事等に設備投資が必要となります。この場合、「金のなる木」となっている店舗に、借入をして過剰な設備投資をドンドンしていては、資金が回らなくなってきます。その資金を他の投資に充てるとか、「問題児」や「負け犬」となっている店舗は撤退して資源を回収する、または借入金の返済を行う等、資金面を基本に考えながら戦略的意思決定を行う必要があります。

　この際にこのポートフォリオは商品だけでなく店舗投資等の検討にも役に立つので、是非仕事に活用していきましょう。

４．マイケル・Ｅ・ポーター「競争の戦略」
（COMPETITIVE STRATEGY）

　企業戦略の勉強をすると必ず出て来るのがポーターの名前です。ポーター自身も、「アメリカの有名企業の社長室の書棚には、必ずといってよいほど、この本が並んでいる」と言っていますが、ポーターの「競争の戦略」はこれほど有名です。ビジネスパーソンとして内容を知らないと笑われるので、ここで紹介しておきましょう。

　　　　　　マイケル・Ｅ・ポーター著「競争の戦略」

（訳者　土岐　坤、中辻萬治、服部照夫　発行所　ダイヤモンド社　2010年7月20日　新訂版30刷発行）の「はじめに」でポーターが書いているように、この本は企業戦略と産業経済学とのギャップに橋を架けた内容となっています。産業界と競争企業者を抜かりなく理解するかどうかで成否が決まる経営者にとって、競争戦略は第一の関心事であります。しかし、この理解を得るための分析技法が、戦略の分野ではほとんど提案されていない。一方、経済学者は産業界の構造の研究に年季を積んでいるが、そのほとんどが公共政策という視点からの研究であって、企業経営者の関心に直接回答を出していない。そこで無数の業界の実証的研究を行い、この両者のギャップに橋を架けたとするのがポーターです。

（1）「ポーターの戦略」根底にあるSCP理論

　入江章栄教授の著「世界標準の経営理論」（発行者　ダイヤモンド社 2020年7月6日　第6刷発行）に「ポーターの戦略」の根底にあるＳＣＰ理論（structure-conduct-performanceの略称　経済学の産業組織論が源流）がわかりやすく説明してありますので、ポーターの戦略説明に入る前に引用をまじえながら紹介していきましょう。

　まず図表2-4-1は、グランドの教科書に載っている1999年から2002年までの米国主要産業の株主資本利益率（ＲＯＥ）の中位置を並べたものです。

　図表からは、産業ごとに収益性に大きな差があることがわかる。例えば米国で同期間にＲＯＥが最も高かったのは製薬業で、中位値は26.8％に上がっている。食品産業は22.8％でそれに続く。医薬品・医療機器と金融もＲＯＥは高い。他方で情報通信産業のＲＯＥは3.5％だし、航空産業に至ってはマイナス34.8％である（これは2001年9月のアメリカ同時多発テロの影響があるかもしれないが、後で述べるように米国内線航空産業の収益性は慢性的に低い）。

　この図表は重要な示唆を与えてくれる。それは「この世には儲かる産業と、儲からない産業がある」という厳然たる事実だ。そしてＳＣＰが第1に教えてくれるのはその理由である、という内容から始まります。

　簡単に概略を説明すると、業界によって儲かる業界と儲からない業界がもともと決まっていて、これは後ほど出て来る完全競争の状態にある業界は儲からないが、完全独占の状態にある業界は儲かるという事です。では儲からない業界にいる会社が少しでも儲かるようになるにはどうしたらよいのか、という戦略指針を示してくれたのが、ポーターの競争戦略ということになります。

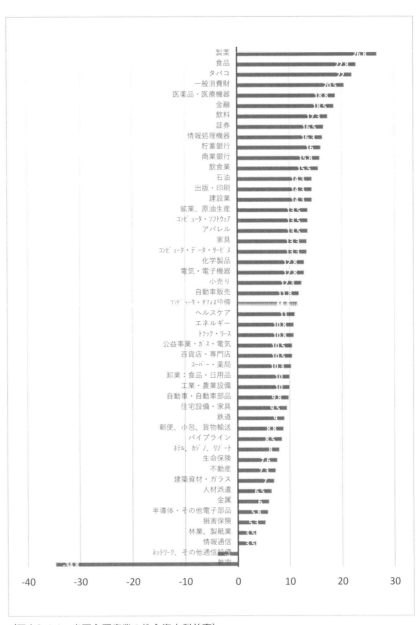

（図表2-4-1　米国主要産業の株主資本利益率）

市場には多数の売り手と買い手がいて、商品の価格が市場の需要と供給の量が一致するような競争衡水準で決定される状況が完全競争であるといえますが、ここでは「完全競争」という概念を次の三つの条件を満たす市場（＝産業）の状態であるとしています。

条件1　市場に無数の小さな企業がいて、どの企業も市場価格に影響を与えられない。

条件2　その市場に他企業が新しく参入する際の障壁（コスト）がない。その市場から撤退する障壁もない。

条件3　企業の提供する製品・サービスが、同業他社と同質である。すなわち、差別化されていない。

　この3条件から導かれる完全競争の状態は、「企業の超過利潤がゼロになる」ということです。「超過利潤」というのは「企業が何とか事業を続けていける必要ギリギリの儲けを上回る部分」のことをいいます。つまり、超過利潤がゼロとは、「企業が何とかギリギリやっていけるだけの利益しか上げられない」状態をいいます。
そのメカニズムは以下の通りです。例えば、ある産業の企業が超過利潤を上げている（＝儲かっている）と、その超過利潤を求めて他業界の企業やスタートアップ企業が参入してきます。条件2にあるように、完全競争では参入コストがかからないのだから、儲かっている産業に参入するのは合理的な判断といえます。しかし、この産業は、多くの企業が参入しても皆同じ製品を作っている（＝条件3）。各企業は製品特性で勝負できないので、ライバルに勝つには価格を下げるしかない。しかも各企業は小さく、市場価格をコント

ロールできない（＝条件1）。結果として、完全競争下では徹底した価格競争のみが行われ、「すべての企業がギリギリでやっていけるだけの利益しか上げられない」水準まで市場価格が下がっていく、ということです。

完全競争に近い産業の代表例は、米国内線航空産業だ。同産業は1978年に大幅な規制緩和が実施されて以来、企業の参入が相次いだ（＝条件2に近づいた）。結果として今でも100以上の航空会社がひしめき合って競争している（＝条件1に近い）。航空ビジネスは機内サービスの質等で差はあるが、ビジネスモデルの抜本的な差別化は難しい。

結果として、米国の消費者はエクスペディアなどの旅行ウェブサイトで航空料金を徹底的に比較して、一番安いフライトを取る傾向がある（＝条件3に近い）。このように構造が完全競争に近いからこそ、米国内線航空業界は利益率が慢性的に低くなるのだ。
というように「完全競争」は一番儲からない状況といえますが、この逆で一番儲かる状況は「完全独占」です。業界に1社だけ存在して価格をコントロールし（＝条件1の逆）、他企業が参入できない状態である（＝条件2の逆）。1社しかいなければ、そもそも差別化もない（＝条件3が無効）。

このような完全競争も完全独占もあくまで理論的な仮想状況にすぎませんが、大切なことは、自社の業界が完全競争と完全独占の間のどこにあるかを理解しておくことです。

完全競争から離れている業界ほど安定して収益性が高くなります。企業にとって重要なことは、自社の競争環境をなるべく完全競争から引き離し、独占に近づけるための手を打つことだとするのがSPC理論であり、ポーターがこれを「経営学のSCP」として昇華させました。

図表2-4-2　完全競争と完全独占のスペクトラム

（2）業界の構造分析法

　業界内で競争激化が起こるのは、偶然そうなるのでもなければ、またそれは不運な現象でもない。競争状態を決めるのは、基本的に５つの要因であるとポーターは説明しています。図表2-4-3にあるようにこれら５つの要因が結集して、業界の究極的な収益率が決まります。５つの要因の結集される強さが違うのだから、業界によって究極的な収益率が違うには当然である。タイヤ、紙製品、鉄鋼のように競争の激しい業界は、どの会社もずば抜けた収益をあげられない。油田掘削用機器とサービス、化粧品、トイレタリーのように比較的競争のゆるやかな業界は、どの会社もそろって高収益あげている。

　ポーターは業界の構造的特長は何かを考察して、この特長によって、競争要因の強さ、業界の収益性が決まるとしています。
企業の競争戦略の目標は、業界の競争要因からうまく身を守り、自社に有利なようにその要因を動かせる位置を業界内に見つけることにあります。競争要因の結集力は、どの会社にもいやというほどわかっているために、戦略をつくる決め手は、現象面の底を深く掘っ

て、各要因の源泉を分析することです。競争圧力の源泉がわかると、自社の長所短所が明らかになり、業界内での位置もはっきりしてくるだけではなく、戦略を変えたら一番成果の予想される分野も明確になります。業界の傾向が自社に有利になるか、脅威になるかいずれにしても、最も大切になる分野はどこかが明瞭になってきます。

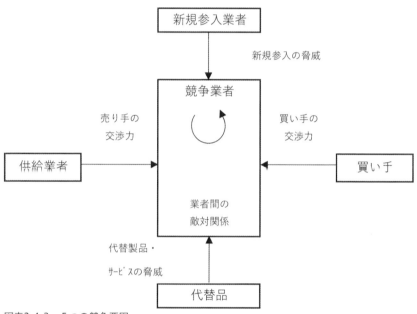

図表2-4-3　5つの競争要因

　5つの競争要因である、新規参入の脅威、代替製品の脅威、顧客の交渉力、供給業者の交渉力、競争業者間の敵対関係というものは、業界の競争が既存の競争業者だけの競争ではないという事を示しています。顧客、供給業者、代替製品、予想される新規参入業者のすべてが「競争相手」なのであって、状況によってそれらのどれが真正面に出て来るかわかりません。

ちなみにちょっとイメージの付きにくい「買い手の交渉力」とは、買い手が値下げを迫ったり、もっと高い品質やサービスを要求したり、売り手同士を競い合わせたりして業界を相手に戦う行動に出る事を意味します。買い手がバラバラでなく集中していて、売り手の総取引量にとってかなり大量の購入をしているとなると、大量購入の買い手の力は特に大きくなります。しかし、取引先を変えるコストが高いとなると、買い手は特定の売り手から離れられなくなります。

　次に「売り手の交渉力」とは、買い手に対して価格を上げる、あるいは品質を下げると言った脅しをかけることで交渉力を行使してくるというものです。

　このように外部の要因は業界内のいろいろな側面に影響を与え、業界全体の地位や構造を変化させていきますが、業界内の個別企業においては、経営戦略を通じてこれらの要因に働きかけ、業界の地位を変えることができます。

（3）三つの基本戦略

　前述の5つの競争要因に対処する場合、他社に打ち勝つためには次の三つの基本戦略があります。

1　コストのリーダーシップ戦略

2　差別化戦略

3　集中戦略

　競争上の優位性を得るには、買い手のためにいかに価値を作り出すかという所にあります。他社より優れた価値は、同等の便益を他

社より安い価格で提供するか、あるいは他社より高い価格であれば、価格が高い事よりも有用な便益を提供するかのどちらかです。そしてもう一つには競争戦略の対象となる顧客ターゲットをセグメントし、特定のターゲットだけをていねいに扱う戦略です。

① コストのリーダーシップ戦略

製品の累積生産量が2倍になると、製造コストが20％〜30％減少することを「経験曲線」と言いますが、コストのリーダーシップ戦略は経験曲線効果を利用して、他社を上回る生産量によって低コスト製品を提供し、コストのリーダーシップを握るという戦略です。

低コストの地位を占めると、業界内に強力な競争要因があらわれても、平均以上の収益を生むことができます。また、同業者からの攻撃をかわす防御体制もできます。相手よりも低コストだという事は、相手が攻撃のために利益を捨てて安い価格で向かってきた後でも、こちらには収益があるので強いということです。

② 差別化戦略

自社の製品やサービスを差別化して、業界の中でも特異だと見られる何かを創造しようとする戦略です。差別化のための方法にはたくさんの形があります。製品設計やブランド・イメージの差別化、テクノロジーの差別化、製品特性の差別化、顧客サービスの差別化等さまざまです。理想的には、複数の面で差別化を図れることが望ましい。例えば、キャタピラー・トラクター社は、ディーラー・ネットワークとスペア部品がどこでも入手できる点で有名であるだけでなく、ずば抜けた高品質の耐用年数の大きい製品という点でも名が通っています。これらの特長はすべて、作動停止するとムダな巨額のコストを食う重機械では命運を左右する利点となっています。

差別化に成功すると、コストのリーダーシップとは違うやり方ですが、5つの競争要因に対処できる安全な地位をつくれることから、業界の平均以上の収益を約束してくれるのです。差別化は同業者からの攻撃を回避させます。顧客からブランドへの忠実性がもらえるし、そのため価格の敏感性が弱くなるからです。また、マージンも増えるので低コスト地位を占める必要もなくなります。同業者はこちらの特異性に負けないだけの努力をしなければならないために、そのまま参入障壁を作ることにもなります。

③　**集中戦略**

特定の買い手グループとか、製品の種類とか、特定の地域市場とかへ、企業の資源を集中する戦略です。ターゲットを広くした同業者よりも、狭いターゲットに絞る方が、より効果的でより効率の良い戦いができるという事を前提にした戦略です。特定のターゲットのニーズを十分に満たすことで差別化または低コストが達成できたり、両方とも達成できたりもします。

集中を果たした企業は、特定のターゲットに対し、差別化や低コストあるいは両方を達成することができるので、業界の平均を上回る収益を得る事が可能となります。

中小企業ではなかなかコストのリーダーシップ戦略を取ることは難しいように思われますが、差別化戦略と集中戦略であればいろいろと策が講じられそうです。続いて、中小・零細企業に多い多数乱戦業界の競争戦略についても考察されているので紹介しておきましょう。

（4）「競争の戦略」を仕事に活かす

　ホテル客室清掃会社を例にとってポーターの競争戦略を考えてみましょう。ホテル客室清掃会社では清掃料金が安い会社は総じて品質が劣るようになってきます。料金が安い清掃会社では、多くの会社がインセンティブ制を導入しており、清掃部屋数が多くなると、清掃スタッフのもらえるお金が増えるような仕組みになっています。中には、1部屋清掃したらいくらという取り決めをして、清掃した部屋数分だけ給料を払うという徹底した会社もあります。

　しかし、ホテル客室の清掃はビルメンテナンスの清掃とは違い、非常に安い料金で繊細な品質を求められます。ビルメンテナンスの清掃では、廊下に髪の毛が1本落ちていても誰も気が付きませんが、ホテルの客室清掃は飲食店の料理と同じで、料理に髪の毛が1本でも入っていたら大変な顧客クレームにつながる様に、客室に髪の毛が落ちていたらすぐにクレームとなります。これ以外にもバスタオルやアメニティ、スリッパ、ハンガーの数が足りなくてもクレームになります。ましてや前泊者のゴミや飲み残しの飲み物があった場合には、大変なトラブルに発展する場合が多々あります。

　また、お客様にもいろいろな方がいて、ペットボトルの蓋を一旦開けて、ほんの一口だけ飲んで元の場所に戻す方。外見からみて、一旦蓋が開けられたとわかるようなペットボトルなら良いのですが、中には蓋を閉めると、蓋を一度開けたかどうか全然わからないペットボトルもあります。水の量も1口飲んだだけでは、外見からは飲んだかどうかは全くわかりません。また、未使用のベッドのシーツの下に使用した物を入れ、シーツをきれいに戻して未使用状態にして帰るお客様。未使用なので清掃スタッフがシーツを変えないでおくと、翌日ほかのお客様が使用した際に前泊者の使用物が

シーツの中から出てきてクレームとなります。また、ハブラシの袋を破り、そのままひっくり返して、表からみると未使用状態となる様にして元の場所に戻す方。元々存在しない物をベッドの上に置いておいたら無くなったとホテルにクレームをつけ、料金をゼロにしてくれという要求する方。この場合は清掃会社が初めに疑われます。この様に多岐にわたりいろいろなワナが毎日のように仕掛けられます。

① コストのリーダーシップ戦略の検討

　清掃品質を維持しながら、これらのワナにはまらない様にするには、熟練者や会社のノウハウやスキルで防衛するしかありません。しかし、清掃業界は薄利多売の商売なので、1店舗の清掃だけではなかなか超過利潤が生まれません。そこで何店舗か清掃先を新規で増やしていくのですが、熟練者が育つには3〜5年もかかるので、熟練者の育成が間に合わなくなっていきます。結果として、熟練者しかできないインセンティブ制を新人にも適用して、熟練者と同じことをやらせるので品質が落ちていくのです。しかも、ホテルの客室清掃はチェックインの3時までに清掃を終わらせないといけないので、朝9時から昼食も食べずに行う重労働なので、かなりのハードワークとなっており、メンバーの入れ替わりも頻繁に発生してしまいます。更に、ホテルは客室料金を自由に動かせますが、清掃会社はホテルからなかなか料金を上げてもらえない上に、人件費や社会保険料、労働保険はドンドン勝手に上がっていくため、これ以上の料金引き下げはかなりの難題といえます。しかも、お客様からのクレームがあって、ホテルが宿泊代金をお客様に返還された場合、その代金分を清掃会社が負担してほしいとの話になるリスクもあ

ります。宿泊代金15,000円だとした場合、100室あるホテルでは1日の売上高1,500,000円の中から15,000円を返金すればよいのですが、清掃会社の場合は、1部屋1,200円の清掃料金だとすると、1日の売上高120,000円の中から15,000円を負担することになります。しかも、ホテルは1,500,000円の売上高が上がれば750,000円は利益となりますが、清掃会社の場合は労働集約型産業なので、120,000円の売上高の中から人件費を引いた粗利益はほんの数万円というレベルの話です。つまり、朝から夕方までお昼ご飯も食べずに10人近くが頑張って清掃をしたのに、1日の粗利益がほとんど数千円となるような理不尽な要求をされることもあります。世の中には、商品に不備があり販売代金や販売代金の一部を返還するという話は聞いた事がありますが、清掃という役務提供が完了しているにも関わらず、清掃代金（販売代金）の10倍近い金額を普通に請求されるという業界は、この業界以外に私は聞いた事がありません。やはり、最大の負担額はその客室清掃料金の免除とするのがフェアな取引だといえます。

　話が少しそれましたが、以上のことから、この業界は重労働かつリスクが大きい割に粗利益自体がかなり低く、熟練者育成に時間がかかり、また効率化と品質低下がつながりやすいことから、コストのリーダーシップを目指すのは得策ではないと考えられます。そこで、完全競争マーケットから抜け出すためには差別化戦略で粗利益をまず上げる事が得策と考えられます。

② 差別化戦略の検討

Ⅰ. 清掃品質

　第2章経済学のワルラス「一般均衡理論」で、あらゆる社会現象

は複雑な「相互関連」の関係にある事を学びました。にわとりが先か卵が先かではないですが、コロナ後のホテルと清掃会社との関係にも次の様な「相互関連」事象が見られます。

　コロナ禍のホテルでは業界全体での宿泊需要が少なくなっていたので、宿泊料金を引き下げてお客様を取り込みをしようとしていました。そうなると清掃料金も引下げを余儀なくされ、また、Ecoプランという清掃の必要がないプランが販売されたことにより、宿泊客がいても清掃が発生しないため、清掃会社の清掃稼働率が著しく低下し、売上高が低下しました。そうなると従来からいたベテランアルバイトの多くは、シフト時間を短くされ、また、休日を多く取らされたため、稼ぎが少なくなり他業種に転職してしまいました。

　客室清掃業務は重労働で働き手が少ないため、時給を上げないと新規募集しても人が集まらず、売上低下と人件費上昇により赤字体質となりました。そこで清掃会社は、出来高払い制や人数を削って人件費を削減せざるを得ず、結果として清掃品質を落とす事となりました。

　今度はコロナが収束し、インバウンドが回復してきたことにより、ホテルの宿泊料金はコロナ前と同水準、あるいはコロナ前より高くなり、稼働率も戻りました。ホテル需要が一斉に回復したことにより、清掃会社は極度の人手不足となり、更なる人件費上昇を招きました。清掃料金が低く採算が取れないので、清掃稼働率が上がっても余計な人員を投入する余裕がない状況が続き、ホテルの収益回復を待ってから料金の引き上げを依頼すると、清掃の品質に満足できないので値上げはできない、と言われてしまいます。

　清掃会社からすると、清掃品質を上げるには清掃人数を増やす必要があるので、値上げをしてくれれば人数も増やし品質を元に戻せ

ると考えているのですが、ホテルは品質を戻すのが先だと主張します。清掃会社はこれ以上赤字額を増やせないので、清掃人数を増加させられないという状況に陥ります。まさに「鶏が先か卵が先か」という状況です。

　この様な場合は、いち早く清掃品質を上げ差別化を図る事が得策です。ホテルが満足できない清掃品質では、ホテルも料金値上げができないというは当然の話であり、清掃品質を上げて他社との差別化を図っておけば、いずれ料金を上げてもらえる可能性が高く、また、現状より高料金の新規開拓先からも声がかかってくるはずです。ホテルの宿泊料金が上がってくると、ホテルはいずれ「安かろう悪かろう」の清掃ではなく高品質の清掃へのニーズが高くなるからです。つまり、目先の赤字増加は投資と考え、しっかりと品質面での差別化を図る事が得策といえます。

Ⅱ. 早期清掃完了数の増加

　ホテル業界ではチェックイン3時、チェックアウト11時というのが一般的です。チェックインが3時であるために、清掃完了時間は原則的に3時でなければいけません。このため、午前中は清掃に集中して、午後から清掃のチェックに一斉に入り何とか3時に間に合わせるという体制を取っている清掃会社が多数あります。

　清掃完了と同時にドンドンとチェックに入り、早期清掃完了部屋を午前中からたくさん作る事で差別化を図ります。3時の清掃完了にこだわるより、チェックイン時間前に来たお客様をドンドン客室に案内できれば、ホテルもサービス面で差別化が図れ、また、フロント応対も1度で済むので、ホテルにもメリットがたくさん生まれます。この体制への変更により数部屋の清掃完了が3時30分頃に

なったとしても、全員が3時までにチェックインするわけではない
ので、そんなに支障はないものと思われます。

　1人で1部屋の清掃をした場合、1部屋30分の清掃時間がかかった
とすると、清掃チェックに入れるのは最低でも清掃開始から30分
後となります。1時間では2部屋なので、1時間ちょっとで2部屋が
お客様を受け入れ可能となります。更に分業清掃で行っていけば、
1部屋15分で全ての分業工程が完了するので、1時間ちょっとで4部
屋がお客様を受け入れ可能となります。清掃スタッフが10人いれ
ば、1時間ちょっとで40部屋が入室可能となります。

　海外旅行に行った際に、3時前にホテルに着いてしまうので、
スーツケースをクロークに預けて、そのまますぐに観光に出かける
事が多いといえます。長時間飛行機に乗っていたので、なんとなく
爽やか感がないのですが、仕方がないといえます。ところが日本で
は、3時前でも客室に案内してくれ、歯磨きをして、トイレやシャ
ワーを浴びて着替えてから、すっきりした気分で観光ができたとな
れば、日本やホテルの印象はかなり良くなるはずです。

　早期清掃完了体制への変更は、従来の清掃方法から脱却するもの
であり、大きな差別化が図れるものと思われます。

Ⅲ. 清掃アプリの活用

ホテルによって清掃管理方法はまちまちですが、中にはインジケー
タの赤ランプ・青ランプだけで管理しているホテルもあります。清
掃が終了してお客様を案内できるようになったら、インジケータの
赤ランプが青ランプになり、清掃完了を知らせるというものです。
この方法ですと、2時近くになっても赤ランプばかりで青ランプに
ならないと、ホテルのフロントは3時までに清掃がちゃんと終わる

のかが心配になりドキドキしてきます。

清掃アプリ情報をホテルと共有すると、ホテルスタッフは部屋ごとの清掃状況をタイムリーに確認できるようになり、非常に安心してお客様の応対にあたることができるようになります。

図表2-4-4アプリ画面

図表2-4-4の清掃アプリ画面の「チェック結果一覧」においては、各部屋のベッドメイク開始時間と終了時間、バスルーム清掃の開始時間と終了時間、チェック開始時間と終了時間及び清掃者名とチェッカー名が表示されていきます。

また、「清掃状況一覧」の画面では、部屋番号ごとにチェック待ち、清掃中、清掃完了、未清掃の表示がタイムリーに行われていく

ため、ホテルではテレワーク等のデイユース販売の組み立てがやりやすくなります。

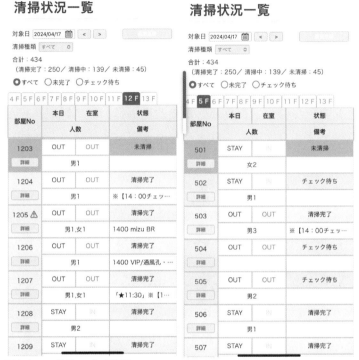

図表 2-4-5 清掃アプリ画面2

また、図表2-4-5 清掃アプリ画面2では、14時チェックインとなるお部屋やアメニティ等のセット数が表示されており、注意を要するお客様情報を清掃スタッフが認識しているかの確認ができます。更に清掃スタッフが気付いた通常の清掃では解決できない汚れや設備不備等の情報、例えば「通風孔の音が気になります」等をコメントしてホテルにタイムリーに情報を提供することができるようになります。

この様に清掃アプリを開発することにより、ホテルに有用な情報をタイムリーに提供できる仕組みを作れば、ホテルとより綿密に連携を取る事が可能となり、差別化に寄与するものと思われます。

Ⅳ. 報告書提出

　清掃会社は毎日客室を清掃しており、客室内の状況を一番よく把握しています。テーブルにタバコの焦げ跡がありみっともないとか、壁紙にスーツケースが当たったようで壁紙が少し破れているとか、エアコンの風が少しかび臭いとかの設備不備一覧や特別清掃が必要な一覧表です。全部屋を一覧表にして、全室チェックした結果をホテルに報告書として提出すれば、ホテルも稟議書が書きやすくなり、喜ばれるサービスになります。

　同様の報告書を、時間をかけて作成しましたが、コロナ禍のホテルでは予算を取る事ができず、結果として3年近く特別清掃をしていないホテルが多数ありました。実際にかなり汚くなってしまったホテルもあります。コロナが5類感染症に移行してホテルの宿泊料金が上がり、稼働率も上がってくると、汚い所をSNSの口コミに書かれてしまいます。宿泊料金が3,000円や5,000円なら安いからしょうがないかと思っていたお客様も、宿泊料金が15,000円や20,000円になってくると我慢できなくなるからです。コロナ禍の3年間で特別清掃の提案をしていたにも関わらず、全然対応してくれず汚くなってしまった所が多いのですが、口コミに書かれ出すとすぐさま清掃品質が悪いと清掃会社に注文をつけ始めるホテルもあります。まあ、それはさておき、コロナ禍後はこの報告書提出でホテルと綿密な情報共有を行うことで差別化を図っていくことは可能と思われます。

この様に差別化戦略についてはいろいろなアイディアが出て来ると

思いますが、次は集中戦略について考えていきましょう。

③ 集中戦略の検討

Ⅰ. ホテル客室清掃に特化する

　ホテル客室清掃会社の多くはビルメンテナンス業界から新市場開拓で参入してきた会社が比較的多く、料理を提供するような繊細な神経を使うホテル客室清掃には不慣れな会社が多数あります。土足で歩く空間を清掃するのと、人が横になって顔を付ける場所を清掃するのとでは、やはり神経の使い方が違います。一般の不特定多数の人が歩く廊下に髪の毛が1本落ちていても誰も気が付きませんが、客室に髪の毛が1本でもあると口コミに書かれてしまうリスクがあります。

　その様なこともあり、ビルメンテナンスの清掃とホテルの客室清掃とでは、コストのかけ方が全く違うため、収益的にはビルメンテナンス業務の利益率は客室清掃に比べかなり高くなっています。しかし、ホテルの客室清掃に特化して、その派生的に絨毯清掃、配管清掃、エアコン清掃等の特殊清掃を手掛けていく、つまり、ホテルの客室清掃専門会社として、ホテルの客室清掃の品質にとことんこだわっていく集中戦略を取れば、完全競争マーケットから抜け出せる可能性が高いといえます。

　現に現状の清掃会社の品質が悪いので、料金が高くてもよいので清掃を変って欲しいというホテルからの話が多数きており、清掃品質にこだわったホテルの客室清掃専門会社を目指すという集中戦略により利益率を拡大できます。

Ⅱ. ホテルごと、店舗ごとに清掃体制を変える

　ホテルについてはそれぞれ個別の戦略を持っており、また、同じホテルでも店舗によって違う戦術を取って運営を行っている場合があります。これは会社の経営戦略上の問題や地域や立地によりターゲットとしている顧客が違い、経営戦術が違うからです。

　それにも関わらず、当社の清掃方法はこれです、という固定的な対応をしていてはホテルのニーズには答えられません。例えば、全室を完全にチェックインの15時までに清掃を終わらせて欲しいというホテルもあれば、顧客のチェックイン時間が比較的遅いので時間にはあまりこだわらないので、とにかくしっかり客室を仕上げて欲しいというホテルもあります。もっとも、15時までに清掃を終わらせて客室をしっかり仕上げることもできますが、その場合は清掃料金が少し高くなるので、そこまでは望んでいないという場合です。

　あるいは、テレワーク需要客を取っていきたいので、朝からドンドン清掃完了部屋を作っていって欲しいというホテルもあれば、航空会社のクルーが多く宿泊する場合、チェックアウトが19時になるときもあるので、それから清掃を行って欲しいという場合もあります。この場合は、通常の清掃では物音や話し声がうるさいと他のお客様からクレームが出る可能性があるために、その対策を取った清掃方法を考えないといけません。

　また、ホテルのニーズはマーケティングや宿泊需要によって刻一刻と変化していきます。以前は満足して頂いていた清掃のやり方でも、ホテルの今のニーズに対応できなければ不満へと変わってしまいます。大切なことは、ホテルとのコミュニケーションを日頃よりしっかりと取り、単なる清掃業務という外注先ではなく、より良い

ホテルとするためのパートナーとなれる存在になる事です。そのためには、社内体制をホテルごと、店舗ごとに清掃体制を変えて、現場ごとのニーズに柔軟に対応できるようにしなければいけません。自社の態勢を優先するのではなく、ホテルごと・店舗ごとのニーズにきめ細かく柔軟に対応していくことで集中戦略となるという考え方を社員に理解させることが必要となります。

　以上、完全競争マーケットから抜け出すための戦略である、コストのリーダーシップ戦略・差別化戦略・集中戦略の具体的な考察方法を清掃会社の事例で紹介しました。もし皆さんがこの様な考え方で業務についての考えられる様になれば、組織の中で間違いなく頭角を現わすことができるでしょう。

5．W．チャン・キム、レネ・モボルニュ 「ブルー・オーシャン戦略」

（Blue Ocean Strategy）

　ブルー・オーシャン戦略とは、従来存在しなかったまったく新しい市場を生み出すことで、新領域に事業を展開していく戦略です。W.チャン・キムとレネ・モボルニュが提唱したもので、新市場を創造することにより、他社と競合することなく事業展開を行うことができます。

　ブルー・オーシャンに対しレッド・オーシャンがあり、これはあらゆる既存市場の事を指し、誰もが市場の枠組に関する理解を共有しています。したがって、競合他社全員がライバル社を出し抜き、既存の需要の中でより大きなシェアを獲得しようとしています。それゆえ、競争相手が増えるにつれて収益性や成長性が減少し、競争がますます激しくなり、最後には市場は血の海と化します。一方、ブルー・オーシャンとはまだ存在しない市場のことを指しており、需要は勝ち取るものではなく、自ら創り出さないといけません。

（１）ＱＢハウス「10分1,000円カット」

　身近な事例をみるとわかりやすいので、まずはヘアカット専門店のＱＢハウス（キュービーネット）を見てみましょう。

　ＱＢハウスは皆さんがご存じのように、「10分1,000円カット」を始めた会社です。髪を切るというサービスには長い歴史があり、美容室や床屋など、競合他社が数多く存在するレッド・オーシャンでした。ＱＢハウスが目をつけたのは手軽に髪を切りたいという未開拓の小島＝ニーズでした。例えばほんのちょっとだけ髪を切りたいとか、前髪だけ切りたいとか、美容室は高いのでそんなに行けない、と言った「手頃な価格で、短時間でカットしたい」というニーズを満たすべく新規参入を行いました。同社が重視したのは、「時短」「便利な立地」「安さ」であり、価値曲線から捨てたのは、「シャンプー・マッサージ等のサービス」でした。

　既存の美容室はお洒落感を全面に出して競争し合っており、床屋は古くからのスタイルが確立しているか、あるいはより美容室に近づけお洒落感を出そうと競っており、今更古くからあるこの業界で更なる差別化をするのは難しいと考えられていました。ところが、

「10分1,000円カット」という手頃な価格で、短時間でカットしたいというコンセプトで、眠っていた顧客ニーズを発掘したことでレッド・オーシャンを抜け出しブルー・オーシャンを手に入れました。私も短時間でできるので良いなと思い利用したこともありましたが、途中から女性客と子供客で店舗内が満員になる事が多くなり、女性でもこういう所を利用するのだとビックリした記憶があります。

　既存の美容室が「10分1,000円カット」を真似することはイメージもありなかなか難しいことです。ブルー・オーシャンには「既存企業」が入り込めないことが多く、開拓した当初は競合もいません。仮に新規参入業者が増えたとしても、ノウハウの蓄積や最適化されたサービスの競争力があれば、先行者優位性を保つことが可能となります。

（2）サーカス団「シルク・ドゥ・ソレイユ」

　大道芸人集団のシルク・ドゥ・ソレイユは1984年に結成されて以来、世界中の90都市で4,000万人もの観客を魅了し続けています。世界トップのサーカス団であるリングリング・ブラザーズ・アンド・バーナム＆ベイリー・
サーカスが1世紀以上かけてたどり着いた売上に20年で追い着いたそうです。

スポーツイベント、テレビ、テレビゲームなどのあおりを受けて、サーカス業界は当時もいまも長期的な低迷傾向にあります。従来のターゲット顧客である子供たちはゲームに流れ、また、動物が登場するサーカスには動物愛護運動の余波を受けて世論の風当たりが強くなっています。また、リングリングなど、客を呼べるサーカス団のスターたちの人件費は高騰し続けています。観客数が減る一方、コストが上がり続けている環境下で、シルク・ドゥ・ソレイユはこの20年間で売上高を22倍まで伸ばしてきたそうです。シルク・ドゥ・ソレイユの初期の興行の謳い文句は「まったく新しいサーカスを」だったそうです。シルク・ドゥ・ソレイユはサーカス業界の既存の枠組みに従って競争した訳でも、リングリングなどの先行者たちの客を奪って成長した訳でもありません。むしろ競争とは無縁の市場空間を創造し、大人や法人顧客など、これまで客層とみなされていなかった、全く新しい顧客を掘り起こしたのです。演劇、オペラ、バレエなどに慣れ親しんでいた顧客は、新しい切り口のサーカスという娯楽に、今までより数倍の高い料金をためらうことなく支払いました。

　つまり、サーカスと演劇を隔てていた境界を消滅させることで、シルク・ドゥ・ソレイユはサーカス業界というレッド・オーシャンの中に、収益性の高いブルー・オーシャンを作りだすことに成功したのです。

（3）パーク24

　「ブルー・オーシャン戦略」の監訳者入江章栄教授の序文にでてくる事例はイメージが付きやすいので、いくつか紹介しておきましょう。

駐車場業界のトップを走るのがパーク24ですが、同社はバブル後に残った都心の狭い空き地や住宅密集地に時間貸し駐車場「タイムズ」を展開しています。日本では駐車場の供給不足状態が続いており、「出先で短時間だけ車を駐車したくても場所がない」といった不満が多くありました。タイムズは立体駐車場ほどの設備投資をするのでもなく、月極駐車場のような固定客を狙うわけでもない。代わりに、この「適度な料金と適切な場所で駐車場を短時間利用したい」という潜在的な需要に応えて、新しい市場を切り開いたのです。

（4）セブン銀行

　セブン銀行は事業がメインの銀行です。セブン-イレブンをはじめ、駅や空港などの公共施設にATMを設置し、現在は全国に24000台を設置するまで広がっています。

　セブン銀行は「対面対応」といった要素を捨てる代わりに、「利用者の利便性」を徹底追及する戦略キャンバスを描き出しました。実際、セブン銀行のATMでは、24時間開いている場所ならいつでも現金を下ろせて便利であり、また、機能をシンプルにしたATMの開発で導入費用を抑えたりすることで、多拠点で展開することを重視してきました。

　更に、セブン銀行は580社以上の金融機関と提携しており、そこに口座を持つ利用者が、セブン銀行ATMを利用すると、提携金融機関から手数料を受け取れるようにしました。これが収益の9割以上を占めており、市場（顧客）の境界を引き直すというよりは、反転させてしまったのです。つまり銀行がコンビニにシステムを使わせてあげるのではなく、コンビニのATMで取り扱いできるように

してもらったのです。全国の主要なところには銀行の支店や店舗外ATMが設置されており、これ以上ATMがあってもしょうがないのでは、と当初は思っていましたが、今や銀行のATMよりコンビニのATMによくお世話になるようになりました。

（5）ブルー・オーシャン戦略の特徴

　「ブルー・オーシャン戦略」の中で著者は、ブルー・オーシャンを見つけ出した戦略行動に、いくつかの共通の特徴を見出しました。まず、ブルー・オーシャンを創造する企業は、レッド・オーシャンで競争する企業とは対照的に、自社の競争力についてベンチマーキングなどしていないという事です。つまり、自社のビジネスプロセスの非効率な箇所を改善するため、同じプロセスに関する優良・最高の比較分析をしないという事です。もっとわかりやすく言うと、男性顧客がお洒落な髪形にできる美容室に流れ始めた時、床屋が美容室のサービスを真似てパーマがかけられる機能を床屋に持ち込もうとしましたが、Ｑ Ｂハウスはそんな事を考えなかったのです。それよりもむしろ、自社と顧客双方の価値を飛躍的に高めることで、競争とは無縁の世界を創りだしたといえます。

　従来の戦略では、大きな価値を提供するには、おのずとコストが高くなり、逆にコストを下げれば価値は低くなるというものでした。つまり、戦略とは差別化と低コスト化のどちらかを選択するかの問題ともいえましたが、ブルー・オーシャン戦略ではこれら二つを両立することが可能となります。

　シルク・ドゥ・ソレイユが結成された頃、多くのサーカス団は互いをベンチマークし、需要が縮小する中で、伝統的なサーカスの出し物にささやかな工夫を凝らして市場シェアを競っていました。例

えば、人気者のピエロやライオン使いの争奪戦が始まり、似たり寄ったりの出し物に莫大なコストをかけていました。そのため、売上は伸びずコストはかさみ、サーカス業界全体の人気の低落に歯止めがかからないという悪循環に陥っていました。

　そこでシルク・ドゥ・ソレイユは、サーカスならではのスリルと楽しさに加えて、知的な奥行きと演劇の芸術性を提供するという事を考えました。まず、演目の見直しから着手しました。これまでスリルや楽しさを演出する際、欠かせないと思われていた多くが不必要であり、得てしてコストがかさむことが判明しました。例えば、たいていのサーカスでは動物を使いますが、動物を買わなければならないばかりか、動物の訓練、飼育、医療、保険、輸送などのコストがかかるからです。また、伝統的なサーカス団では芸人をスター扱いしていましたが、観客はサーカスの芸人を、少なくとも映画スターと同じようには見ていないこともわかりました。結果として、シルク・ドゥ・ソレイユは伝統的なサーカスの持ち味は、「ピエロ」と「テント」、そして昔ながらの「アクロバット演技」の三つに絞り込まれることに気づきました。

　そして、ピエロはどたばた劇ではなく、もっと魅力的で洗練された笑いを提供することにしました。サーカス団の多くは安価なレンタルのテントでお茶を濁していましたが、テントこそほかの何よりにも勝るサーカスの魅力を象徴するものだと見抜き、デザインに凝り、内部もおがくずの入った固いベンチを取り外して、よりくつろげるようにしました。アクロバット芸人にも他の芸人にも、たくさんのことを演じさせるのではなく、役割を絞り込んでより芸術的な演技に集中させました。

　伝統的なサーカスの要素を捨て去る一方で、演劇界からいくつかの新しい要素を取り入れ、テーマを設けたストーリー性を持たせました。多くの演目にオリジナルの音楽をつくり、その音楽に合わせて、演技、照明、動作のタイミングを計ることも覚えました。また、バレエの様に抽象的で精神的なダンスも取り入れたのです。そして、さまざまな出し物を用意することで、リピート客が増え売上は増加しました。

　この様に、ブルー・オーシャン戦略の成立条件とは、コスト構造と買い手にとっての価値が好循環を形成する時にのみ成立するとしています。コスト削減は、競合他社が競争している要素を自社の事業活動から取り除くことで実現されます。買い手にとっての価値

は、これまで誰も提供していなかったものを提供することによって生まれます。そのような特徴を備えた製品やサービスのおかげで、売上が伸びるにしたがってスケールメリットが生まれ、コストはさらに下がるという好循環が生まれます。図表2-5-1「レッド・オーシャン戦略VSブルー・オーシャン戦略」がわかりやすいので参照してください。

レッド・オーシャン戦略	ブルー・オーシャン戦略
既存市場内で競争する	競争相手のいない市場空間をつくり出す
競争相手を打ち負かす	競争とは無縁になる
既存需要を取り込む	新規需要を創出し、これを物にする
買手にとっての価値とコストは相反する関係である	買手にとっての価値とコスト削減は両立できる
差別化か低コスト化のいずれかを選び、最適な形で事業活動に結びつける	差別化と低コスト化の両方を、最適な形で事業活動に結び付ける

図表2-5-1　レッド・オーシャン戦略VSブルー・オーシャン戦略

（6）分析のためのツールとフレームワーク
戦略キャンバスの作成

　ブルー・オーシャン戦略を具体的に考えていくための分析とフレーム作りには「戦略キャンバス」を作る事が有益です。このキャンバスを作成することで、既存の市場空間について現状把握ができます。また、競合他社が何に投資しているか、各社が製品、サービス、配送などの何を売りにしているのか、更には、顧客はどのようなメリットを享受しているのか、などが理解できます。1990年代のアメリカのワイン業界についてチャート化したのが、図表2-5-2です。

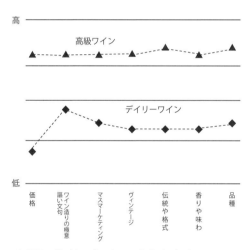

図表2-5-2　アメリカのワイン業界の戦略キャンバス（1990年代末ごろ）

縦軸のワイン造りの極意、謳い文句とは、パッケージの洗練度や高級感を意味したもので、受賞歴を記したラベル、ワイン造りの極意を披露するフレーズなどもここに含まれます。
　マスマーケティングとは、競合のひしめき合う市場で消費者の関心を集めるとともに、流通業者や小売店からの優遇を引き出そうと

するものです。ヴィンテージとは年代物とか、ブドウの収穫年数の意味です。伝統や格式は、シャトーやぶどう園の名称や設立年などを意味します。品種はカベルネソーヴィニヨンやシャルドネ、メルロー等のブドウの品種のことです。横軸に並んだものがアメリカのワイン業界の主な競争要因で、縦軸はその要因を買い手がどの程度のレベルで享受しているかを示しています。要因ごとにスコア化して線で結べば「価値曲線」が描けます。「価値曲線」は「戦略キャンパス」の柱をなすものであり、競争の要因ごとに各社のパフォーマンスを表しています。

　2000年頃のアメリカのワイン業界には1600ものワイナリーがあったにも関わらず、買い手の視点から眺めると、ワイナリーの価値曲線はどれもあまりにも似かよっていたことがわかります。高級ワインの価値曲線を見てみると、その戦略プロフィールはおおむね重なり合います。価格を高めに設定しているほか、主な競争要因すべてに力を入れているので、典型的な差別化戦略を取っているはずなのに、市場からはそれが判で押したように同じに見えてしまいます。一方、安価なデイリーワインも、価格を抑え、どの競争要因にも大きな投資はしないという、文字通りの低コスト路線を取っています。つまり、高級ワインとデイリーワインは同じような価値曲線を描いており、縦軸の位置がずれているだけといえます。

　こうした状況では、ライバルと自社を比べて、価格をやや低めに設定して中身を少し充実させた程度では、利益を上げながら力強い成長を達成することは難しいといえます。売上を心持ち押し上げる効果はあるかもしれませんが、競争のない市場空間を切り開くだけの力はないといえます。業界の戦略キャンパスを大胆に塗り替えるためには、手始めとして競合他社から代替産業へ、顧客から顧客以

外へと視点を移すことが求められます。価値を高めながら同時に低
コストも追及するためには、既存のフィールドで競合他社と自社を
比較して、差別化と低コストのどちらか一つを選ぶという古びたロ
ジックを捨てなくてはなりません。競合他社から代替産業へ、既存
顧客から非顧客層へと戦略の焦点を切り替えれば、業界にとっての
重要課題が何であるかを見極める方法、ひいては、業界の枠組みに
とらわれずに買い手にとっての価値を組み立て直す方法が見えてき
ます。

　オーストラリアのカセラ・ワインズはアメリカのワイン業界の戦
略プロフィールを改め、「イエローテイル」というワインでブ
ルー・オーシャンを切り拓きました。図表2-5-3がイエローテイル
の戦略キャンバスです。

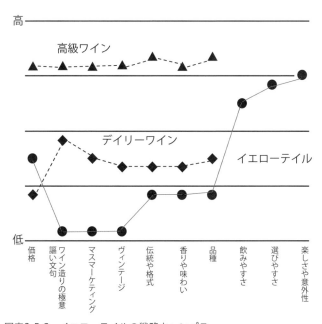

図表2-5-3　イエローテイルの戦略キャンパス

211

アメリカのワイン業界を見ると、各ワイナリーは既存の常識に従った結果、価格の割に評判を追い求め、質の向上を目指しすぎたきらいがありました。各社とも同じような味をもとに、風味や香りに深みを持たせており、ワイン品評会などの影響でその傾向にさらに拍車がかかっていました。ワインメーカー、評価者、味にうるさい愛好家などがこぞって、このような深みこそ（独特の土壌、風味、タンニンやオークのさじ加減、熟成プロセス）が品質だと考えていました。

　ところが、オーストラリアのカセラ・ワインズは、代替産業を見渡して、ワイン業界はこれまで誰も意識していなかった課題を抱えているのではないか、と思い至ったのです。「誰でも気軽に飲める、これまでにない楽しいワインをつくる」という課題です。ビール、アルコール飲料、カクテル飲料など、ワインの3倍もの売上高を誇る代替材について、需要特性を探ったところ、アメリカでは成人の多くがワインに興味を失っていることがわかりました。ワインはどうも買いにくい。各社がしのぎを削る味わいや香りも一般の人々にはかえってわかりにくかったからです。

カセラは、ワインをワインとしてではなく、ビール、カクテルなど他のアルコールを好む人々にとっても手を伸ばしやすい、友人たちと気軽に楽しめる飲み物として売り出しました。友人たちと楽しく飲めるイエローテイルは、販売からわずか2年の間に、オーストラリア、アメリカ両国でワイン業界始まって以来の目覚ましい普及を遂げたばかりか、アメリカではフランス産、イタリア産を押しのけて

最も輸入量の多いワイン・ブランドの地位を手に入れました。そして2003年には赤ワインとしてアメリカ国内で最大の販売量となり、カリフォルニア産から首位の座をもぎ取りました。

（7）4つのアクション

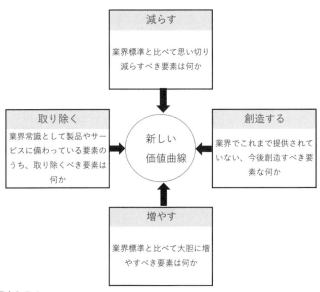

図表2-5-4

買い手に提供する価値を見直して、新しい価値曲線を描くために「4つのアクション」が提唱されました。差別化と低コストを両立させて価値曲線を維新するためには、図表2-5-4　4つのアクションに示された4つの問を通して考えるとよい。

①　取り除く

業界常識として製品やサービスに備わっている要素のうち、取り除くべきものは何か。他社との比較ばかりに躍起になっていると、買

213

い手にとってもはや無価値、あるいはない方がよいにも関わらず
「提供するのが当然」とみなされているものを取り除く。買い手の
評価するポイントは大きく変わるものですが、買い手のこうした変
化に対応できないどころか、気づきもしないことがよくあります。

　イエローテイルワインでは、ワインづくりの極意や謳い文句
（Catchphrase）を表記したワイン用語や等級表示が書かれたラベ
ルを止めて、黒の背景に鮮やかなオレンジと黄色のオーストラリア
のシンボル、カンガルーをあしらったシンプルでありながら奇抜で
印象的なラベルを使用しました。メディアを使ったマスマーケティ
ング、ヴィンテージという年代物にこだわることも止めました。ま
た、エンターテインメント集団のシルク・ドゥ・ソレイユでは、花
形パフォーマンス、動物によるショー、館内でのグッズ販売、隣接
するいくつもの舞台での同時ショーという、従来のサーカス業界が
力を入れて競争し合ってきたことを全て止めて取り除きました。

②　減らす

業界標準と比べて思い切り減らすべき要素はなにか？　競合他社に
追いつき追い越そうとするあまり、製品やサービスに余計な要素を
盛り込んでいないか、振り返るきっかけとなります。このような状
態に陥った企業は、顧客に奉仕しすぎて、利益が増えないのにコス
トばかりを抱え込んでいます。

　イエローテイルワインでは、ぶどう園の格と伝統、コクや味わい
の深さ、ブドウの種類といったワインマニア向けの要素を減らしま
した。アメリカで最も人気のある、白ワインのシャルドネと赤ワイ
ンのシラーだけに絞りました。また、シルク・ドゥ・ソレイユで
は、笑いとユーモア、危険やスリルといったサービスを少し減らし

ました。難易度の高い技も、ライオンを使った芸よりは危険が少ないといえます。

③ 増やす

業界標準と比べて大胆に増やすべき要素は何か。業界がこれまで顧客に強いてきた不都合をあぶり出し、それを解消するための問です。

　イエローテイルワインでは、デイリーワインの価格より2倍以上の強気の価格を設定しました。シルク・ドゥ・ソレイユでもチケット代をサーカスよりかなり高めに設定し、また、安物のテントを個性あふれる快適性に優れた独自のテントにしました。

④ 創造する

業界でこれまで提供されていない、今後創造すべき要素は何か？買い手に斬新な価値をもたらして新たな需要を生み出し、業界の価格水準を改めるのに役立ちます。

　イエローテイルワインでは、飲みやすさ、選びやすさ、楽しさと冒険を創造しました。従来のワイン業界がこだわってきた、渋みや深みのある味ではなく、味がまろやかでフルーティーな甘さがある味にして、ビールやカクテル飲料と同じように気軽に飲めるものにしました。シルク・ドゥ・ソレイユはテーマ性、洗練された環境、複数の演目、芸術性の高い音楽とダンスといった、これまでのサーカスとは異なる新鮮な要素を創造しました。

　「取り除く」「減らす」を通して、取り除くべき要素、減らすべき要素が何であるかを考えてみると、競合他社よりもコスト面で優

位に立つためのアイディアが浮かんでくるはずです。そして、「増やす」「創造する」を通して買い手にとっての価値を高め、新たな需要を生み出すための知恵を引き出します。これら4つの問を用いると、代替産業からヒントを得ながら買い手に提供する価値内容を改め、これまでにない経験をもたらすと同時に、コストを押し下げることができます。

とりわけ重要なのは、「取り除く」「創造する」という二つのアクションで、これらを通して、既存の競争要因の枠組みにとらわれたまま価値を最大化しようとする発想から抜け出せます。「取り除く」「創造する」というプロセスによって競争要因そのものを刷新して、従来の競争ルールを無効にすることができます。

（8）ＥＲＲＣグリッド(Eliminate-Reduce-Rais-Create grid)

次はＥＲＲＣグリッドという4つのアクションを補う分析方法です。

取り除く	増やす
・ワイン用語や等級表示 ・マスメディアを使ったマーケティング ・熟成	・デイリーワインに対抗 　できる価格
減らす	創造する
・ぶどう園の格と伝統 ・コクや味わいの深さ ・種類	・飲みやすさ ・選びやすさ（小売店支援を含む） ・楽しさと冒険

図表2-5-5　ＥＲＲＣグリッド：イエローテイルの事例

図表2-5-5は先ほどのイエローテイルのＥＲＲＣグリッドです。これと図表2-5-3のイエローテイルの戦略キャンバス及び価値曲線を一緒に見ると、ブルー・オーシャン戦略がより理解できると思います。

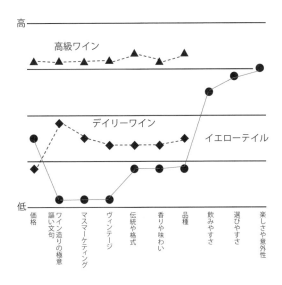

図表2-5-3
イエローテイルの戦略キャンバス

217

カセラ・ワインズは、ビールやカクテル飲料という代替財に目を向け、顧客以外の層に思いをめぐらすことで、飲みやすさ、選びやすさ、楽しさや意外性という三つの要素をアメリカのワイン業界に持ち込み、その他の要素全てを取り除いたり減らしたりしました。それまで多くのアメリカ人がワインを敬遠していたのは、味わいが複雑すぎて堪能できなかったからだ、と悟ったのです。ビールやカクテル飲料の方がはるかに甘味もあり飲みやすかったのです。こうして、従来のワインとはまったく持ち味の違うイエローテイルが生まれ、瞬く間に新規顧客の心をとらえました。イエローテイルは味がまろやかで、ビールやカクテル飲料と同じように気軽に飲め、フルーティーな口当たりで、甘味もあったため後味が残らなく、自然とグラスが進みました。

　ワインに詳しくない人のために少しワインの解説をしますと、「フルボディ」のワインはコクが深く濃厚で力強く、重みや渋みがありますが、このワインを突然飲んでもおいしいと感じない人が大半だと思います。しかし、ワインを毎日飲んでいると、ボジョレーヌーボーの様な「ライトボディ」の飲みやすいワインでは少し物足りなくなり、段々「ミディアムボディ」のもう少し渋みや重厚感のあるワインが美味しく感じて来ます。そして「ミディアムボディ」の渋みや重厚感に慣れてくると、不思議と更に重厚感があり、樽で熟成された香りや深みのある「フルボディ」のワインがものすごく美味しく感じるようになってきます。また、カベルネソーヴィニヨンやメルロー、ピノ・ノワールと言った品種により味も大きく変わるので、一つ一つを丁寧に楽しみたくなります。また、この味わいは大勢の人がいるガヤガヤした所で飲むより、静かな所でくつろいで飲む方がより美味しく感じるような気がします。

この様な飲み物である事から、ワインが長らく競争のポイントとして位置づけてきたのはタンニン、オーク、深み、熟成といった要素で、ぶどう園のクオリティと過去からの遺産、シャトーやワイナリーに脈々と息づく伝統、受賞歴の数々を繰り返し紹介し、ブランド広告に莫大な投資をしていました。販売店にはありとあらゆる種類のワインが並んでいましたが、一般消費者にしてみればどれを選んでよいかわからず、気後れするほどでした。ボトルはどれも同じに見えてしまい、区別がつかない。ラベルには難しい専門用語が書かれていて、専門家や愛好家でもない限り理解できない。しかも選択肢があまりに多い。このため、販売店の店員ですら、商品を十分に知ることも、当惑する客にアドバイスをすることもできませんでした。おびただしい種類のワインの中から選択をせまられると、顧客は疲れて意欲がそがれ、あれこれと考えたあげくに「本当にこれでよいのか」という割り切れない思いにとらわれていました。

　イエローテイルは選びやすさを前面に押し出して、この様な問題をきれいに解決しました。アメリカで最も人気のある白ワインのシャルドネと赤ワインのシラーだけに種類を絞り込みました。ボトルにはワインの専門用語は一切使わず、代わりに黒の背景に鮮やかなオレンジと黄色のカンガルーをあしらったシンプルでありながら奇抜で印象的なラベルを用いました。ワインを入れる箱も同じ鮮やかな色調で、横には大きな「yellow tail」の文字を入れました。この箱は、人目を引く親しみやすい広告の役割も果たしました。また、ワイン業界の伝統を破って、冒険、くつろぎ、楽しさといったオーストラリア流の個性を打ち出し、親しみやすさを前面に押し出して、「オーストラリアの広大な大地の恵み」というキャッチフレーズを使いました。ぶどう園についての情報はボトルのどこにも

記されておらず、まさにオーストラリアからやってきたカンガルーのようなワインとして売り出しました。

　いざ販売してみると、イエローテイルはアルコール消費者の実に幅広い層にアピールでき、低価格ワインの2倍以上の価格ながら、アメリカではフランス産、イタリア産を押しのけて最も輸入量の多いワイン・ブランドの地位を手にいれました。

　次に図表2-5-6のシルク・ドゥ・ソレイユのＥＲＲＣグリッドを見てみましょう。ここからも、ＥＲＲＣグリッドをどう活かせばよいのか、そこから何が変わるのかがはっきりしてきます。

　業界が長らく競争のよりどころとしてきた要素のうち、いかに多くを取り除いたり、減らしたりできるかという点です。シルク・ドゥ・ソレイユの場合には、花形パフォーマー、動物によるショー、隣接するいくつもの舞台での同時ショーを取り除きました。これらは皆、従来のサーカス業界では当然とみなされ、続ける意味があるのかどうか誰も問い直そうともしない事柄でした。しかし、動物をショーに使うことには風当たりが強まっていて、その上動物ショーはコストがかさみました。動物の購入費用だけでなく、訓練、医療、飼育、保険、輸送などにそれぞれ高いコストがかかっていました。花形のパフォーマーについても同じことがいえ、サーカス業界は花形を引き抜こうと躍起になっていましたが、映画スターとは違い、観客の関心は薄かったため、コストの割に観客のハートをつかむ力はありませんでした。隣接した複数の舞台での同時ショーも、観客はめまぐるしく視線を移さなくてはならず、観客をとまどわせたばかりか、大勢のパフォーマーが必要なためコストを押し上げていました。

取り除く	増やす
・花形パフォーマンス	・チケット代
・動物によるショー	・個性あふれる独自のテント
・館内でのグッズ販売	
・隣接するいくつもの舞台での同時ショー	
減らす	創造する
・笑いとユーモア	・テーマ性
・危険やスリル	・洗練された環境
	・複数の演目
	・芸術性の高い音楽とダンス

図表2-5-6　ERRCグリッド：シルク・ドゥ・ソレイユの事例

　ＥＲＲＣグリッドを作成しようとすると、業界での競争要因すべてについて詳しく調べるため、無意識の思い込みに気づく機会が生まれます。また、あらゆる階層のマネジャーにとって理解しやすいため、非常に便利なツールといえます。また、このＥＲＲＣグリッドに基づき、戦略キャンバスと価値曲線を描くと、ブルー・オーシャン戦略の具体的な案が考えられるようになります。参考までに図表2-5-7でシルク・ドゥ・ソレイユの戦略キャンバスと価値曲線を示しておきましょう。

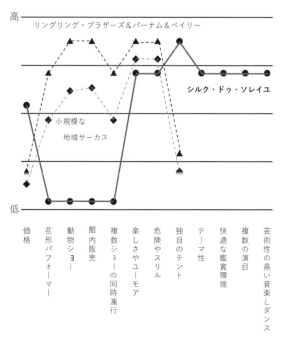

高 ―――――――――――――――――――――

リングリング・ブラザーズ&バーナム&ベイリー

小規模な
地域サーカス

シルク・ドゥ・ソレイユ

低 ―――――――――――――――――――――

価格
花形パフォーマー
動物ショー
館内販売
複数ショーの同時進行
楽しさやユーモア
危険やスリル
独自のテント
テーマ性
快適な鑑賞環境
複数の演目
芸術性の高い音楽とダンス

図表2-5-7　シルク・ドゥ・ソレイユの戦略キャンパス

（9）優れた戦略に共通する三つの特徴

　イエローテイルもシルク・ドゥ・ソレイユと同じように、独自の
卓越した価値曲線を実現してブルー・オーシャンへの扉を開きまし
た。優れたブルー・オーシャン戦略の価値曲線には、①メリハリ、
②高い独自性、③訴求力のあるキャッチフレーズ、という三つの特
徴があります。こうした特徴に欠いた戦略は、月並みでパンチが
弱く、伝えにくいうえ高コストとなります。新しい価値曲線を描く
ために4つのアクションをとり、①から③の特徴を備えた戦略プロ
フィールを実現できたかどうかが、ブルー・オーシャン構想が商業
ベースで成り立つかどうかの最初の判断基準となります。

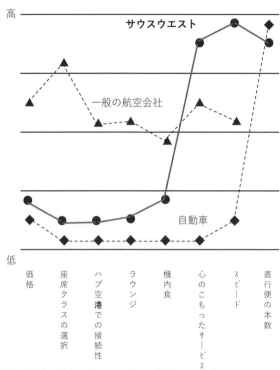

高

サウスウエスト

一般の航空会社

自動車

低

価格

座席クラスの選択

ハブ空**港**での接続性

ラウンジ

機内食

心のこもったサービス

スピード

直行便の本数

図表2-5-8　サウスウエスト航空の戦略キャンバス

　図表2-5-8　サウスウエスト航空の戦略キャンバスを見てください。マイケル・ポーターの競争戦略でやりました、完全競争マーケットに位置する国内航空業界の中でも、サウスウエスト航空はブルー・オーシャンの扉を切り開くことに成功しました。
顧客は従来、航空機のスピードと自動車の経済性や融通の利きやすさを選んでどちらを利用するかを決めていました。サウスウエスト航空は両者の利点を兼ね備えたサービスを実現して、ブルー・オーシャンを切り開きました。具体的には、多くの人々にとって手の届きやすい運賃で、便数の多い融通の利くフライトを提供したので

す。伝統的な航空業界の競争要因について、取り除く、減らす、増やすというアクションをとったほか、自動車による移動という代替手段に対抗して一部の競争要因を創造して、空の旅をする人々にかつてない効用をもたらし、コストを抑えながら価値を著しく高めました。この価値曲線には、前述の①メリハリ、②高い独自性、③訴求力のあるキャッチスレーズがはっきりと見えます。

①　メリハリ

優れた戦略には必ずメリハリがあり、それは戦略プロフィールや価値曲線にも鮮明に表れます。サウスウエスト航空の戦略キャンバスを見ると、一般の航空会社が一生懸命競争している座席クラスの選択、ハブ空港での接続性、ラウンジや機内食のコストをかけるのを止めて、心のこもった親しみやすいサービス、スピード、2地点間の頻繁なフライトの3点だけに絞って力を入れていることがわかります。ERRCグリッドの取り除く、減らす事をしっかりとやったので、自動車での移動と張り合う水準まで運賃を抑制できました。対照的に既存の航空会社は全ての競争要因に力を入れているので、サウスウエストの低賃料には太刀打ちできません。

②　高い独自性

競争他社に負けまいとして受け身で戦略を立てると、独自性が失われていきます。例えば機内食やラウンジで一生懸命差別化を図り、他社を打ち負かそうとしても、他社の動きに対応して立てた戦略は、他の航空会社の価値曲線とほぼ重なり合ったものとなり、ほとんど同一のものとなります。

これに対して、ブルー・オーシャン戦略の価値曲線は必ず独自の

形状を示します。取り除く、減らす、増やす、創造する、という4つのアクションを実践して、業界標準とは違った戦略プロフィール築くことが大切です。ちなみに、サウスウエスト航空は、他社がハブ空港との接続に一生懸命力を入れているのに対し、中規模都市同士を結ぶ直行便を飛ばすことに力をいれました。

③　訴求力のあるキャッチフレーズ

　明快で人々の心に強く訴えかけるメッセージも優れた戦略には欠かせません。従来型の航空会社のように機内食、座席クラス、ラウンジ、ハブ経由の路線、横並びのサービスを一通り揃えてはいるが、フライト効率が悪く、運賃が高めときては、どれほど腕の良い広告会社でも記憶に残るキャッチフレーズをひねり出すのは至難の業といえますが、高い独自性があれば明快にメッセージを伝えるキャッシフレーズが作れるものと思われます。

　4つのアクションを考え、ＥＲＲＣグリッドを書いてみて、メリハリ、高い独自性、訴求力のあるキャッチフレーズがあるかを検証していけば、ブルー・オーシャン戦略の構想が見えてくるはずです。会社全体でブルー・オーシャン戦略を見いだせれば一番よいのですが、会社の一部門でブルー・オーシャン事業を見出し、「金のなる木」を創るだけでも絶大な効果を生むものと考えられます。組織の中で頭角を現わすためにも、皆さんも具体的に会社の中の仕事や業務を見直して、ブルー・オーシャン戦略を考えてみましょう。

6．モチベーション (Motivation)

　学生時代に読んだ「組織の行動科学＜有斐閣選書＞」（有斐閣　昭和56年8月30日初版第1刷発行）の西田耕三教授・若林満・岡田和秀編著に、組織は自動車と同様に、ハンドルとエンジンを持っている。意思決定は　―特に非定型的・戦略的な意思決定　―ハンドルであり、モチベーション（原書はモティベーションと表記）はエンジンである。かくして意思決定とモチベーションとは、組織にとって不可欠なものである。ハンドルだけでは組織は動かない。他方、エンジンだけでも、組織はどこへ行くべきかわからない、と説されており、実に簡潔明瞭でわかりやすいと感激した記憶があります。ハンドルである意思決定、特に戦略的意思決定については前節まで紹介を進めてきましたので、今度はエンジンであるモチベーションについて紹介していきましょう。

　モチベーションの研究は組織における人間行動の効果を問題とする場合、避けて通ることができない課題の一つといえます。E.Eローラーはこの問題を、Performance ＝ f(Ability × Motivation) という方程式で説明しています。これは、組織における個人の「職務業績」（Performance）は、その人の「能力」（Ability）と「動機づけ」（Motivation)水準を掛け合わせたものになるという意味です。

　つまり、いくら能力があってもモチベーションが活性化されなければ、高度の職務業績は挙げられない。しかし、能力はそれほどでなくとも、高いモチベーションを獲得した場合、業績水準を大いに高める事ができる、というものです。もし、諸個人の能力に一定の限界があり、組織がそのような人を長期にわたって雇用し続けねばならないとした場合、仕事へのモチベーションのあり方が、個人と組織の両者にとって決定的な重要性を持ってくるとしてモチベー

ションの重要性を説いています。

　組織でのモチベーションの要因としてわかりやすいものとしては、やはり経済的な報酬といえます。賃金や賞与のような経済的報酬は、多ければ多いほど仕事への意欲が強くなると考えられます。しかし、テイラーの科学的管理法において、作業者に作業順序、方法、使用工具、所要時間にいたるまでの課業を設定し、作業者にこの課業を達成させるための差別出来高制を導入しましたが、このモチベーションのやり方は作業者からは歓迎されず、一般に普及しませんでした。なお、経済的報酬のようなわかりやすいものでなくても、昇進・昇格といったような地位や同僚からの賞賛という、心理的満足感や無形の内的報酬も人によっては報酬になるという考え方もあります。

　次に、職場における人間関係もモチベーションの要因となります。職場におけるフォーマルな組織があると、そこには気の合った人達が作るインフォーマルな組織が出来上がります。個人はむしろインフォーマルな組織に動機づけられて行動することがあります。孤立状態にあるよりも同僚と良好な関係にある方が心理的に安定した状態を保つことができるので、職場の人間関係のあり方が仕事への意欲につながる事があります。

　ちなみに当社ではネパールの方がたくさんいますが、ネパールの皆さんは大のパーティー好きです。自宅近隣ではもちろん、職場の近くのネパール料

理店でも大勢の仲間が集まり、きれいな民族衣装を着てみんなで
ダンスをするのが大好きです。職場内や職場を超えたインフォー
マル組織がかなり強固であり、そのインフォーマル組織と良好な
関係を持つことが職場スタッフのモチベーション維持にもつな
がっています。

　なお、経営学の教科書に出て来ることはありませんが、実際の組
織ではどこに行っても必ずといっていいくらい発生する、人間関係
を悪化させる行為が「挨拶をしない」「挨拶をしてくれない」と
いった内容です。挨拶をしているのに、相手が挨拶をしないといっ
て職場にストレスを感じているという相談は、過去40年の間に何
十回もありました。挨拶をしているのに、相手が挨拶をしないとい
う行為は職場の人間関係をすぐに悪くし、モチベーションを下げて
しまいます。

　挨拶をしない本人は、何かに集中していたりすると、挨拶をされ
ても気づいていない事が多いのですが、挨拶をしている人にとって
は許せない行為なのです。この場合は、「〜さん、おはようござい
ます」と名前を呼んで挨拶をするように指導します。自分の名前を
呼ばれて挨拶された場合、それに返事をしない人は、さすがにほと
んどいませんでした。

　結果としてこの名前を呼んで挨拶をすることで、問題は簡単に解
決するケースが大半です。実にたわいもない話しですが、挨拶一つ
で職場の人間関係が悪化し、それによりモチベーションを下げるこ
とは間違いない事といえます。

　人間関係に関するもう一つのモチベーションの要因は、管理者の
リーダーシップです。管理者が部下に対してどのようなリーダー
シップをとるかによって、部下のモチベーションは大きく左右され

ます。日頃より適切な指示を出してくれ、相談事項にも的確なアドバイスをくれ頼りになる上司であれば、部下のモチベーションも上がります。一方、何を聞いても明確な回答がない、あるいは、他の部署に聞いてみたらというだけで何も動いてくれない上司。報告していた事項が問題となり会議で問い詰められた際に、一切助け舟を出してくれない上司。日頃より厳しい事を言っているのに、自分ではまもらない、人に厳しく自分に甘い上司であれば、段々と部下の心が離れていき、部下のモチベーションも低下していきます。リーダーの組織における態度や行動が、その組織の意欲、能率を左右します。

　組織成員の行動はこの様なさまざまのモチベーション要員に基づいています。組織における人間の具体的行動の因果法則が行動科学的分析により明らかにされ、組織成員に対する人間観が修正され、新しいモチベーションの方策も考案されるようになってきました。続いては、モチベーションのビジネス知識として、知っておくべき人間関係論の研究を徳重宏一郎教授著「経営管理要論」（発行所（株）同文館　1994年5月20日改訂版1刷発行）を参考に紹介していきましょう。

（1）ホーソン実験

　ホーソン実験とは、アメリカの大手電話機製造会社、ウェスタン・エレクトリック社のホーソン工場において、E.メイヨーとF.Jレスリスバーガーという2人のハーバード大学教授を中心にして行われた一連の実験のことをいいます。初期の人間関係論はこの実験により確立されたと言われています。

①　照明実験

この実験は照明の質と量が作業者の能率にいかなる影響を及ぼすか

を知るための実験でした。同じ作業を行う作業者を、照明を変化さ
せる実験グループと、照明を一定にしておく統制グループとに分け
て、両者の生産高を比較することで、照明の変化が作業能率にどの
ような影響を及ぼすのかを測定しました。

　照明を明るくすると予想通り生産高は上昇しましたが、照明を変
化させない統制グループでも同様の生産高の上昇がみられました。
ところが、次に照明を暗くしていくと、予想に反して能率が上昇し
続けました。また、実際には照明を一定にしたままであるにもかか
わらず、作業者に明るくなると信じ込ませた場合には、彼らは満足
を表し、暗くなると信じ込ませると照明が乏しいという不満をこぼ
しましたが、生産高には影響が見られませんでした。こうした実験
が2年半にもわたって実施されましたが、結局照明の変化と能率と
の間には有意な関係を見出すことができませんでした。つまり、作
業における物理的環境の変化と作業者の反応との間に単純な因果関
係があるとする、作業者の行動に対する観念こそが誤っているので
はないか、という認識を持ち始めました。

②　継電器組立実験

　照明実験では、作業環境の中から照明という単純な物理的条件の
みを扱ってきましたが、この実験では、作業能率を大きく左右する
と考えられる作業時間、休憩時間を取り上げ、それが生産高にどの
ような効果を及ぼすのかを明らかにする実験でした。

　図表2-6-1からもわかるように、期間が経過するのにつれて、生
産高が次第に上がっていきました。途中で休憩を5分取る様にした
り、15分取る様にしたり、また、土曜日休日にしたりした後でそ
れらを止めても生産高は上昇したのです。

期	期間 (週)	導入した変化	1人当たり 生産高
I	2	平常の職場における記録、休憩なし。	2,000個
II	5	実験室に入れる。休憩なし。	
III	8	集団出来高賃金、休憩なし。	2,500
IV	5	午前、午後5分ずつ休憩。	
V	4	同10分ずつ休憩。	2,500
VI	4	5分ずつ休憩を6回。	
VII	11	午前15分の休憩と軽食、午後10分の休憩。	2,600
VIII	7	そのほかに終業時間を30分繰上げ。	
IX	4	終業時間をさらに30分繰上げ。	
X	12	終業時間の繰上げ廃止。第VII期と同じ。	2,800
XI	9	第VII期と同じだが土曜日休業。	
XII	12	第III期と同じ。すなわち休憩、軽食、時間短縮全廃。	2,900
XIII	31	第VII期と同じ。すなわち休憩、飲物。	3,000

図表2-6-1　継電器組立実験の条件変化

　つまり、高い生産性の原因は、作業条件の変化ではなく、職場の状況が大きく影響していることがわかりました。実験室では作業を行う女工達はお互いに親密となり、また、快適な作業環境のなかで、会社の重要な実験に携わっているという誇りを持っていました。研究者たちは、彼女たちの協力を得るために、導入する条件についてしばしば彼女等の意見を取り入れ、また、話合いの場に重役室が用いられました。

　実験を円滑に行うために取られた今までにないこうした監督方法は、彼女達にとっては作業条件の変化よりも大きな意味を持ち、生産能率の向上をもたらす原因となったことがわかりました。

③　バンク配線実験

　職場に形成される集団の感情は、個人の行動にどのような力を及ぼすかを究明するために行われたのがバンク配線実験です。これは、配線工9名、ハンダ3名、検査工2名という職種の異なる14名を、監督者を置かない実験室に入れ、集団奨励給制度のもとで交換器配線の作業を行ったものです。

　実験室には、次のような集団の共通感情が働いていたそうです。

a.　あまり仕事に一生懸命になるな。

b.　あまり仕事を怠けるな。

c.　仲間に迷惑となることを上司に告げ口するな。

d.　あまり他人におせっかいをするな。

　作業者は自然発生した共通感情を行動基準として仕事を行っていました。例えば、集団奨励給制度が導入されているにも関わらず、能率を上げようとはしないで、つねにインフォーマルに定められた生産高を維持するようにしていました。また、検査工がいるにも関わらず、いつもある程度の不良品が発生しました。更に個人の生産高は知能や技能に関係なく、集団のインフォーマルな地位を反映していました。集団の共通感情はこうした統制力を持ち、成員は会社の意向よりもインフォーマルの共通感情に従って行動することにより社会的承認を受け、むしろ満足を獲得していることが明らかになりました。

　ホーソン実験の結果は、実験に携わったメイヨー、レスリスバーガー、ホワイトヘッド等によって、それぞれの視点から体系化、理論化され、一般に人間関係論と呼ばれ、それまでの経営管理に大きな

転換をもたらせました。インフォーマル組織の発見とその機能の解明は、従来の厳しい監督と金銭的刺激を中心としていたそれまでのモチベーション方法よりも、心理的・社会的存在としての人間的側面に重点を置いた考え方がより重要であることを教えてくれました。

　インフォーマル組織というのは、共通の感情に基づいて自然発生的に形成される組織であり、フォーマルな関係以外の側面を持っています。成員は、仕事を超えて相互に親密な関係を結び、彼らに共通する規範、日常行動の型、思考方法を持ち、それによって思考し、行動するようになるという事です。インフォーマル組織に帰属することで社会的満足や心理的安定感を得る事ができ、組織の中で孤立することなく、仲間と良好な人間関係が築くことができます。

ホーソン実験の継電器組立実験では、インフォーマル組織とフォーマル組織が上手く調和して、女性工員の間に「協働しようという意欲」が生まれ常に高い生産性を維持できました。一方、バンク配線実験では、インフォーマル組織とフォーマル組織は対立的であり、工員達は彼らが暗黙裡に定めた正規より低い生産性を上回ろうとはしませんでした。つまり、フォーマル組織のあるところにはインフォーマル組織が必然的に発生し、そのインフォーマル組織に個人はむしろ動機づけられているといえます。外国人スタッフが多く相互依存的に仕事を遂行する傾向が強い職場では、職場の人間関係のあり方やインフォーマル組織へのモチベーションの働きがけが、

個々人の仕事への意欲や能率に大きく影響するので、インフォーマル組織とのコミュニケーションの取り方が重要であるといえます。

（2）A.H.マズローの欲求5段階説

　人間関係論では、職場の人間関係における満足が従業員のモラールを高め、高い生産性を上げると仮定されましたが、実際には人間関係が極めて良好でスタッフの協力的態度が見られるにも関わらず能率が向上しない場合や、その逆で、人間関係はそれほど良好ではないが、高い能率を達成している場合があります。

　前者は職場の上司も同僚も皆よい人であるが、仕事が面白くないので興味が湧かない場合です。後者は、職場の人とはあまり気が合わないが、仕事が面白いので充実感を持つことができる場合です。この様に人間関係論では説明できない人間行動が現われるようになってくると、今度は人間関係論が仮定しているように、果たして人的環境が人間のモチベーションになりうるのかという議論になりました。こうした問題に対する解答の手がかりを与えてくれたのがマズローの欲求階層理論です。

　マズローによると、人間の欲求の階層は基本的には低次から高次にかけて図表2-6-2のように、5つによって構成されています。

(図表2-6-2　マズロー欲求5段階説)

1 生理的欲求（Physiological needs）

食物、水、睡眠に対する欲求のように、人間の生存にかかわる本能的欲求を言います。一番初めの頃の留学生は、みんな食べ物を買うお金がないので、とにかく仕事をさせてくれ、という必死そうな学生ばかりでしたが、最近の留学生は意外とゆとりがあるようにもみえます。この欲求が満たされるとより高次の欲求が出現します。

2 安全欲求（Safety needs）

安全ないしは安定した状態を求め、危険や恐怖を回避したいという欲求をいいます。仕事は何でもよいので、とにかくビザの取得を希望して就職面接にくる留学生がこの階層といえます。この階層の人はビザが取得できたとたんに、会社を辞めると言ってくるケースの人が多く、採用には注意が必要ともいえます。

3 所属と愛情欲求（Belongingness and love needs）

社会的欲求ともいいますが、他者と愛情に満ちた関係を持ちたいという欲求で、人間社会においては、何かのグループに所属して愛情を与えたり受けたりしたいという欲求のことを言います。前述したインフォーマル組織への参加はこの階層の欲求を満たしてくれるものといえます。

4 自己欲求（尊厳の欲求）（Esteem needs）

自尊心に関する欲求で、一つには世の中における威力、達成、正当性、熟練、能力、自信あるいは自律、自由といった自己を確立したいという欲求であり、二つには名声、地位、賞賛、栄光、注目、承認といった他人からの尊敬を受けたいという欲求です。この階層を望む人には、もはや所属と愛の欲求は魅力的なモチベーションの要因にはなりません。

5 自己実現の欲求（Needs for self-actualization）

自己に適したもの、自己の潜在的にもっているものを実現したいという欲求、より自分自身であろうとする欲求です。

　これらの欲求は一つが完全に満たされて、はじめて次の欲求が起こるというのではなく、それぞれの欲求が部分的に満たされていますが、低次の欲求に比べて高次の欲求は満たされている度合が相対的に小さいので、人間はつねにより高次の欲求によって動機づけられます。

　マズローの欲求階層に照らしてみると、ホーソン実験は、所属と愛の欲求（Belongingness and love needs）を希求する人間の側面

から、組織成員の行動を解明したものといえます。しかし、所属と愛情欲求は、生理的欲求（Physiological needs）、安全欲求（Safety needs）が相対的に満たされた人間にとっては魅力的な動機となりますが、より高次の自己欲求（尊厳の欲求）（Esteem needs）や自己実現の欲求（Needs for self-actualization）を希求する人間にとっては、もはや動機づけ（モチベーション）の要因とはなりえません。なぜなら、人間の欲求行動は満足によって持続するのではなく、満足によって次のより上位の欲求に向かって行動しようとするものだからである、としています。

（3）「欲求5段階説」を仕事に活かす

　就労ビザを取得した人の家族は、家族滞在のビザとなります。外国人スタッフがたくさんいる現場のアルバイトの多くは、この家族滞在のビザか留学生です。現場の店長や担当マネジャーさんが、本社で決まったルールをやらせようとして、何回も繰り返し朝礼で注意していますが、人数が多いと全然徹底できずに、いつも頭を抱えています。この様な時は欲求5段階説を頭に入れて対策を講じる事が有効です。

　ホテル客室清掃現場の例を取って考えてみましょう。学生アルバイトは、生理的欲求や安全欲求がまだ満たされていないので、より給料が高い仕事に魅力を感じています。数か月経ち日本語が少し理解できるようになると、もっと給料がもらえる職場でのアルバイトが可能となり、そちらに転職となるケースが多いといえます。

　したがって、折角一生懸命仕事を教えても、短期間でいなくなる可能性が高いため注意が必要です。なお、出来高払制とし稼げるようにして長期に働いてもらうことも可能だと思いますが、熟

練度がないため、清掃品質を落とすことになるのでお勧めはできません。一般業務より少し特別な業務をしてもらい、時給を高くする方法が取れる場合には、そのような仕事を割り当てるのも良いといえます。

　家族滞在ビザの方は、生理的欲求や安全欲求が満たされつつあり、所属と愛の欲求に魅力を感じている方が多いといえます。中には生理的欲求がまだ十分に満たされていない方もいて、出来高払制で稼げる仕事に魅力を感じているという方もいますが、そのうち生理的欲求が満たされて安全性欲求が芽生えてくると、出来高払制より安定的に収入が入る仕事に魅力を感じるようになります。そして生理的欲求や安全性欲求が満たされてくると、今度は所属と愛情欲求が優先されてきて、出来高払制や安定的収入よりみんなと仲良く同じ様に働きたい、という欲求に魅力を感じてきます。

　この様な層には、ホーソン実験でみたようなインフォーマル組織が影響力を持ってきます。この場合、フォーマル組織の指揮、命令をなかなか聞いてくれないと言ったような事が出て来ます。管理者が一生懸命みんなに高次の自己欲求（尊厳欲求）を唱え、目標を達成しましょうとか、1位になりましょうと言っても、ほとんどの人がうなずいているだけで、全然心に響いていないというのが現状です。つまり、所属と愛の欲求を求めている人に、より高次の自己欲求（尊厳欲求）を唱えても、ほとんど意味がないという事です。

　この様な場合は、管理者はインフォーマル組織との距離を縮める努力が大切です。例えばベトナム人の管理者がネパール人の集団を上手くコントロールしていくのは大変ですが、ネパール人のインフォーマル組織とお酒を飲み、一緒に踊れば親交を深められます。もちろんその逆も同じです。インフォーマル組織のリーダー達は所

属と愛の欲求が満たされており、より高次の自己欲求（尊厳欲求）が芽生えている人も多く、このリーダー達に、会社がやろうとしている事の意味をしっかりと説明して、協力を求めていけば、インフォーマル組織のリーダーがメンバーを動かし、動かなかった組織が動き始めます。このことは国籍には関係ない事ですが、管理者がインフォーマル組織と親しくなり、そのリーダー達を自分の良き理解者にする事が、組織を動かすコツともいえます。新型コロナが騒がれなくなった後でも、以前よりお酒を飲みにいく機会も減ったかもしれませんが、お酒や食事を一緒にして、日頃よりこまめにコミュニケーションを取っている管理者は、昔も今も組織を動かすのが上手い人が多いのは間違いありません。

　人材が育って来ると、自己欲求（尊厳の欲求）（Esteem needs）や自己実現の欲求（Needs for self-actualization）を希求する人が出て来ます。大企業の場合は、適材適所で他部署への転属によりある程度この欲求を満たす事が可能です。しかし、中小企業の場合は、大企業の様に転属する場所がないので、優秀な人材が流失してしまう場合がよくあります。当社ではこの様な場合は、その人がより能力を発揮でき、欲求を満たせるような部署を作って対応してきました。

　例えば、清掃の熟練者ですが現場に飽きた人がいれば、本社に清掃の技術指導を行う指導チームを作って、そのチームのリーダーとして登用します。肉体労働はだめだけど頭脳労働が得意な人がいれば、システムチームを作って、IT化による生産性向上を考える部署を作ります。パソコン作業が得意ですが、現場が苦手な人には、マニュアル作成チームを作り、パソコン能力を活かせる仕事を作ります。エステに興味がある人がいれば、ホテルサービスの差別化の

フィージビリティスタディとして、エステマッサージ店を開いたこともありました。

　中小企業の強みは組織や業務を新しく作ることが簡単にできることでもあり、より高次の欲求を求めている人に対して、細目に対応してあげることで人材流失を減らす事ができます。最近では、自己実現を求めるメンバーも増えてきており、経営管理者としての教育を行い、経営管理者や将来経営者になれる人材育成に努めている所です。

　マズローは、ある一定の時間と空間のもとで、人は複数の欲求によって同時に動機づけられることはなく、必ず単一のもっとも優勢な欲求に支配されて行動すると言っています。これを欲求の活性化における「優勢」の原則と呼んでいます。人間における欲求変化の過程は、低次から高次へ向けて段階的移行するものであり、階層の飛び越しや複数欲求の共存はないと言っています。2～3年前に成功したやり方がいつまでも上手くいくとは限りません。メンバーの欲求レベルが上がってくるからです。つまり、この欲求5段階説を理解してモチベーションを考えていけば、組織メンバーをより上手くコントロールできますので、ビジネスパーソンの基本的なビジネス知識として覚えておきましょう。

（4）ダグラス・マグレガー「企業の人間的側面」
(The human side of enterprise)

　経営管理を実際に行うに当たって、マズローの欲求5段階説をより仕事に結びつけたモチベーション論として展開したのが、マグレガー（D .McGregor）のＸ理論・Ｙ理論です。Ｘ理論・Ｙ理論はビジネスパーソンとして知っておくべきビジネス知識の一つなので、ダグラス・マグレガー著「新版　企業の人間的側面」（高橋達男訳　発行所　学校法人産業能率大学出版部昭和55年7月30日　新訳30版）を紹介していきましょう。

①Ｘ理論＝命令統制に関する伝統的見解
　経営組織における人の性質・行動に関して、たいていの組織に関する文献や経営政策・施策で暗黙のうちに了解されているものが次にあげるものだとしています。

A. 普通の人間は生来仕事がきらいで、できる事なら仕事はしたくないと思っている。この考えはずいぶんと根深い。経営者が生産性を強調し「1日の適正労働量」という考えを持ち出すのも、水増し雇用や生産規制は悪いことだというのも、業績を上げれば報奨金を与えると強調するのも、みんな経営者は心の底では、人間が生まれながらにして仕事がきらいであるという考え方を持っているからである。

B. この仕事は嫌いだという人間の特性があるために、たいていの人間は、強制されたり、統制されたり、命令されたり、処罰するぞとおどされたりしなければ、企業目標を達成するために十分な力を出さないものであ

る。仕事が嫌いだという特性は非常に強いので、褒美（reward）をやると
いっても普通はなかなかこの特性に勝てないものである。褒美は受取る
が段々高いものを要求するようになり、そのうち褒美だけでは効き目が
なくなってしまう。罰するぞと脅しをかけて初めて目的を達するという
始末である。

C. 普通の人間は命令される方が好きで、責任を回避したがり、あまり野心
（Ambition）を持たず、なによりもまず安全を望んでいるものである。

　この「大衆は凡庸（Ordinary）」という考え方は、あまりはっき
り口にされることはない。しかし大多数の経営者はひそかに「大衆
は凡庸」という考え方を指示しているし、その施策や実行面にこの
考え方が反映している。

　マクレガーはこの様な考え方をX理論と名付けました。組織成員
をこの様な前提で捉えるならば、彼等を目標達成に向かわせるため
には、権限による統制しかありえないとしています。しかし、ここ
で欲求階層理論の視点から、権限による統制に頼らなくても、組織
成員は欲求階層のなかで上昇的に動機づけられ、意欲的に行動する
はずであるとしています。なお、欲求階層については次の様に説明
しています。

　人の欲求には幾つかの階層がある。次元は最低だが満たされな
いとなると非常に困るには「生理的欲求」である。パンがないと
なれば人はパンだけを求めて生きるものだ。しばらく何も食べて
いない時は、異常な場合でもなければ、恋をしたいとか、地位を
求めるとか、認められたいという欲求は起こらないものである。
しかし、きちんと十分食べていれば、空腹というのはもはや大し

た欲求ではなくなる。同じことがほかの生理的欲求についてもいえる。休みたい、運動したい、雨水をさけると言ったことはみんなこれである。

　生理的欲求が適当に満たされれば、その次の次元の欲求が人の行動を支配し始める。つまり、やる気を起こす原動力となる。こういったものに、危険や脅迫・はく奪から身を守ろうとする「安全に対する欲求」がある。企業の従業員はだれもが、たとえわずかでもお互いに持ちつ持たれつの関係にあるのだから、実際に安全に対する欲求はかなり重要だということは強調するまでもない。経営者のわがままなやり方、雇用関係に不安をいだかせるような行動、あるいはまた、えこひいきしたり差別待遇をしたり、とてつもない経営方針をとったりすれば、下は職工から上は副社長まですべての者が雇用の安全を求める欲求にかりたてられることになろう。

　生理的欲求や安全に対する欲求が満たされると、「社会的欲求」がやる気を起こす重要な原動力となる。例えば、帰属したいという欲求とか、集団をつくりたいという欲求、同僚から受け入れられたいという欲求、友情や愛情を交換したいという欲求がこれである。しっかりと結ばれた団結力のある作業集団は、条件さえよければ、同人数の1人一人ばらばらな人たちがやるのに比べて、はるかに能率的に企業目標を達成するのである。しかしなお経営者は、集団が企業目標に反感をいだくことを恐れて、わざわざ人間の自然な「集団性」に反するようなやり方で部下に対し指揮命令をしているのをよく見かける。社会的欲求はこのようにして満たされないとなると、企業目標に反する方向に働くことになり、反抗的・敵対的・非協調的になる。

この社会的欲求の上に（低い次元の欲求がそれなりに満たされた後でなければ、通常は人を動かす力とはならないという意味で）経営者にとっても、誰にとっても一番重要な欲求がある。それは「自我の欲求」であって、これには2種類がある。

1. 自らを重んじる心に関するもので、自尊心と自信を持ちたいという欲求、自治の欲求、完成の欲求、能力を伸ばしたい欲求、知識欲などがこれであろ。

2. 自己の評判に関するもので、地位に対する欲求、認められたいという欲求、正しく評価されたいという欲求、同僚からしかるべき尊敬を得たいという欲求などがこれである。

　これらの欲求は、生理的欲求・安全に対する欲求・社会的欲求がそれなりに満たされるまでは、普通はたいして問題にはならないものである。世間一般の企業では、低い階層の従業員が自我の欲求を満たすということは、ほんのまれにしかないことだ。そこで、在来の組織作りのやり方では、特に大量生産の会社の場合にそうだが、従業員のこの気持ちにほとんど注意を払っていない。
　最後に（いわば欲求の階層の頂点をなす）自己実現の欲求がある。これは自分自身の能力を発揮したいという欲求であり、自己啓発を続けたいという欲求であり、広い意味で創造的でありたいという欲求である。
　「アメとムチ」で従業員にやる気を起こそうとする理論はX理論につきものであるが、かなり上手くいく場合もある。しかし、「アメとムチ」の理論は、一応の生活水準に達し、生理的欲求、安全に対

する欲求より高い次元の欲求がやる気を起こす原動力となった時には全く効き目がなくなってしまう。「アメとムチ」では経営者は社員に、自尊心を植え付けてあげることも、同僚から尊敬されるようにしてあげることも、自己実現の欲求を満足させてあげることもできないのである、と説明しています。

②Ｙ理論＝従業員個々人の目標と企業目標との統合
　いろんな専門分野で人間行動に関する知識が蓄積され、たくさんの原則がわかり、人事管理に関する新理論が生まれてきました。マグレガーはこれを「Ｙ理論」と称するとしました。

　　A.仕事で心身を使うのは当たり前のことであり、遊びや休憩の場合と変わりはない。
　　普通の人間は生来仕事が嫌いだということはない。条件次第で仕事は満足感の源にもなり、逆に懲罰の源とも受け取れる（できることなら避けようとする）。

　　B.外から統制したり脅かしたりすることだけが、企業目標達成に努力させる手段ではない。人は自分が進んで身を委ねた目標のためには自ら自分にムチ打って働くものである。

　　C.献身的に目標達成につくすかどうかは、それを達成して得る報酬次第である。
　　報酬の最も重要なものは自我の欲求や自己実現の欲求の満足という報酬であるが、企業目標に向かって努力すれば直ちにこの最も重要な報酬にありつけることになりうるのである。

D.普通の人間は、条件次第では責任を引き受けるばかりか、自ら進んで責任を取ろうとする。

責任回避、野心のなさ、安全第一というのは、たいていは体験に基づいてそうなるのであって人間本来の性質ではない。

E.企業内の問題を解決しようと比較的高度の想像力を駆使し、手練をつくし、創意工夫をこらす能力は、たいていの人に備わっているものであり、一部の人だけのものではない。

F.現代の企業においては、日常、従業員の知的能力はほんの一部しか生かされていない。

X理論とは異なり、Y理論は動的であり、人間が成長し発展する可能性があるため、統制には唯一絶対の形はなく、その場その場に即応したやり方を取る必要がある事を強調しています。X理論による組織作りの中心原則は権限行使による命令・統制ですが、Y理論によれば統合の原則ということになります。つまり、従業員が企業の繁栄のために努力することによって各自の目標を「最高」に成し遂げられるような条件を作ることが最も大切であるという事です。マグレガーはその具体的方法として、目標による管理（Management by objectives）を上げています。それは次の4段階によって行われます。

第一段階：主要職務の決定
自分が本当に遂行すべき仕事、責任を負わなければならない仕事

はなんであるかを担当者自身の立場で考え定義する段階です。上司は、より広い視野と知識をもつ経験者としてこれを援助する。

　これだけでは意味がよく分からないので、実際に行われた内容を簡単に紹介しましょう。エバンスという副社長がハリソンという人事部長に人事部長としての業務内容リストを書かせました。このリストに基づき何度も面談を行う中で、エバンス副社長はハリソン人事部長に、会社の実態につき所信を述べ、人事部の正しい役割についての考えを述べました。そしてハリソン人事部長の人事管理に関する考えがあまりに狭すぎること、部下たちは教育と経験を積んでいるのだから、この人たちをもっと上手く使えば、もっといい考えを持つことができるようになると説得しました。ハリソン人事部長は自分の部下達とこの全部の問題について何度か話合いをしました。その結果、ハリソン人事部長は、何が上司のお気に入りかという事を詮索する考えを捨てて、自分の職責を自分自身で考え始めるようになりました。そして、自分の部下を「手」としてではなく、資産とみるようになりました。この様な話合いの中で、ハリソン人事部長の自分自身の職責に対する認識が劇的に変化しました。

　つまり、上司があなたの職務はこれなので、これをやりなさいと指示するやり方では、Y理論における統合を行う事は難しく、上司がコンサルタント的にアドバイスを与えながら、本人に自分が本当にやらなければいけない仕事は何なのかを見出させることが、目標を統合するための第一歩であるとしています。

第二段階：目標の設定
　全社的目標に対して、個々の担当者のレベルでどのような努力をするかについて具体的な計画を立てる段階です。ここでも上司は援

助者の立場であり、部下が個人目標と企業目標の両方を達成できる
ような仕事の計画を立てるよう、また、非現実的な目標を立てない
よう助言し、情報を提供して手助けを行います。

エバンス副社長は、ハリソン人事部長に、何か特定の目標もしくは
目的を、自分自身のためにあるいは人事部のために設定するように
考えてみてはどうかと提案しました。エバンス副社長は、更にこれ
らの目標を達成するにはどんな手段をとろうと思っているのか、そ
の概要を考えるよう命じました。そして最後に、予定期間の終わり
にどの程度目的を達成できたかを知るためにはどんな情報が必要に
なるだろうかという事と、それをどうやって入手するかについて、
よく考えてみるようハリソン人事部長に命じました。

　従来の方法は、目標を上層部が考え出し、これを下部に押し付け
るやり方でした。これは、計画に必要な幅広い知識は上層部にしか
わからないという理屈からきたものです。ある程度までそれは本当
の事といえますが、計画の立て方にも、中央において各部門が何を
やるか細かいところまで決める方法と、中央が望ましい全体的な目
標は、この様なことであると思っていると各部門に言い、各部門は
この目標に対しどんな努力をしたらよいかを決めてくれと頼むやり
方とでは、全く違うものとなります。

　Ｙ理論から導きだされた重要な考え方は、責任を引き受けること
は、目標達成を納得することと相互に関連し合っているという事で
す。目標が上から押し付けられると、おとなしく納得するのが精
いっぱいであり、大半の場合は無関心とか抵抗を生むことになりま
す。部下が会社の目標と個人の目標の両方を達成できるように、自
分の仕事の計画を立てる事に手を貸してあげる、これがＹ理論の目
標設定方法といえます。

第三段階：実行期間

　担当者が、自らの計画を自主的判断に基づいて実行に移す期間である。この間、担当者はさまざまな成功や失敗の経験をし、学習し成長を遂げます。しかし、自己統制を原則とし、上司は部下が援助を求めてこない限り、指導したり介入したりはしない。

　この期間の狙いは、部下の成長、つまり能力の増進、職責と真正面から取り組むこと（自己命令と自己統制）、会社の要求と自身の個人目標を統合する能力を増進する事です。

　この場合、エバンス副社長の関心事は二つでした。一つ目は、会社全体の人事部の機能について正しい考え方をするようになる事。二つ目は、人事管理に関して全階層の管理者に対し指導能力があり、かつ専門的援助をなしうる有力な部を作る事でした。この間ハリソン人事部長の知的視野も広がり、部下を人材として役立てようとしていることも見えてきました。

第四段階：自己評定

　計画期間が終了すると、各計画事項の成果について、担当者自身が自己評価する。上司は、その自己評価の結果を部下と共に検討し、率直に意見を交換し、問題点を明確にして、それを職務内容の理解や次の目標設定に反映できるようにする。

　計画期間が終わり、ハリソン人事部長がエバンス副社長に「結果をいつ頃報告しましょうか」と尋ねたところ、エバンス副社長はこう言いました。「自分が望んでいたのは報告ではなく、ハリソン人事部長が6か月前に設定した目標について何を達成したのかをハリソン自身が評価することで、これは君が次の6か月に対する計画を立てる場合の基礎となるものだ」と答えました。

X理論の「統制による管理」では、従業員は職務記述書に従って割り当てられた目標を上司の監督の下で実行し、結果を上司に報告して評価を受けるというものでした。それに対して、Y理論を適用した「目標による管理」では、従業員個人の意思、判断力、創造力を仕事の上で確認し、実現して満足を獲得していく過程をなしています。ここで上司は部下に対する助言者であると共に、企業目標と個人目標の調整者として、高次な欲求を充足しうる心理的環境や条件の提供者の役割を演じる事が要請されます。

（5）「Y理論」を仕事に活かす

　Y理論を実際に実践していくには、部下との頻繁なコミュニケーションが必要といえます。本社の会議で議論され決まった事を現場のリーダーにLINEして、「明日からこうなります」と指示を出している管理者のチームは、大半の場合上手く組織が機能していません。この場合、管理者になぜチームが決まった事をやっていないのかと聞くと、私は現場のリーダーにはちゃんと指示しましたと答えます。現場のリーダーになぜ決まった事をやらないのかと聞くと、突然LINEで今日からこうしてくださいと言われても、本当にやっていいのか悪いのかも分からず、また「どうして突然ルールが変わったのかも分からないので、とりあえず何もしていません。」という回答が返ってきます。

　また、管理者が各店舗の店長に、「毎日の目標を設定して部下に仕事をやらせる事を考えてください」と言っても、店長は自主的に全然なにもやろうとしません。これもなぜ店長がやらないかというと、どうして毎日の目標を設定する必要があるのか、また、どうやって目標を設定すればよいのかが分からないからです。

管理者がＬＩＮＥや会議上でリーダーに一生懸命指示を出しても、現場のスタッフ達には全く伝わりません。これは現場の店長やインフォーマル組織のリーダーが積極的に発信をしないからです。現場の店長やインフォーマル組織のリーダー達は、すでに「所属と愛情欲求」が満たされており、尊厳の欲求（Esteem needs）に魅力を感じている人が多いといえます。したがって、この人達を動かすにはＸ理論の「統制による管理」ではなく、Ｙ理論に立った「目標による管理」が必要となります。

　つまり、管理者は各リーダーと個別に面談して、会社の考えている事や会社の目標について、各リーダーに面前でしっかりと説明したうえで、各リーダーの意見も聞きながら、会社の目標と個人の目標が一致するようにアドバイスをしていくことが大切です。決まった事だけをＬＩＮＥで指示しても、現場は誰も動かないのです。まずはリーダーにその必要性を理解してもらい、自らの目標設定を考えてもらうと共に、個々の担当者にも十分にその必要性について理解してもらうようにリーダーからしっかりと説明をしてもらわないといけません。それには、会議や朝礼での指示だけではダメで、やはり個別のミーティングを行い、しっかりとリーダー自身にも考えてもらい、現場スタッフにも自分の言葉で説明できるようになってもらうことが組織を動かすコツといえます。現場スタッフを上手く動かせないリーダーや、リーダーを動かせない管理者は、ほとんどの場合このＹ理論に立った管理ができていない人だと言っても過言ではありません。

　そして少し難しいテーマについては、管理者はコンサルタント的に具体的なアドバイスを行い、手助けをしてあげる事が必要です。

　例えば、ムダな時間を排除しないとダメですと管理者が店長に一

生懸命言っても、店長はわかりましたとは言いますが、具体的には何もしません。なぜなら店長には管理者の言っている事がよく理解できていないからです。管理者との情報量に差があるからです。

　管理者の人は本社の研修ビデオテープで、清掃現場スタッフが作業中に物を取りに2人で2分間現場を離れているところを見せられており、現在の作業方法にはムダな時間がたくさんあると認識しています。2人が2分間現場を離れ、作業を止めるムダな動きを1日100回繰り返していれば、200分×2人で400分ものムダが発生していることを管理者は勉強しています。

　ところが、現場の店長は従来からやっている作業を、突然何の説明もなく、いきなりムダを排除することを考えろと会議やLINEで管理者から言われても、正直管理者が何を言っているのかが理解できていないのです。この様なX理論のやり方では店長や現場スタッフを動かす事は不可能といえます。では、Y理論に立ったやり方で次の様にやってみたとしたらどうでしょうか。

　本社ではお店の目標利益金額は月間270万円と考えています。したがって、毎日9万円（270万円÷30日）の利益を挙げればよいという計算になります。あなたの店舗の1日の平均売上高が40万円なので、そこから9万円を引いた31万円が1日にかけられるコストという事になります。現状では毎日36万円程度のコストがかかっています。

　つまり、1日のコストをあと5万円（36万円―31万円）削減すれば目標が達成できます。10フロアーで作業をしているので1フロアー当たり5,000円のコスト削減をすることをみんなで考えてもらいたい、という事です。5,000円ということは、平均時給が1,250円とすると、各フロアーの労働時間を4時間（5,000円÷1,250円）削

減する必要があります。

　ちなみに、昨日の1フロアーのデータをサンプルで取ってみると、46室の清掃を行うのに、チェッカーが7時間（420分）勤務、アルバイトが4人で25時間（1500分）勤務の合計32時間（1920分）の労働時間となっています。

　一方、マニュアルによる標準作業時間は24.5時間（1,472分）であり、標準作業時間より7.5時間（448分=1920分-1472分）オーバーとなっています。したがって、標準時間よりオーバーしている7.5時間の中から、とりあえず4時間の時間短縮をする方法をみんなで考えてもらいたい。裏を返すと、1日の1フロアーの総労働時間を28時間（32時間-4時間）以内に抑える方法を考えればよいという事にもなります。もちろんフロアーにより実績が異なるので、フロアーごとに分析をしてみる必要があります。

　なお、店舗によっては、仕事前に各個人に対し本日の清掃目標を明示して、実績結果を一覧表にしてフィードバックし、作業時間短縮の実績を挙げている店舗もあります。

　以前システムチームが全店の作業目標の指標を出してくれましたが、覚えていますか？これによると、あなたの店舗の6時間勤務者の個人ごとの作業目標は、「はがし＋ベッドメイキング」が38個、「バスルーム清掃」なら19個となっています。3時間勤務者の目標はこれの半分という事になります。成功事例の店舗では、毎朝アルバイトに今日のやるべき仕事、つまりバスルーム清掃なら何個、ベッドメイキングなら何個を目標にやりましょうと声をかけて、帰りに実際に実施できた個数を確認して、翌日には達成者と未達者を公表しているそうです。もちろん作業方法は手抜きをせず、マニュアル通りに行っているかのチェックも行っています。この結

果、アルバイトの作業時間が標準時間に近づき、清掃品質を維持させながら飛躍的に生産性が向上しています。

　ところで、アプリは使いこなしていますか？アプリデータを見るといろいろな分析が可能であり、これを使いこなせると大変便利です。

　例えばアプリからあなたの店舗の各自の実績データを見てみると、次の通りの実績となっています。図表2-6-3は10月15日の6階のデータです。

1169さん　目標未達

勤務開始	勤務終了	勤務時間	分	BATH目標	作業時間（分）
9:30	15:45	6:15	375	20	296
清掃開始	清掃終了	作業時間	分	BATH実績	待ち時間（分）
9:41	15:37	4:56	296	14	60

9630さん　目標未達

勤務開始	勤務終了	勤務時間	分	BATH目標	作業時間（分）
9.30	10.00	8:30	390	21	317
清掃開始	清掃終了	作業時間	分	BATH実績	待ち時間（分）
9:34	15:45	5:17	317	16	35

1633さん　目標達成

勤務開始	勤務終了	勤務時間	分	BATH/Bed目標	作業時間（分）
9:30	15:45	6:15	375	バ15/ベ8	339
清掃開始	清掃終了	作業時間	分	BATH/Bed実績	待ち時間（分）
9:34	15:45	5:17	317	バ15/ベ11.	27

9499さん　目標未達

勤務開始	勤務終了	勤務時間	分	Bed目標	作業時間（分）
9:00	14:00	5:00	300	33	190
清掃開始	清掃終了	作業時間	分	Bed実績	待ち時間（分）
9:20	13:58	3:10	190	30	88

9120応援さん　目標達成

応援開始	応援終了	勤務時間	分	Bed目標	作業時間（分）
14:00	15:00	1:00	60	7	49
清掃開始	清掃終了	作業時間	分	Bed実績	待ち時間（分）
14:01	14:55	0:49	49	7	5
メイド総労働時間		25:00:00	1,500		

チェッカー

勤務開始	勤務終了	勤務時間	分	チェック	作業時間（分）
9:00	16:00	7:00	420	46	———
6F総労働時間		32:00:00	1,920		

図表2-6-3

チェッカーが規定の6時間勤務でなく7時間勤務となっております。また、メイドも4人いながら最後に他のフロアーから1人応援をもらっています。

　他のフロアーでできている所もあるのに、なぜこのフロアーはこんなに時間がかかっているのか。

　あるいは、作業をしていない待ち時間が多いスタッフがいますが、この待ち時間を削減（ムダの削減）するにはどうしたらよいのか。更には、1日の作業目標をアルバイトにやってもらうにはどうしたらよいのか。

　フロアー以外にも社員が毎日18時30分ごろまで何人も残っているが、最後の1人だけ残して定時に帰れるようにするにはどうしたらよいのか。

　これ以外にも考えていけばいろいろなアイディアが出てくるものと思います。まずは店長が改善策を考えて、目標を設定してみてください。次回その改善策を基にまた協議しましょうと、こんな感じで店長と個別に面談を行えば、少しずつ組織が動き始めます。

　管理者は部下に、あなたの職務や目標はこれなので、これをやりなさいと指示するやり方では、Y理論における統合の管理を行う事は難しいといえます。上司がコンサルタント的に具体的なアドバイスや情報提供を行いながら、個別に面談を行い、部下に自分が本当にやらなければいけない仕事は何なのか、あるいは目標をどう立てるのかを考えさせます。目標については、会社の目標達成が個人の目標達成にもつながるように導いていきます。

　そして、部下が自らの計画を自主的判断に基づいて実行する手助けを行い、期間終了時には各計画事項の成果について、部下に自分自身で評価をさせます。上司は部下との個別面談で、問題点を明

確にして、それを職務内容の理解や次の目標設定に反映していきます。いずれにしろ、全体会議で指示を出すだけとか、ましてやLINEで文章を送り指示をしました、とする管理者のやり方は、正直に言って組織を動かすことはできません。可能な限り少人数での面談を繰り返して話を進めて行くことが最も有効的なので、皆さんも是非実践してみてください。

（6）ハーツバーグ(F .Herzberg)衛生理論

　マグレガーは、組織成員が高次の欲求レベルに達して、会社の目標と個人の目標が統合した時にもっともモチベーションが上がる事を示唆しました。ハーツバーグは実証研究において、満足要因と不満足要因を発見し、職務に関連した動機づけが妥当であることを明確にしました。

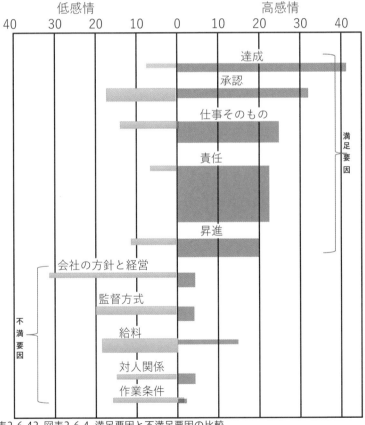

図表2-6-42_図表2-6-4 満足要因と不満足要因の比較

257

ハーツバーグは200名以上の会計士と技術者を対象にして、彼等がそれまでに職務について感じた事を分析し、職務の満足事象に含まれる要員と不満足事象に含まれる要員との間に違いがある事を発見しました。

　図表2-6-4における各図形の長さは、積極的職務態度（High job attitudes）および消極的職務態度（Low job attitudes）の中に現れた各要因の度合いを示し、各図形の幅は、それぞれの態度が持続する期間の長さを示しています。

　これによると、積極的職務態度を誘発する動機づけ要員（Motivating factors）としては、達成・承認・仕事そのもの・責任・昇進がありました。一方、積極的職務態度にはほとんど効果をもたらすものではないですが、不満が溜まる要因としては、会社の方針と経営・監督方式・給与・対人関係・作業条件であることがわかりました。つまり、これらの不満要因は職務不満を防止する役目を担っていますが、積極的職務態度を引き出す動機づけ要員にはならないという事がわかったのです。ハーツバーグはこの不満要員を、病気を予防する衛生要因（Hygiene factors）に似ていることから衛生要因（hygiene factors）と呼ぶことにしました。

　また、職務内容に動機づけ要因を加えて再設計するやり方を次の通り説明しています。

①達成と達成の承認

　　職務になんらかの成長機会をつくり、それを達成することによって成員がその職種や職務について今までより多くの事を知るとともに、その達成を承認できるようにする。

②責任

　　職務に要求される課題を複雑にして、職務を構成している要素間の関係

を理解する機会を与え、責任の増大を図る。

③成長の可能性

　課題の記述に空白部分を含み、成員がそこで創造性を発揮して成長ので
　きる余地を残しておく。

④昇進

　昇進にともなって成員により高度な課題をあてがい、その課題のもつ曖
　昧さのなかで意思決定を行って成功する、という機会を与える。

⑤興味

　成員が仕事から直接興味を引き出せるようにするため、職務が個人的価
　値と個性の感覚を活用できるようにする。

　つまり、まず職務不満があるとモチベーションを下げる事になる
ので、会社の方針と経営についてはしっかりと理解してもらえるま
で説明し、監督方式・給料・対人関係・作業条件については、社員
の話をよく聞き、改善できることは改善することで不満要因を取り
除くことが大切です。

その上で、積極的職務態度を引き出すために、達成・承認・仕事そ
のもの・責任・昇進という満足要因については、社員が満足できる
仕事の与え方を考え職務設計をすると、より効果的なモチベーショ
ンにつながりますので、是非実践してみましょう。

協力会社とのミーティング、
双方の満足要因を高める協議

7．リーダーシップ

　組織のエンジンであるモチベーションについて紹介してきましたが、ここでは管理者として更に組織の中で頭角を現わすためのリーダーシップについて学んでいきましょう。入江章栄教授の著「世界標準の経営理論」（発行者　ダイヤモンド社　2020年7月6日　第6刷発行）に時代ごとに展開されてきたリーダーシップの6つの理論が記載されているので紹介しておきましょう。

（1）リーダーシップ理論の歴史
①1940年代〜リーダーの個性（Trait）の理論

　リーダーシップ理論で最も歴史があるのが、リーダーの個性（Trait）に関する理論です。これは、「リーダーたりうる人の個性」を探求するもので、「リーダーを務める人は、他の人と比べて特異でユニークな資質・人格がある」という前提に立っていました。そして「リーダーシップの発揮」には2種類あり、一つ目はリーダーシップ・エマージェンス（Leadership emergence）です。これは、「役職の決まっていない平等な集団において、仕事を進めた結果として、彼・彼女こそがリーダーだ」と周囲に目されるようになる人を指し、自然発生するリーダーシップの事です。二つ目はリーダーシップ・エフェクティブス（Leadership effectiveness）です。この場合は、CEOや部長などの役職のように、誰がリーダーかは最初から決まっており、その上で、リーダーの個性が部下へ何かの影響をもたらすことで、部下やチームが高いパフォーマンスを上げられることです。

②1960年代〜リーダーの行動（Behavior）の理論

　当初のリーダーシップ理論はリーダーの個性に注目しましたが、次第にリーダーの行動に着目するようになってきました。リーダーごとに部下に対する行動スタイルは異なり、その違いが部下・組織のパフォーマンスに影響するという考えで、「望ましいリーダーシップ行動」が世界中の研究者の間で検証されるようになりました。

③1960・70年代〜コンティンジェンシー理論（Contingency theory）

　個性の理論や行動の理論の限界がささやかれていた1960年代半ばから台頭したのが、コンティンジェンシー理論です。コンティンジェンシーとは「条件」の意味で、同理論の主張は「リーダーの個性・行動の有効性は、その時々の状況や条件による」というものでした。この現実的に聞こえるコンティンジェンシー理論は、リーダーシップを説明しうると期待され、多くの研究が進められましたが、結果として極めて限定された条件でしか通用しないとされ行き詰まりました。

④1970・80年代〜リーダー・メンバー・エクスチェンジ理論（Leader-Member-Exchange 略してLMX）

　従来のリーダーシップ研究では、ある個性・行動スタイルを持つリーダーは、それをもってどの部下にも同じ様に振る舞い、同じような関係性を築き上げるという暗黙の前提がありました。しかし、それは現実的でなく、1人のリーダーでも「誰が部下か」によって、その対応・関係性は変わります。そこで、分析の焦点を「リーダーと部下がいかに質の高い関係性を築けるか」というリーダー個

人から「リーダーと部下それぞれの関係性」にシフトさせたのが
リーダー・メンバー・エクスチェンジ（LMX）理論となります。

　部下がリーダーの期待以上にパフォーマンスを見せれば、リーダーはそれを高く評価し、適切な報酬を与えます。結果、部下もリーダーの高評価に報いようという心理が働き、さらに懸命に働くようになります。そして、リーダーはさらに部下に報いるでしょう。この様に「心理交換・契約の好循環」が生まれることを「質の高い交換関係」（high-quality exchange）と呼びます。

　逆に何らかの理由で部下がリーダーの期待を下回るパフォーマンスを見せると、リーダーは部下を低く評価します。それを受けた部下はリーダーからの心理的な距離が離れ、リーダーのために懸命に働く意欲をさらに失います。そしてリーダーの評価も下がっていくという負の循環が生まれます。これを「質の低い交換関係」と呼びます。

　この心理的な交換・契約プロセスの蓄積を通じて、同じ組織の同じリーダーに対して、好循環の関係を持つ部下グループ（イン・グループ）と悪循環の関係を持つグループ（アウト・グループ）が出現することになってしまいます。そこでリーダーにLMXを人為的に身に付ける研究などが行われ、部下の悩みや課題を聞き出すアクティブ・リスニングを通じて部下が出してきた課題に対して、自分の考えを押し付けないこと、部下への期待を部下自身とシェアする手法等により、効果が出ることがわかってきました。

⑤1980・90年代〜トランザクショナル・リーダーシップ（TSL）と トランスフォーメーショナル・リーダーシップ（TFL）理論

　バーナード・バスが提案して台頭し、いまも世界のリーダーシッ

プ研究の中心的理論になっているのが、「トランザクショナル・リーダーシップ」（Transactional Leadership：以下ではTSL）と「トランスフォーメーショナル・リーダーシップ」（Transformational Leadership：以下ではTFL）です。

トランザクショナル・リーダーシップ」(TSL)

　部下を観察し、部下の意思を重んじ、あたかも心理的な取引・交換（トランザクション）のように向き合うリーダーシップであり、部下に対して「アメとムチ」を使いこなす、心理的な意味での「管理型」のリーダーシップといえます。つまり、部下に一定の業務・権限を与え、部下からの期待に適切に報いることで、信頼・尊敬の関係を醸成する好循環プロセスを築き、部下や組織の変化を促すのがTSLです。これは④のリーダー・メンバー・エクスチェンジで紹介した「質の高い交換関係」をもたらしうるリーダーの態度とほぼ同じです。

トランスフォーメーショナル・リーダーシップ」 (TFL)

　ＴＳＬが「心理的な取引・交換関係」を重視するのに対し、ＴＦＬが重視するのは「ビジョンと啓蒙」です。ＴＦＬは次の三つの資質から構成されています。

■カリスマ(Charisma)

企業・組織のビジョン・ミッションを明確に掲げ、それが「いかに魅力的で」「部下のビジョンにかなっているか」を部下に伝え、部下にその組織で働くプライド、忠誠心、敬意を植え付ける。

■知的刺激（Intellectual stimulation）

部下が物事を新しい視点で考えることを奨励し、部下にその意味で問題解決策を深く考えさせてから行動させることで、部下の知的好奇心を刺激する。

■個人重視（Individualized consideration）

部下に対してコーチングや教育を行い、部下一人ひとりと個別に向き合い、学習による成長を重視する。

つまり、「明確にビジョンを掲げて自社・自組織の仕事の魅力を部下に伝え、部下を啓蒙し、新しいことを奨励し、部下の学習や成長を重視する」のがＴＦＬです。ＴＦＬでは、リーダーは「自分の率いる組織が、部下（フォロアー）の目指していることといかに親和性があるか」を啓蒙する。すると部下は、自身の組織への帰属意識を高め、そのリーダーのビジョンを自身の中に取り込むようになり、リーダーのビジョンに沿って行動するようになります。一方でリーダーも、そういった部下を承認し、称賛します。部下は自身がその組織で「働く意義」「存在価値」をさらに認めるようになり、さらに積極的に組織での義務を果たすようになります。

ＴＦＬとＴＳＬの概念提示したバーナード・バスはその定量化のために、45の質問項目からなる質問票を作り、Multifactor Leadership Questionnaire（MLQ）を確立しました。現在のリーダーシップの実証研究でも世界中で広く用いられ、多くの研究者によりその有効性が確認されています。ＴＦＬとＴＳＬを同時に持ち合わせ、部下との「質の高い交換関係」、「明確にビジョンを掲げて自社・自組織の仕事の魅力を部下に伝え、部下を啓蒙し、新しいことを奨励し、部下の学習や成長を重視する」を実行できるリーダー

は、素晴らしいリーダーシップを発揮できるようになるでしょう。

⑥2000年代〜シェアード・リーダーシップ（Shared Leadership：SL）

　そして近年言われているのが、シェアード・リーダーシップです。従来のリーダーシップ理論はいずれも「グループにおける特定の一人がリーダーシップを執る」という前提でしたが、ＳＬ理論は「グループの複数の人間、時には全員がリーダーシップを執る」という考え方をするものです。「リーダー→フォロアー」という「垂直的な関係」ではなく、それぞれのメンバーが時にリーダーの様に振る舞って、他のメンバーに影響を与え合うという、「水平関係」のリーダーシップといえます。なぜ近年になってＳＬが注目され始めたかというと、「知識ビジネス産業」においては、組織内の知の交換こそが新しい知を生み出すために重要となってきたからです。

　もし、グループのリーダーシップ関係が、従来のような垂直的なものであれば、リーダーはグループを「自分のもの」と思えても、部下であるフォロアーは、そのようなアイデンティティは持ちにくいといえます。一方、もしグループにＳＬがあるなら、そのメンバー全員が「これは自分のグループである」というアイデンティティを持ちやすくなり、結果として知の交換が積極的に行われます。

　これまでの研究の一般的な傾向として、垂直的なリーダーシップよりもＳＬの方がチームの成果を高めやすく、この傾向は特に複雑なタスクを遂行するチームにおいて強いことが明らかになっています。

　リーダーシップのあるべき型については、歴史により徐々に変わってきましたが、ＳＬ型のそれぞれのメンバーが時にリーダーのように振る舞って他のメンバーに影響を与えるという「水平関係」のリーダーシップができれば、組織に活気が出て、高いパフォーマ

ンスを望める状態になったと感じられます。

　モチベーションやリーダーシップについての知識が身に付くと、組織の中で自分に足りなかったものが見えてきます。どうして自分は組織を動かすことができなかったのかという疑問に対する答えが見えて来た人もいるのではないでしょうか。

　そこで次はリーダーとしてより実践的にどの様な仕事のやり方を心がければよいのかを紹介しましょう。グロービス経営大学院編集「グロービスMBAミドルマネージメント」（発行所ダイヤモンド社　2021年11月30日　第1刷発行）に実践的でおもしろい記載があるので最後に紹介しておきましょう。

（2）部署の地位をよくするための仕事

　ミドルマネジャーは部署の代表として、他部署を適切に動かすための方法として、次の5つに心がけて仕事を行うと自分のパワー基盤（後述）も強化され仕事がやりやすくなると説明しています。これは動かない組織をどうしたら動かせるか、というモチベーションで見てきた組織の動かし方にも通ずる事といえます。

①根回しを適切に行う

②キーパーソンを見極める

③交渉でWin-Winの落としどころを探る

④部署のスポークスパーソンとして振る舞う

⑤上司をうまく使う

Ⅰ.根回しを適切に行う

　大企業の場合、他部署への根回しは非常に重要な仕事となります

が、中小企業においても根回しは大切です。中小企業の場合よくあるのは、他部署のメンバーがすぐ近くに座っていることも多く、自分の部署の仕事を他部署のメンバーに何気なく手伝ってもらう事がありますが、この様な時は他部署のリーダーの了解をもらってからやらないと、リーダー同士の人間関係にストレスが蓄積されていきます。このような場合にも、事前の根回しが重要だという事を知っていれば、特に問題は起きません。

　多くの人を巻き込んで何かを達成するケースにおいては、事前に自分の意図を説明し、納得を得て多数の人を味方につけておく、あるいは反対派にはならないように根回しをして地固めをしておく事が大切です。こうした根回しがなく、いきなり会議などで切り出すと不要な反発を招くことも少なくありません。報告を求められているにも関わらず、いつも毎週の会議でいきなり報告を行う部署は、たいていの場合が会議でボコボコにされます。これは事前の根回しが大切であることをリーダーが知らないからです。

　リーダーシップ論でも知られるスタンフォード大学のジェフリー・フェファーらの調査によると、成功したマネジャーは、単なる原理主義者（「べき論」で押し通そうとする人）ではなく、根回しや、それと関連する社内政治の使い方が巧みだった人間が多いとの報告があります。

Ⅱ.キーパーソンを見極める

　会社の社内において、役職や職務上の権限と、職場における影響力は比例していない場合がよくあります。役職以上に組織への影響力があるケースとして、例えば以下のような例があります。
・昔からのベテラン社員が、肩書の割に、皆から一目置かれている。

・管理職よりも、ある技術を持つ職人的社員のいう事を皆が聞く。

・サポートスタッフの派遣社員が、集団となると非常に大きな発言力を持つ。

・先進的な社内ユーザーである若手社員Aさん、Bさんの声が意外に重要。

　社内に味方を作り、説得するうえでも、誰が「社内の実質的な重要人物（あるいは集団）」なのかを正確に見極め、彼等と良好な関係を構築することが仕事を効率的に進めるカギとなることは多いといえます。

Ⅲ.交渉でWin-Winの落としどころを探る

　本来同じ方向に向かうべき同じ会社の中でも、往々にして行き違いが生じることはよくあります。比較的対処しやすいのは、相手部署の上司が、自分の上司と同じケースです。例えば営業1課と営業2課を統括するのが同じ営業部長であれば、その部長を通じて仲裁してもらえる場合は成功率が高いといえます。

　難しいのは、交渉すべき相手が組織図上、大きく離れた部署の場合です。例えば、異なる事業部の中で似たような商品開発をしてしまうケースで、どちらが担当すべきか決める場面です。こうした交渉を上手くまとめるコツは、Win-Winの落としどころを丁寧に探ることです。「自分にとってはあまり重要ではないけれど相手にとっては重要なもの」については譲り、「相手にとって重要ではないけれど自分にとっては重要なもの」は譲ってもらうと、お互いの便益が増します。それを共同で見出していくというのが交渉の基本といえます。

　このことは取引先や協力会社からの頼まれごとや頼み事の交渉に

も使えます。お互いにメリットがある協力方法を出すことでWin-Winの関係を構築していけます。

Ⅳ.部署のスポークスパーソンとして振る舞う

　スポークスパーソンとは広報官役の事です。将来、社内から協力を取り付けるためにも、自身がスポークスパーソンとなり、部署内で起きていることを公式のルート（会議や社内メール）や非公式ルート（個人の人間関係）を通じてアピールしておくことが必要です。部署内の状況や、手伝って欲しい課題などについて、可能な範囲でオープンに開示することが、多くの人々の協力を得られるきっかけになる事が多いからです。マネジャーの上司にとっても、報告をしっかり行ってくれる部下はありがたいものです。それをベースにより適切な施策が打てる可能性があるからです。

　例えば、現状考えていることや、今やっている事やその結果、これからやろうとする事などを、常時アピールして報告をしてくれる部署と、週に1度の会議でしか報告しない部署とでは、実績も評価も大きな差となって表れます。

　また、他人の情報発信に対して、ポジティブな読後感を喚起するような反応を示すのも効果的です。これは社内のメールやSNSなどでも同様といえます。マネジャーが相手をねぎらう気持ちを伝えたり、「あなたのことを気にかけていますよ」という姿勢を見せたりすることは、部下の働きやすさにもつながっていきます。

　社内メールやLINEに無反応な上司であれば、部下の気持ちは段々と上司から離れていきます。一方、部署内はもちろん、他部署のメールやLINEにもポジティブな読後感を喚起するコメントを入れている人であれば、組織の中でも必然的に頭角を現わす事になるでしょう。

V.上司を上手く使う

　自部署の取りまとめをより円滑にするうえで求められるのが上司をうまく使う事、つまりボス・マネージメントです。ミドルマネジャーは立場上自分では決済できなかったり、組織横断的な取り組みで上司の力を借りないと話が進まなかったりすることはやはり多いといえます。ミドルマネジャーが少し頑張れば自分で解決できる仕事にわざわざ上司を巻き込むのは好ましくないですが、自分だけで解決が難しい場合は、やはり上司の助けをタイムリーに得る必要があります。

　上司は自分の人事考課を行う人間でもあるため、どうしても遠慮しがちになったり、下手に出たりするマネジャーも少なくありません。しかし見方を変えると、上司もより上位の管理職から評価される立場にあります。マネジャーである自分を上手く使わないと、上司としても良い結果は出しにくくなります。そう考えると上司とマネジャー自身は同じ船に乗るパートナーでもあります。

（3）ミドルマネジャーが備えるべき資質

　ここまで触れてきた仕事をこなすためには、単にマネージメントの勉強をするだけではだめで、さまざまな「武器」をもっておく必要があります。その典型は次の4つです。

　　　　①パワー基盤
　　　　②高い志
　　　　③周りからの信用・信頼
　　　　④ネットワーク（人脈）

　これらを持っておくことは、部署の代表としての仕事はもちろん、部下のマネージメントにも有効に働きます。

Ⅰ.パワー基盤

パワー基盤は、ある意味「人に働いてもらう力の源泉」であり、リーダーシップ論においても非常に重要な位置を占める概念です。ジェフリー・フェファーが提唱した、公式の力、個人の力、関係性の力を高めることがパワー基盤の強化になります。

・公式の力

公式の力は、強制力、報酬力、正当権力、情報力の4つからなります。これらは組織上で与えられている明確な権力です。情報力は人事情報など限られた情報にアクセスし、コントロールする力の事です。

・個人の力

個人の力は、専門力、同一化力、カリスマ性の3つからなります。専門力とは、専門的な知識や技術、特殊なスキルを持つことから生じる力です。スキルの高いマネジャーほど、他者に対して強い影響力を持つことができます。そのためにも、マネジャーは常に自己研鑽(Study)が必要となります。

　本書でも繰り返し言っている、専門知識＋ビジネス知識の武器を増やして、組織の中で頭角を現わす事が経営管理者への道であると言っているのと同じです。

　同一化力とは、他者に「自分も同じようになりたい」と思わせる力です。この二つが重なり合って生まれることが多いのがカリスマ性です。たとえば「これに関連してはAさんの右に出るものはない」という評判が社内で広がれば、その領域については自分の意見が通りやすくなります。

・関係性の力

関係性の力は、ネットワーク（人脈）から生まれるパワーのことです。たとえば、他部署のマネジャーが学生時代の後輩であれば、それまで全く接点がなかった場合に比べ、彼にサポートしてもらうことは比較的容易になります。同じく協力会社のマネジャーが自分の友人であれば、何事も交渉がやり易くなります。そうした知人がたくさんいて、社外にもネットワーク（人脈）が広がれば広がるほど、自分自身のパワー基盤が強くなります。

Ⅱ.高い志

高い志は自分自身を駆り立てる源泉にもなり、また他者にも強いインスピレーションを与える事で、彼らの視座や協力しようとする意識を高める効果があります。また、マネジャー自身の能力開発や自己鍛錬も、多くは志をベースにした内発的動機から行われます。その意味で、結果を残すマネジャーは、結局は志次第という側面が大きいといえます。

有名な松下政経塾は「志の塾」と言われていますが、ここでは志は公の目標とされています。したがって、その実現に向けて活動するに際しても、限りなく私心を捨てる事が大切としています。
自分の信念を貫きつつ、相手の思いにもインスピレーションを与え、協力を取り付けられるマネジャーは、大きな仕事をできる可能性が高いといえます。

Ⅲ.周りからの信用・信頼

人間は「この人だったら言うことを聞いても大丈夫そうだ」という

判断を下す際、「この人は信用、信頼できるか」ということを無意識に考えます。信頼できれば、相談などをしやすくなるのは人間の本質といえます。人は他人に借りがある状況を嫌い、それを返そうとするのが人間心理といえます。信用・信頼があるということは通常、仕事を通じて何かしら他人に恩を売ることにつながる事も多いといえます。そうした恩を積み重ねておくと、いざ自分が何かやりたいという時にも、他者にいうことを聞いてもらいやすくなります。これはロバート・B・チャルディーニ著「影響力の武器」によって広く知られるようになった概念です。

　銀行時代にはキャンペーンで特別な商品を集中的に売る事がよくありましたが、このような時に、たくさん売れる担当者と全然売れない担当者とでは、日頃のお客様への行いが差になって出てくると言っていましたが、正にこの事を言っているのです。

　信頼資産を一朝一夕に増やす方法はありません。まずは、自分の専門性やビジネススキルを磨き、仕事で着実に結果を出すことです。そして、達成意欲を持って粘り強く結果を出し続けることが重要です。また、約束を守り、相手に対する誠実な関心を持ち、日頃から対話をする、相手が困っているときに手助けをするといった行動も重要です。独善に走るのではなく、周りに目配りしながら結果を出すことができれば、信頼資産は積み上がっていきます。同時に、人間力（人としての器の大きさ）を鍛錬することも大切となって来ます。

Ⅳ.ネットワーク（人脈）

　パワー基盤でもある人脈構築はビジネスパーソンであれば必須の活動です。社内でお世話になった先輩や同僚、部下はもちろん、学

校の同窓、同じ出身地の相手など、さまざまな縁や機会を捉え、社内外にネットワークを構築しておくと、日常業務がスムーズに進むことはもちろん、ネットワークがきっかけとなって新しい製品・サービス・事業が生まれ、また、社外との協業につながるといった、大きな成果に結実する可能性が高まります。

　心理学的にいうと、人間は物理的に頻度が高くあるいは長い時間会う相手や、共通点の多い相手に好意を持ちやすいと言われています。一度作った人脈は、適度のコンタクトを持ち続けることが有効です。

　金田修治・近藤哲夫氏は著書「トヨタ式ホワイトカラー革新」（日本経済新聞出版社2007年9月25日1版1刷）で、管理者の仕事とは、「管理」という「定常作業」と「チェンジリーダー」としての「革新」（イノベーション）活動であると言っています。「チェンジリーダー」とは、現状のシステムを「あるべき姿」に再構築できる人としています。チェンジリーダー不在では「革新」が進まないので、チェンジリーダーを育成しないといけませんが、これには「あるべき姿」を考えられる力と、思いを共有して人々が集まってくれる「人徳」を磨くことが大切です。つまり、「革新」を起こせる経営管理者であるチェンジリーダーに求められるのは、高い志と意志力とリーダーシップの三つである、としています。

　中小企業では、なんでもかんでも社長にお伺いを立てて、自分で何も考えない管理者がたくさんいますが、これでは管理者とはいえません。「社長、この様な状況ですがどうしたらいいですか」、あるいは「それは社長に聞いてみないと私にはわかりません」と日頃より口にしている管理者の皆さん、これでは部下からも上司からも信頼されず、チェンジリーダーにもなれません。

「社長、この様な状況なので、この様に対処しようと思いますがよろしいですか」あるいは、「今の状況から考えると、自分としてはこうするのが良いと思います。ただ、念のため後で社長の考えも聞いておきます」程度は答えられないと管理者とはいえません。もしあなたがチェンジリーダーであるなら、「その件は自分ではこうすべきだと考えているが、あなたはどう思いますか」となるのかもしれません。

　「あるべき姿」を考えられる力、これは科学的手法で導き出された「あるべき姿」を考える力です。そしてそれを実行に移せる力が経営管理者には必要です。

　チェンジリーダーとしての高い志、意志力、リーダーシップを備え、組織の中で頭角を現わしていきましょう。

第3章
マーケティング

Marketing

第3章　マーケティング

　経営は全社的な視点から経営資源を配分する活動ですが、マーケティングは個別の商品やサービスをどのように売り出し、市場に浸透させるかを検討する活動です。経営はマーケティングの上位概念であり、マーケティングは経営に含まれると言われていますが、経営とマーケティングはどちらも企業が維持・存続・発展するために必要なものです。

　現代マネージメント論の創始者として知られるピーター・ドラッカーは企業の目的は顧客を創造することであるため、企業には基本的な機能が二つある。それは、マーケティングとイノベーションである、としてマーケティングの重要性を広めました。

　しかし、マーケティングという言葉を聞いた事はありますが、実際にどのように仕事に活用するのかを知らない、というビジネスパーソンが意外とたくさんいます。顧客の視点を意識し、自社商品が売れる仕組みを作るというマーケティング手法を知っていると、営業実績は目標の 100％達成どころか何百％達成も可能となり、組織の中で頭角を現わすことができるので、今度はマーケティングについて勉強していきましょう。

　マーケティングという用語が初めて使われたのは当時の新興工業国のアメリカでした。アメリカ経済は 1920 年代に急激な成長・拡大をしたため、広大な市場開拓と販売努力が必要とされることになり、マーケティングが発達しました。この時期は大量生産の時代であり、マーケティングは作った物を売るという広告宣伝等の販売志向が強いものでしたが、1929 年の大恐慌で物が売れなくなると、顧客を重視した商品化が重視されるようになってきました。この様

にマーケティングの概念は、時代と共に変化してきております。「近代マーケティングの父」とも「マーケティングの神様」とも言われている、フィリップ・コトラー（Philip Kotler）は、市場のトレンドに名前をつけて時代ごとに更新しています。

まずはフィリップ・コトラー、ヘルマワン・カルタジャヤ（Hermawan Kartajaya）、イワン・セティアワン（Iwan Setiawan）著「コトラーのマーケティング5.0　デジタル・テクノロジー時代の革新戦略」（監訳者　恩藏直人、訳者　藤井清美人、発行所　朝日新聞出版　2022年4月30日　第1刷発行）からマーケティング1.0〜5.0のマーケティング概念の変化を見ていきましょう。

1．マーケティングの進化

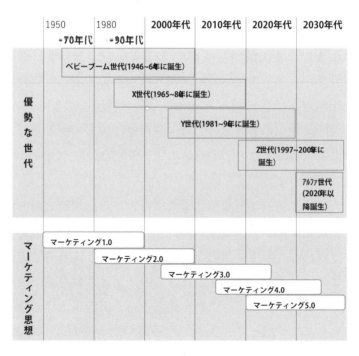

図表 3-1-1　5つの世代とマーケティングの進化

マーケティングはもともと製品の売り手側の論理から始まり (1.0) 時代と共に買い手の視点に目を向けて進化してきました (2.0)。そしてソーシャルメディアの登場と共に企業の役割は拡大し、「世界をより良い場所にすること」が重要になり (3.0)、近年では「自己実現」(4.0) やデジタル化を通した「顧客体験価値」が注目されるようになってきました。それでは、マーケティング 1.0 より順番にもう少し詳しく解説していきましょう。

マーケティング1.0 ― 製品中心

　1950 年代にアメリカで始まった、製品を中心とするマーケティング 1.0 は、主として裕福なベビーブーム世代とその親たちに対応するために開発されました。おもな目的は、顧客のマインド内で最高の価値を作り出す、完璧な製品・サービスの創出でした。成功する製品・サービスは、機能をフル装備していて、競合する製品・サービスに対して優位性を持つものでした。顧客にとって最高の便益を備えているので、企業はこれらの製品・サービスに長年にわたり、相対的に高い価格をつけてきました。そこで、この時代に生み出された重要なマーケティング・コンセプトは、製品開発とライフサイクル管理、それに最善の 4 P、すなわち製品 (Product)、価格 (Price)、流通 (Place)、プロモーション (Promotion) を生み出すことに重点を置き、顧客満足が最重要目標となっていました。

　だが、マーケティング 1.0 時代の最大の問題点は、企業が顧客に不要なものを消費させ、大量の物やサービスの購入を奨励するような社会、つまり消費主義文化を生み出したことでした。

マーケティング2.0 ― 顧客中心（消費者志向）

　1960年代半ばから1970年代半ばにかけては反消費主義運動もあり、マーケティングはより顧客中心へと進化しました。その考え方は、消費者の購買力を大きく低下させた1980年代初めの景気後退によって、さらに強化されました。後期ベビーブーム世代とX世代の節約姿勢がマーケターにとっては大きな課題となりました。

　そこで、マーケティング2.0時代には、マーケティングはセグメンテーション、ターゲティング、ポジショニングを理解することを軸に展開されました。企業は誰にでも完璧となる製品やサービスではなく、自社の製品・サービスのターゲット市場についてもっとよく学び、それらの製品・サービスの市場のポジショニングを明確に定めました。余計なものを取り除き、消費者のニーズやウォンツに基づいて厳選した製品特性に焦点を合わせました。価格においても、意図したターゲット市場にとって適切な水準に設定しました。

　また、企業は顧客と長期的なリレーションシップを築く努力も強化し、マーケターは顧客リレーションシップ管理（CRM）というアプローチを使って、顧客が競合他社にスイッチするのを防ごうとしました。目的は顧客満足から顧客維持へと変化します。

マーケティング3.0 ― 人間中心（価値主導）

　2000年代末のY世代の台頭とグローバル金融危機は、マーケティングの2度目の大きな進化を促進しました。情報への自由なアクセスができるようになると共に、金融産業の不祥事にかき乱されました。Y世代は、利益だけを動機とする企業をあまり信頼しなくなっていました。彼らは企業に、プラスの社会的・環境的影響をもたらす製品やサービスや文化を生み出すように要求しました。こうして、

人間中心のマーケティング、すなわちマーケティング3.0の時代が登場しました。企業は倫理的で、社会的責任を果たすマーケティング慣行をビジネスモデルに組み込むようになりました。

マーケティング4.0 ― 従来型からデジタル化へ（自己実現）

デジタル化は人間中心へのトレンドをさらに際立たせました。Y世代あるいはZ世代もある程度デジタル経済に引き寄せられています。モバイル・インターネット、ソーシャルメディア、eコマースの台頭は、顧客が購入までにたどる道筋を変化させました。マーケターは顧客が各チャネルの違いを意識せず、商品を購入したりサービスを受けたりできる、オムニ・チャネル・プレゼンスによって製品・サービスを伝え、提供することでこの変化に適応しました。そして従来型からデジタルに移行して、マーケティング4.0を実行するようになりました。

マーケティング5.0 ― 人間のためのテクノロジー（顧客体験価値）

Z世代とアルファ世代の登場により、マーケティングがもう一度進化する時が来ました。もっとも若いこれら2世代の最大の関心と懸念は、二つの方向に向かっています。一つは、人類にプラスの変化をもたらし、人間の生活の質を向上させることです。もう一つは、人間の生活のあらゆる面での技術の進捗をさらに推し進めることです。Z世代とアルファ世代に対応するためには、マーケターは人間の生活を高めるためにネクスト・テクノロジーを導入し続ける必要があります。つまり、マーケティング5.0は、マーケティング3.0（人間中心）とマーケティング4.0（自己実現）を統合したものになります。

以上がコトラーの唱えるマーケティング概念の変化です。コトラーはまた次の様にも言っています。次の10年には、X世代がマーケティングの世界でほぼすべてのリーダー的ポジションを占めるようになるだろう。X世代はマーケターとして、さまざまなライフステージでマーケティング1.0～4.0を採用してきた唯一の世代である。Y世代の中間管理職に支えられて、X世代はZ世代とアルファ世代に対応する企業のマーケティング戦略の先頭に立つ世代になる。

　Z世代とアルファ世代は、マーケティング3.0、マーケティング4.0を統合したマーケティング5.0の促進剤になるだろう。この二つの世代はテクノロジーがどのように人間に力を与え、よりよくできるか、すなわち人間の生活を向上させ、幸せを生み出せるかに大きな関心を持っている。マーケティング5.0の時代には、Z世代とアルファ世代の信頼を得られる企業が競争に打ち勝つことができる、としています。

　つまり、自社のマーケティングはどの世代に対応しているのか、あるいは、自分はその世代の選好や行動を十分に理解しているのか、また、自分は自社にデジタル・ネイティブのZ世代やアルファ世代に対応する準備をさせているのか、というのが今後の考えるべきポイントだとコトラーは言っています。

　ただ、いきなりマーケティングの進化を聞いても、マーケティングとは何かを知らない人にとっては、マーケティングの概念は時代と共に変化するものなのだ、という程度の話しか分からないと思います。そこでもう少し簡単にマーケティングについて説明していきましょう。

2．マーケティングの基本

　マーケティングのテキストはたくさん出版されていますが、マーケティング論は意外と頭に入りにくく、仕事への活かし方がイメージしにくいように感じます。そこでまずはマーケティングの概略がイメージできるよう説明していきたいと思います。

　マーケティングとは「Marketing」と書くように、「Market」が語源となっています。つまり、マーケティングの基本は、製品やサービスが売買されている「市場」が中心となります。マーケティング論では、市場で売買される製品やサービスを「商品」と呼びますが、市場にはその商品を売る「売り手」、その商品を購入する「買い手＝顧客」、ライバル会社である「競合」が存在します。売り手と買い手が商品の売買を通じて「価値」を交換することでビジネスが成り立っており、このことがマーケティングの本質といえます。

　コトラーの定義では、「マーケティングとは、交換過程を通じて、ニーズ（必要性）とウォンツ（欲求）を満たすことを意図する人間の活動である」としていますが、簡単に言うなら、マーケティングとは市場をよく知ることであり、その市場という空間でいかに商品を販売していくのかを考える事であるといえます。

　ちなみに、市場は非常に多様化しており、ニーズごとに市場が存在します。例えば、宿泊市場であれば、ビジネスホテルやカプセルホテル、ラグジュアリーホテル、温泉旅館、リゾートホテル、ウィークリーマンション等という市場に細分化できます。

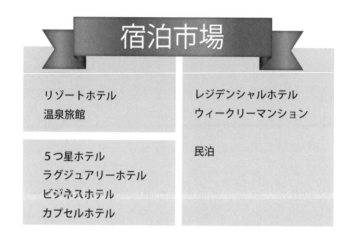

市場をよく知るという事は、その市場のプレイヤーである、売り手・買い手・競合についてよく知る事だといえます。その市場という空間において、買い手は自分のニーズを満たしてくれる売り手の商品を選ぼうとするので、自社の商品がどの買い手のどういうニーズに向けた物なのかを明確にしていくことがマーケティングの指針になるといえます。つまり、商品をたくさん売るコツといえます。

（1）マーケティングの3C分析

　自社（Company）、顧客（Customer）、競合（Competitor）という市場のプレイヤーを分析することによりマーケティングを考える方法をマーケティングの3C分析といいます。

自社(Company)

　3Cの一つ目はCompanyのCです。自社を知るという事は、自社がどんな商品を売ろうとしているのかをしっかりと認識しないといけないという事です。

最近、車のラジオから缶コーヒーの「BOSS」のコマーシャルが
よく流れて来ます。コマーシャルの印象は、労働者が仕事の合間に
一服すると、たまらなく美味しいというイメージが湧きます。販売
当初からサントリーの「BOSS」のコンセプトは「働く人の相棒」
であり、長年シェアトップであった日本コカ・コーラの「ジョージ
ア」と毎年首位を取り合う2大ブランドに成長しました。「働く人
の相棒」というコンセプトをしっかりと持ち、自社コーヒーの魅力
をしっかり伝えていることがよくわかります。

顧客(Customer)

　3Cの二つ目はCustomerのCです。前述のコトラーの定義で
「マーケティングとは、交換過程を通じて、ニーズ（必要性）とウォ
ンツ（欲求）を満たすことを意図する人間の活動である」というの
が出て来ましたが、「ニーズ」とは潜在的欲求をいい、「ウォンツ」
とは顕在化した欲求の事をいいます。

　すでに自社商品を購入してくれている人には、「ウォンツ」を満
たしているという事であり、商品のどんな所に価値を感じてくれて
いるのかを確認できれば、その価値を守ることにより顧客の購買意
欲を維持し、更に伸ばしていくことができます。

　一方、今はまだ顧客ではないが、将来顧客になってくれるかもし
れない潜在的顧客には、「ニーズ」がどこにあるのかを考える事が
大切です。まずは自社商品の存在と価値を伝え、その上で何か不満
を感じているのであれば、その不満を解消していくことが必要とな
ります。つまり、顧客を知り、どうしたら商品を買ってくれるのか
を顧客目線で考えるという事です。

私の場合、昔から缶コーヒーは甘いのでほとんど買う事がありませんでした。しかし、最近は「無糖好きにはたまらない苦みとコク」というフレーズで出た「プレミアムボス　ブラック」や「ボス　無糖ブラック」は、コンビニやサービスエリアで購入するようになりました。これは甘くないコーヒーなら買ってもいいという「ニーズ」をサントリーのマーケティングが捉えた成功例だと感じます。

　また、今ではコンビニで挽きたてのコーヒーを買えるのが当たり前の様になっていますが、2013年にコンビニ業界で初めて100円のプレミアムコーヒーを提供し始めたのはセブン・イレブンでした。当時はコンビニでこんなに美味しいコーヒーが100円で飲めるのかと衝撃を覚えた記憶があります。いまでは多くの人がコンビニで挽きたてのコーヒーを購入しています。これもコンビニに買い物に行ったついでに、挽きたての美味しいコーヒーが手軽に飲めるなら飲みたいという顧客の潜在的ニーズを掘り起こしたマーケティングの成功例といえます。

競合(Competitor)

　3Cの3つ目はCompetitorのCです。ライバルのことをよく知り、競合の商品価値を把握し、どうやって自社商品の「差別化」を図るか、また、競合の差別化要因にどう「類似化」を図り、その効果を削減するかを考えます。

　差別化要因（Point of Difference =POD）とは、差別化により生み出された価値の事です。商品だけでなく、ブランドや接客応対、流通経路、価格等から他社にない強みを打ち出す事です。これに対して、競合が選ばれる理由と同じことをして差別化要因をなくしてしまう価値を「類似化要因（Point of Parity =POP）といいます。

コーヒーは昔、喫茶店や専門店で飲むものでした。1975年にコカ・コーラが、仕事の合間などに手軽にコーヒーを飲んでリラックスしてもらいたいとの思いで、「ジョージア」を発売して、わずか2年で累積1億本を突破したそうです。そして1986年に缶コーヒーの売上1位を獲得して、現在までトップブランドの地位を確立してきました。この40年の間に実に1000種類以上の商品を生み出してきたそうです。また、テレビCMではお笑いコンビのダウンタウンの「明日があるさ」等、一貫して働く人を応援するメッセージを発信し続けています。これらを見ると、先ほどの宇宙人ジョーンズをCMに使っているサントリーの「BOSS」との間での、差別化や類似化が繰り広げられている様子がうかがえるのではないでしょうか。

　なお、先ほどのセブン - イレブンで販売を始めた100円の挽きたての美味しいコーヒーを、他のコンビニが始めたのは「類似化」を図ったといえます。

　以上、市場のプレイヤーである、自社 (Company)、顧客 (Customer)、競合 (Competitor) の3Cに視点をおいたマーケティングの3C分析について説明してきましたが、これでマーケティングとは商品を上手く売るためのいろいろな方法を考えることなのだ、というイメージが少しできたのではないでしょうか。続いて4P分析について説明しましょう。

（2）マーケティングの4P分析

　コトラーのマーケティング1.0で出てきた、製品 (Product)、価格 (Price)、流通 (Place)、プロモーション (Promotion) の4つのPからマーケティングを考えるのが4P分析です。

３Ｃ分析により市場のプレイヤーである自社・顧客・競合を分析し、市場でどの顧客にどんな商品を販売していくのかが決まったら、次はそれを効果的に販売していくための具体的な戦術を立てる必要があります。自社から顧客に効果的なアプローチをするために、マーケティング活動の基本的な構成要素と言われている、製品・価格・流通・プロモーション（宣伝）を上手く組み合わせて、効果的な販売戦術を立てていきます。この組み合わせの作業を「マーケティング・ミックス」と呼んでいます。マーケティング・ミックスを最適化していくには、それぞれの要素が相互に強化し合い、全体として一貫性を持たせることが重要です。それでは、それぞれの項目について簡単に説明していきましょう。

製品(Product)

　製品には前述したように、製品やサービスが含まれており、商品と同じ意味です。商品は主に機能や品質で差別化されますが、商品にはライフサイクルがあり、一生売れ続ける物はないといえます。そのため、時代の変化やニーズに合わせて商品を進化させていく必要があります。

　プロダクト・ライフサイクルはジョエル・ディーンが提唱した理論で、製品が市場に投入されてから寿命を終えて衰退するまでのサイクルを体系づけたものです。製品の売上と利益の変遷を、導入期・成長期・成熟期・衰退期の４つに分類して、それぞれの段階における戦略を示唆しています。

　わかりやすい例で言うと、昔流行した「たまごっち」や、以前店舗がたくさんできた「タピオカドリンク」、ソニーの「ウォークマン」などは、一時大流行しましたが、今ではほとんど聞かなくなってし

まいました。

　また、コトラーは、製品は消費者の問題を解決する「便益の束」（Bundle of benefit）であると言っています。「便益の束」については和田充夫・恩蔵直人・三浦俊彦著「マーケティング戦略」（発行所（株）有斐閣 2011年7月20日　第3版第9刷発行）の説明がわかりやすいので、引用して紹介します。

　たとえば、女性が口紅を買うのは、単に口紅そのものを欲しいからではなく、美しくありたいという問題解決のために買うのである。かつてレブロンの創設者チャールズ・レブロンは、「われわれは工場において化粧品を作っているが、店頭では夢を売っている」と述べた。資生堂の弦間明社長も「私たちは、美しさという価値を売らねばならない」と述べている。彼らは製品を単なるモノとしてではなく、消費者の問題を解決する「便益の束」としてとらえている人々である。また、消費者が購買を引き起こすためには、実態としての製品が不可欠であり、品質・ブランド・スタイル・パッケージが目に見える部分である。ただ、これだけでは十分とはいえず、製品の保証・配達・信用供与などの付加機能が伴うことが多い、としています。つまり、これら全ての視点から製品というものを分析していく必要があります。

価格(Price)

　価格はただ安ければ良いというものではなく、他のマーケティング要素との一貫性を見ながら戦略的に決定しないといけません。価格は当然にしてコストを上回り利益を上げられるものであることが大切です。また、顧客が買っても良いと思う価値相当の価格でないと売れません。そして、競合との価格競争も価格決定に影響を及ぼ

します。

　コトラーは「コトラーのマーケティング・マネージメント　基本編」（監修者　恩蔵直人　訳者　月谷真紀　発行所　㈱　ピアソン・エデュケーション 2007 年 11 月 30 日　初版第 11 刷発行）の中で、マーケターは製品の価格を設定する際に、図表 3-2-1 の 6 段階の手順を踏むと言っています。

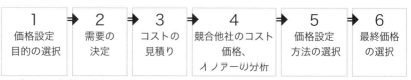

図表 3-2-1 価格設定方針の決定

　第 1 段階の価格の設定目的とは、企業が生存するために出す価格なのか、最大経常利益をあげるためなの価格なのか、最大市場シェアを取りにいく価格なのか等、その価格を出す目的をまず明確にするという事です。

　第 1 章経済学の 8．アルフレッド・マーシャルのところで勉強した需要曲線に基づき、価格が高いほど需要が減少します。しかし、高級品の場合、需要曲線は時として右肩上がりの曲線を描きます。価格が高ければ品質も良いと考える消費者がいるからです。ただ、価格設定があまりにも高すぎると、需要水準は下がってしまいます。需要の決定とは、このような需要曲線を見積もることを意味します。

　第 3 段階のコストの見積りとは、製品の生産コスト、流通コスト、販売コストをカバーし、その労力やリスクに見合う妥当な収益を生み出す価格を出すということです。需要がその製品につける事ができる価格の上限を設定し、コストが下限を設定します。

　価格の設定については、中小企業でも良く目にしますが、聞いて

いると大半が大体こんな感じの価格でどうでしょうか、というアバウトな話が多いです。例えばどこかの現場に清掃機械を運んで作業をする場合、2人で行きますが作業が1時間で終わるので、時給2,000円として2人で4,000円のコストとなるので、料金は8,000円にしておきました、という感じです。

　商品を仕入れて販売するケースだとわかりやすいので、ある商品を1個800円で仕入れて、1,000円で販売するケースを見てみましょう。仕入れ800円は、販売する数が多くなるほど増えるので変動費となります。一方、これを販売するための事務所賃料等が月間300,000円、販売員1名の給料が250,000円だったとすると、固定費は月間550,000円となります。

　商品が1個売れたときに売上高と変動費の差額は、1,000円 - 800円＝200円となります。この200円を限界利益と呼んでいます。

　　　売上高－変動費＝限界利益
　　　1,000円－800円＝200円

　この限界利益の金額が固定費と等しくなった時に利益はゼロになります。その時の販売量が損益分岐点販売量であり、売上高が損益分岐点売上高となります。つまり、損益分岐点販売量は550,000円÷200円＝2,750個となり、損益分岐点売上高は、1,000円×2,750個＝2,750,000円となります。

$$1個当たり限界利益＝1,000円－800円＝200円$$

$$損益分岐点販売量＝\frac{固定費}{1個当たり限界利益}＝\frac{550,000}{200}＝2,750個$$

$$損益分岐点売上高＝販売単価×損益分岐点販売量＝1,000円×2,750個$$
$$＝2,750,000円$$

なお、損益分岐点売上高の式は次の通りです。

$$損益分岐点売上高＝\frac{固定費}{1-\dfrac{変動費}{売上高}}＝\frac{固定費}{1-変動費率}$$

$$損益分岐点売上高＝\frac{固定費}{限界利益率}＝\frac{550,000}{(1-0.8)}＝2,750,000$$

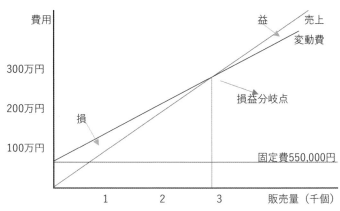

図表 3-2-2　損益分岐点グラフ

図表 3-2-2 損益分岐点グラフから、販売数量 2,750 個が損益分岐点なので、1 個 1,000 円なら 2,750,000 円が損益分岐点売上高ということになります。したがって、目標利益を確保するための販売目標をいくらに設定すれば良いのかとか、販売価格を 1,000 円からいくらかに設定変更すべきか等の検討をすればよいので、わりとわかりやすいといえます。

　これに対して、最初の例で、「どこかの現場に清掃機械を運んで作業をする場合、2 人で行きますが作業が 1 時間で終わるので、時給 2,000 円として 2 人で 4,000 円のコストとなるので、料金は 8,000 円位にしておきました」、というような仕入価格と販売量が明確でない話では、価格の見積もりが少し雑になり、実際には利益が確保できていない事がよくあります。

　まずは作業時間が 1 時間だとしても、出発前に機械を車に積むのに 30 分、現場に行くのに 1 時間、現場で機械を運んでセットするのに 30 分、作業に 1 時間、作業現場の片づけに 30 分、帰り道が 1 時間、機械を車から戻して洗浄・保管するのに 30 分、合計所要時間は 5 時間となります。つまり、時給が 2,000 円だとすると 1 人 5 時間で 10,000 円（2,000 × 5 時間）2 人での作業なので 20,000 円（10,000 円 × 2 人）の人件費がかかります。実際には 5 時間も時間を取られると 1 日仕事になってしまうので、人件費は 32,000 円（2,000 × 8 時間 × 2 人）とすべきでもありますが、ここでは人件費としての固定費が 20,000 円としておきましょう。

　清掃機械代が 1,500,000 円で 5 年償却とすると、1 日あたりの減価償却費は 822 円（1,500,000 円 ÷ 5 年 ÷ 365 日）、これも固定費だとすると、2 人作業で機械運搬が伴うと 1 時間で終わる作業でも、固定費が 20,822 円かかっています。

1時間の作業では洗剤代が1,000円、2時間作業では2,000円、1時間の駐車料金が1,200円、2時間で2,400円、ガソリン代往復5kmで178円、10kmで356円として、変動費を加算していきます。

　1時間ですぐに終わる作業といえども、2人で清掃機械を持ち出して作業をすると、コストは作業時間の人件費4,000だけでなく、23,200円は最低かかっているという事です。

人件費	20,000円（2,000円×5時間×2人）	
機械償却費	822円	
洗剤代	1,000円	
駐車場代	1,200円	
ガソリン代	178円	合計 23,200円

　ただし、これは損益分岐点の売上高なので、これに利益を乗せないといけません。利益が1人半日〜1日で1,000円では商売にならないので、最低1人10,000円とすると、清掃機械を持ち出して作業をするには、最低43,200円（コスト23,200円＋利益20,000円）の売上高が上がる仕事でないと会社は儲かりません。つまり、受注する仕事の価格設定はきちんとコストの見積もりをして、利益を乗せた価格設定にしないと、忙しいだけで全然儲からない会社になってしまうという事です。

　第4段階の競合他社のコスト、価格、オファー分析というのは、市場の需要や企業コストと価格、競合他社が取りうる価格面での反応を計算に入れなければならない、ということです。自社のオファーが主要な競合他社のオファーと類似していたら、価格を競合他社に近いものにしないと売上高が落ちます。自社のオファーが劣ってい

れば、競合他社以上の価格は付けられません。自社のオファーが優れていれば、競合他社よりも高価格をつけられます。

第5段階は価格設定方法の選択です。顧客の需要票 (Customer's demand schedule)、コスト関数 (Cost function)、競合他社の価格 (Competitor's prices) を考慮して価格設定を考えます。まず第1にコストの下限を規定します。第2に競合他社の価格や代替品の価格を調査し、その価格を規定します。第3に製品独自の特長に対する評価により価格の上限を規定します。そして、これら三つのうち一つ以上の考慮点に基づいた価格設定方法を選択しなければなりません。そして第6段階は最終価格の選択です。価格の決定はこの様な手順で決定されます。

流通(Pace)

流通 (Place) とは、商品を顧客に届けるための方法です。流通チャネルはその国の流通構造に大きく規定されることから、ひとたびチャネルを選択・構築すると、そう簡単には大きな変更がしにくくなります。そのため、流通チャネルの選択は、他の4Pと比べ長期的かつ高度な意思決定が必要とされます。

流通チャネル戦略の体系は、チャネル選択とチャネル管理に分けられます。チャネル選択とは、下記のように自社製品をどのようなチャネルに流すかという選択です。

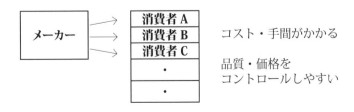

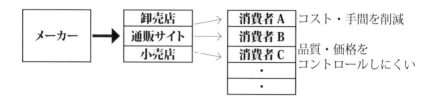

　チャネルの選択は、他のマーケティングの決定すべてに密接に影
響を及ぼします。企業の価格設定であれば、ウェブによる直接販売
を使うか、大規模量販店を使うか、高級専門店を使うかによって違っ
てきます。また、企業の広告に関する決定は、ディーラーがどの程
度の教育と動機づけを必要とするかに左右されます。そして、マー
ケティング・チャネルの決定が重要であるもう一つの理由は、前述
の通り、他者との比較的長期の契約を伴うからです。

　例えば、自動車メーカーが独立ディーラーと契約して自社の自動
車を販売する場合、メーカーは次の日にその契約を取り消して、系
列の直営店に替えることができないからです。また、チャネル管理
は、選択・構築したそれらのチャネルの効果的運用を行っていくた
めの全ての管理のことを言います。

プロモーション(Promotion)

　プロモーションは、広告、広報、SP（狭義の販売促進）、口コミ
に細分化できます。これらは全て商品を売るための販売促進策の
一つといえます。近年は４Ｐのうちのプロモーションの重要性がク
ローズアップされてきました。プロモーションをコミュニケーショ
ン活動の一部と位置付け、プロモーションを含む全体の活動を「マー
ケティングコミュニケーション」と呼んでいます。

現代のマーケティングは、ただ良い商品を開発し、魅力的な価格を設定して、顧客に入手しやすくさせるだけでは十分でないと言われています。企業は、現在および潜在的な利害関係者や一般大衆とコミュニケーションする必要があり、何を、誰に、どれくらいの頻度で伝えるかが重要となって来ています。宣伝は一方的な情報提供である場合が多いのですが、コミュニケーションでは、さまざまな場所やメディアを通じて買手の声に耳を傾け、顧客との良い関係性を築いていくことを目的としています。

　以上、売手の視点からみた4つの要素である、製品（Product）、価格（Price）、流通（Place）、プロモーション（Promotion）という4つのPからマーケティングを考えるのが4P分析です。4P分析からこれらの要素を上手く組み合わせ、マーケティング・ミックスの最適化を図り、効果的な販売を行っていきます。なお、市場の多様化が進み、近年は店員の接客態度や立ち居振る舞いが商品イメージに大きな影響を与えることや、店員の発言が宣伝や広報マンとして重要な要素を担ってくる事もあることから、人材（Person）のPを加えて5Pという考え方になってきています。

　ここまでくると、マーケティングの概略がかなり見えてきたのではないでしょうか。続いては、顧客の視点からみた4つの要素である4C分析について紹介しましょう。

（3）マーケティングの4C分析

　売り手の視点で販売戦術に必要な製品（Product）、価格（Price）、流通（Place）、プロモーション（Promotion）という4つのPを分析するのが4P分析ですが、時代の流れと共に、買い手の目線を理解しないとなかなか商品が売れない時代となり、より顧客目線に

立った新しい４Ｃ分析という考え方ができてきました。

　ちなみに、現代マネージメント論の創始者として知られている
ピーター・ドラッカーは、著書「チェンジリーダーの条件」(上田惇
生訳　2014年1月22日第27刷発行　ダイヤモンド社) の中で、マーケティン
グについて次のように語っています。「真のマーケティングは顧客
から出発する。すなわち人間、現実、欲求、価値から出発する。「わ
れわれは何を売りたいか」など考えない。「顧客は何を買いたいか」
を問う。「これが、われわれの製品やサービスにできることだ」と
はいわない。「これが、顧客が求め、価値ありとし、必要としてい
る満足だ」という。としています。つまり、売り手の視点ではなく
買い手の視点に焦点を当てないと駄目だということです。そこで、
４Ｐではなく４Ｃが必要とされてきました。

　顧客価値(Customer Value)、利便性(Convenience)、コミュニケー
ション(Communication)、コスト(Customer Cost) という顧客側から見
た4つの要素を効果的にマーケティング・ミックスするのが４Ｃ分析です。

　まずは顧客価値 (Customer Value) です。顧客価値とは、その
商品に顧客が感じる価値・ベネフィットの事を言います。機能や品
質だけでなく、ブランド・イメージやパッケージも含めて顧客のニー
ズを満たしているかが重要になります。

　二つ目は利便性 (Convenience) です。顧客にとって商品の入手
のしやすさは、購入するかどうかを決める重要な判断基準となりま
す。店舗までの距離が遠い、あるいはネット購入のやり方が複雑だ
と顧客の購入意欲が下がります。ちなみに、家の近所のスーパー
でウイスキーを購入しに行きますが、いつもウイスキー棚に鍵がか
かっていて、購入の際はサービスカウンターまで店員を呼びに来て
くれと表示してあるお店があります。サービスカウンターが遠く、

これでは面倒くさいので購入意欲もなくなり、購入する際にはいつも別のお店に、他の買い物と併せて行くようになってしまいました。せめて空箱でも置いて販売すればよいと思うのですが、大手スーパーでも顧客の利便性をあまり考えていないケースといえます。

三つ目はコミュニケーション（Communication）です。マーケティングを成功させるには、顧客との効果的な双方向コミュニケーションが不可欠と言われています。商品の宣伝を一方的にするだけではなく、顧客間の口コミやメディアでの顧客の声に耳を傾け、顧客との良い関係性を築いていく必要があります。

四つ目はコスト（Customer Cost）です。顧客が商品の価値を享受するまでの全てのコストのことで、金銭的コストに加え時間や労力、心理的負担も含みます。

コトラーによると、顧客が最大の受取価値を提供してくれる企業から商品を購入する場合、図表3-2-3のように総顧客価値から総顧客コストとの差額が一番大きな企業の商品を購入すると説明しています。総顧客価値は、製品価値・サービス価値・従業員価値・イメージ価値の合計です。また、総顧客コストは、金銭的コスト・時間的コスト・エネルギーコスト・心理的コストの合計です。

つまり、マーケティングの４Ｃ分析では顧客の受取価値をいかに高めていくかを考えていくことになります。

図表 3-2-3　顧客の受取価値の決定要素

3. マーケティングの手順

　マーケティングのプロセスの中で最初にやる事は、市場のリサーチと分析です。３Ｃを中心に分析を行っていきますが、まずは自社を分析するための SWOT 分析や自社を取り巻く外部環境を知るための PEST 分析を行っていきます。ここでは SWOT 分析について説明しましょう。

（１）ＳＷＯＴ分析（スウォット分析）

	プラス要素	マイナス要素
内部環境	**S** 強み（Strength）	**W** 弱み（Weakness）
外部環境	**O** 機会（Opportunity）	**T** 脅威（Threat）

（図表 3-3-1 SWOT 分析 ）

　企業の強み、弱み、機会、脅威を内部環境と外部環境に分けて分析するのが SWOT 分析です。自社の置かれている状況を考えて SWOT の各欄に該当する項目を書き出してみるとわかりやすくなります。

　実際には、図表 3-3-2 のクロス SWOT 分析の表を使うと、対策が考えやすくなりますので、合わせて紹介しておきます。

		内部環境	
		強み（Strength）	弱み（Weakness）
外部環境	機会 （Opportunity）	強み×機会	弱み×機会
	脅威（Threat）	強み×脅威	弱み×脅威

（図表 3-3-2　クロス SWOT 分析）

　自社の強みと外部環境の機会に恵まれている事（強み×機会）は、自社の強みを成長機会に活かす方法を考えます。自社の強みと外部環境の脅威（強み×脅威）がある事は、強みを活かして脅威を乗り切る方法を考えます。

　一方、内部環境に自社の弱みがあり、外部環境に機会がある事（弱み×機会）は、機会を活かすため弱みを補強する方法を考えます。そして、自社に弱みがあり、外部環境に脅威がある事（弱み×脅威）は、自社の弱みを理解して、脅威の影響を低減する方法を考えます。危機的な状況を招かない様、専守防衛か撤退を考えます。

　この SWOT 分析を実際にやってみると、すぐに効果が出せる場合が多く非常に便利です。

① 「焼肉　陽山道」のSWOT分析

　10 年以上前になりますが、上野で当時創業 60 年以上になる「焼肉　陽山道」が、毎月売上高が前年同月比マイナスとなり続けている時期がありました。和牛の A 5 ランクの 10 番以上という最高のお肉を割安感のある価格で提供し、しかも秘伝のタレで食べると最

高に美味しく、1度食べた人は必ずと言っていいくらい、リピーターとなるようなお店でした。しかもそれ以外の「和牛煮込み」のスープやビビンバ等も全て美味しい上野の銘店でした。

　前年同月比の売上高が毎月マイナスとなっていた時に、社長から「焼肉　陽山道」をちょっと見てくれないかと頼まれた際に行ったSWOT分析が、図表3-3-3　陽山道SWOT分析になります。

	プラス要素	マイナス要素
内部環境	**S** 強み（Strength） ・上野で創業60年の老舗 ・和牛A5。安くて美味しい ・秘伝のタレも美味しい	**W** 弱み（Weakness） ・職人不足 ・長年同じメニュー ・広告知識不足
外部環境	**O** 機会（Opportunity） ・上野、飲食客が多数いる ・親会社の取引先が店周に多数存在。	**T** 脅威（Threat） ・上野は焼肉激戦区 ・顧客の年齢層が高い ・老舗でも認知度が弱い

図表 3-3-3 陽山道 SWOT 分析

　内部環境の強みとしては、上野の老舗で最高級の肉を使っていて、しかも安くて美味しいという事が挙げられました。

　弱みは、肉を切る職人が不足ぎみでした。また、メニューが長年同じで、新メニュー開発ができていませんでした。また、マーケティングの「認知」に対する認識が弱く、広告に力を入れていませんでした。上野・焼肉でネット検索しても、上野でドミナント展開をしている競合店の焼肉店の名前ばかりが出てきて、「焼肉　陽山道」

の名前が出てこない状況でした。

　一方、外部環境の機会としては、上野アメ横内に本店があり、上野広小路交差点の1等地に別店舗を構えており、飲食客が多数存在していた点です。また、親会社は「オリエンタルパサージュ」という当時年商1千億円を超えるパチンコ店であり、パチンコ村である上野界隈に多数の取引先や社員を有していました。

　外部環境の脅威としては、焼肉店が多数あり激戦区でした。また顧客を見ていると、昔からの顧客が多く、年齢層の高い顧客が多い状況でした。更に、老舗でありながら、取引銀行の行員ですら、みんな「陽山道」ヤンサンドをヨウヤンドウと呼んでおり、認知度が低い状況でした。そこで、図表3-3-4　陽山道クロスSWOT分析で対策を考えました。

		内部環境	
		強み（Strength）	弱み（Weakness）
外部環境	機会 （Opportunity）	**強み×機会** ・来店客のほとんどがリピーター。店周に取引先多数。紹介運動でまず来店誘致。	**弱み×機会** ・新メニュー開発に取組む。 ・ネット、雑誌広告で新規顧客の来店誘致。
	脅威（Threat）	**強み×脅威** ・低収益ながら質量維持 ・上野で有名な競合店よりホームページ、グルナビ充実。	**弱み×脅威** ・ネット、雑誌広告で若者客・新規客を取り込む。 ・ドリンク種類増、若者対応

図表3-3-4　陽山道クロスSWOT分析

来店客のほとんどが一度来店すると美味しいので、必ずと言っていいほどリピーターとなる事から、まずは一度一人でも多くの人に利用してもらう事を考えました。

　そこで「チャレンジ運動」という紹介運動を社内で展開して、社員の皆さんに「陽山道」にお客さんを何人紹介したかを毎日発表して競い合ってもらうゲームを行いました。店周の金融機関やパチンコメーカー、社員家族紹介等で社員同士が競い合う盛り上がりをみせ、最終的には1,500人を超える紹介客が陽山道を初めて利用してくれました。当時は親会社の取引銀行の行員さんですら、「陽山道」を見て、何て呼ぶのですか、と度々聞かれる有様でしたが、今では「先週行ってきましたよ」「来週みんなで行きますよ」といった具合に、皆さんがリピーターになって頂いているので、運動の効果はかなりあったといえます。

　そして、「弱み×機会」のところでは、プロモーション（Promotion）活動が全くというほどできていなかったので、インターネットのぐるなび宣伝や雑誌への広告掲載に取り組んでもらい、新規顧客へのプロモーションに注力しました。また、何回行ってもいつも同じメニューで面白みがなかったので、ファミリーレストランの季節の新メニューの様に、行くたびに新しいメニューがあり楽しくなるような新製品開発にも取り組んでもらう事にしました。ドリンクについてもビールとマッコリだけでなく、ハイボールやサワーといった若者向けのドリンクも増やしてもらいました。その後スタッフの皆さんの継続的な努力で、3か月目以降からは無事に売上高は前年同月比プラスに転じ始めました。

②りそな銀行麻布支店のSWOT分析

　もう20年近く前になりますが、りそな銀行の麻布支店の支店長になった際にもSWOT分析を活用しました。

　当時、あさひ銀行と大和銀行が合併して「りそな銀行」となりましたが、大和銀行が信託業務をやっていたために、不動産仲介手数料の目標がいきなり支店目標に課せられる事になりました。あさひ銀行では昭和地所という不動産の関係会社があり、不動産情報があれば関連不動産会社に頼み、そこで売買や仲介をしてもらっていたので、実際に不動産仲介を自分でやって手数料を稼げと言われても、どうやればよいのかよくわからないというのが実態でした。宅地建物取引主任者の資格は急いで取ったものの、手数料目標金額が従来の2桁増くらいの金額であり、当初は唖然とするばかりでした。そこでSWOT分析をして自分なりに対策を講じることにしました。当時のSWOT分析表が図表3-3-5です。

	プラス要素	マイナス要素
内部環境	**S** 強み（Strength） ・富裕層取引に慣れている ・支店の歴史があり、歴代先輩方の支援あり。	**W** 弱み（Weakness） ・若手行員が多数在籍 ・不動産ノウハウ不足 ・不動産人脈なし
外部環境	**O** 機会（Opportunity） ・十番商店街入口で目立つ ・不動産価値が高い ・富裕層が多数いる	**T** 脅威（Threat） ・バブル崩壊後の不動産融資はタブーの時代が続く。 ・企業数が少ない。

図表 3-3-5 麻布支店 SWOT 分析

近隣エリアの虎ノ門支店や新橋支店、赤坂支店といった大きな店舗には、取引先に大企業があり、大企業の不動産需要と供給にうまく対応すれば目標が達成できる仕組みとなっていました。つまり、大規模な不動産であれば、銀行の不動産部が動いて、比較的早期に取引を成約してきてくれます。手数料目標が大きくても取引金額も張るので、手数料目標もクリアできやすいという事です。

　しかし、麻布支店の取引先は数社を除き、大半が小口取引先であったために、不動産部が動いてくれるような大口案件はありませんでした。

　そこで、図表 3-3-6 のクロス SWOT 分析により、「弱み×機会」をまず取引先開拓で補強することにしました。戸建て建売会社、マンションデベロッパー、その他デベロッパー、不動産仲介会社、といった具合に不動産分野ごとに取引に精通した取引先を開拓しました。

　つまり、不動産ノウハウがなかったので、不動産売却情報があれば、これらの取引先に直接購入してもらうか、購入者を見つけてもらう仕組みを作りました。

　関連会社に不動産情報を流し、成約を待っているだけでは、とても期中に目標を達成することは困難な目標数字だったのです。物件購入に際しては、戸建開発資金やマンション開発資金の融資を検討してあげることで、開発業者も真剣に購入を検討してくれました。

　ちなみに当時の麻布支店の取引先には時代的に不動産を売却処分したいというニーズが強く、購入したいというニーズはまだほとんどありませんでした。したがって、麻布エリア外の業者で、麻布エリアに興味を持ってくれる業者の開拓と、不動産ノウハウを持った仲介会社の人脈作りが必要だったのです。こまめに動いてくれる取

引先に相談すると、取引を成約してきてくれ、また、不動産売買案件の情報を持って相談に来てくれるようになり、支店の手数料収益が自動的に挙がる仕組みができて、目標数字をクリアできるようになりました。

		内部環境	
		強み（Strength）	弱み（Weakness）
外部環境	機会 (Opportunity)	**強み×機会** ・店周にマンション建設多数あり、富裕層住宅ローンの営業も強化。	**弱み×機会** ・不動産仲介会社の人脈強化 ・マンション、戸建、デベロッパー業者との取引開拓。
	脅威 (Threat)	**強み×脅威** ・不動産価値が高く、人気エリアで不動産処分も確実なので、不動産融資にチャレンジ。	**弱み×脅威** ・疑似 SPC 法人による不動産案件で融資残高を増やす。

図表 3-3-6 麻布支店クロス SWOT 分析

　銀行の支店には不動産仲介手数料といった収益目標以外にも、当時は法人新規貸出数の獲得や貸出残高の増加といった目標もありました。こちらについては、「強み×機会」を活かし、建設ラッシュであった麻布のマンション購入の住宅ローン営業を強化することにしました。
　今では都内のマンションで1億円以下のマンションを見つけるのは難しいかもしれませんが、当時はマンションで1億円を超えるよ

うな物件は、麻布を初めとした人気エリアの一部にしかありませんでした。つまり、住宅地店舗の住宅ローンより1ロットの大きいローン案件に取り組めたのです。

　麻布支店周辺のマンション建築看板を全てマップ上に落とし込み、営業担当全員で手分けして現場訪問をしました。通常はマンションプロジェクト資金を融資した銀行が、そのマンションの購入者用に提携ローンを組んでおり、現場では提携ローン以外のローンの取り扱いができない、というのが一般的でした。初めはやはり現場でその様な対応をされましたが、訪問を2度、3度と続けるうちに、次第に提携ローンに乗らない大口のローン相談をしてくれるようになりました。幸い麻布支店には富裕層顧客がたくさんいて、住宅ローンに乗らないようなプロパーローンの取り扱いに慣れていました。プロパーローンというのは、一般貸出と同じように貸出稟議を書いて対応するローンのことです。

　ある時、購入顧客に対してプロパーローンで対応してあげたところ、販売現場の責任者が凄く喜んでくれ、そこから仲良くなっていく、というパターンができてきました。支店の取引先係も熱心に営業をしてくれたので、最後の方にはお互いの営業マン同士の気心が通じ、「購入者が提携ローンではなく、りそな銀行さんの住宅ローンを組んで欲しいと言っている」という建付けでローン案件を持ち込んでくれるようになりました。

　また、「弱み×脅威」であった法人数が少ないというテーマには、麻布周辺の不動産を購入したいという顧客に対して、既存の商売とは切り離して、SPC法人を作りその不動産の価値とキャッシュフローのみをみて融資をする方法で残高を伸ばしました。今ではノンリコースローンが定着しましたが、1998年6月にSPC法が制定

されたばかりの頃は、実際にはまだまだ不動産価値のみを見て融資するという事は殆ど浸透していない時代でしたが、簡易 SPC 方式や疑似 SPC 方式と呼んで積極的に取り扱いました。

　この様に、SWOT 分析をして市場における自社、顧客、競合を見直し、対策を講じるだけでかなりの実績を挙げられることがたくさんあります。SWOT 分析を活用できるようになると、経営管理者として組織の中で頭角を現わす事ができるので是非覚えておきましょう。

（2）ＳＴＰ分析

　３Ｃを中心に SWOT 分析などで自社の分析ができたら、次はＳＴＰの３点から自社が目指すべき市場や取るべきポジションの戦略設定をしていき、そこから４Ｐや４Ｃ分析で具体的な商品設計を行っていきます。

　ＳＴＰ分析はセグメンテーション（Segmentation）、ターゲティング（Targeting）、ポジショニング（Positioning）の三つのステップを踏んでいきます。

　セグメンテーション（Segmentation）は、対象とする市場を細分化（セグメント）していくことです。例えば、ランチ市場であれば、ラーメン屋、コンビニ弁当、定食屋、コンビニ弁当、ファストフード、ネパールカレー屋、そば屋等の市場に細分化していきます。

（昼食市場の細分化）

　この中でどの市場をターゲットにするのかを明確にしていくのが、ターゲティング（Targeting）です。つまり、セグメンテーションで分けた市場のどこに参入していくか、ターゲットを絞ります。

ラーメン市場

　そして、ターゲットとする市場において、どのようなポジションを取るべきかを考えます。例えば、ラーメン市場をターゲットとして設定したとすると、とんこつラーメンでいくのか、あっさり醤油ラーメンでいくのか、安くて大盛りのラーメンでいくのか、人気ラーメン店となるための価値提案を作りあげる必要があります。

　この３点がはっきりしなければ、この後の４P、４Cを通じた商品戦略の設定（マーケティング・ミックス）も、対象を間違えたり、対象が曖昧になってしまったりします。

　前述したように製品 (Product)、価格 (Price)、流通 (Place)、プロモーション (Promotion) の４つのPからマーケティングを考えるのが４P分析です。

　顧客価値 (Customer Value)、利便性 (Convenience)、コミュニケーション (Communication)、コスト (Customer Cost) という顧客側から見た４つCからマーケティングを考えるのが４C分析です。これらのプロセスを通じて、最も効果的な商品戦略の設定（マーケティング・ミックス）を行っていくのがマーケティングの手順となります。

　マーケティングの事例としてマイクロフリッジの話は有名です。1980年代後半、アメリカの大学の学生寮では電熱器によるブレーカー火災事故が年間 1,600 件以上起きており、学生寮での料理が禁止されていました。そこでロバート・ベネットがマイクロフリッジという

冷蔵庫と電子レンジを一体化させ、電子レンジの電源が入ると冷蔵庫部分の電源が切れて、電熱器の火災事故を防げるという製品を作りました。

- **SWOT分析**

  学生寮のブレーカー火災が多発しているのを見て、ブレーカー事故にならない、ワット数を制御できる冷蔵庫と電子レンジが一体となった製品を開発。

- **3C分析とSTP**

  学生寮に入る学生の保護者を対象顧客にしていくことを決めました。

- **4P/4C分析**

  コストがかかった分、価格（Price）は少し高めに設定して、流通（Place）は家電量販店を中心に行っていくことにしました。

- **結果**

  良い製品でしたが、ターゲットとした学生の保護者には値段が少し高かったこともあるのか、結果は「全く売れませんでした」。

- **3C分析とSTPをやり直し**

  今度は、同じ商品ですが、学生の保護者向けに家電量販店で売るのではなく、学生寮を運営する会社を顧客ターゲットに再設定しました。

- **4P/4C分析の結果**

  学生寮の運営会社はレンタルで使い回せることから、一度に大量購入するケースが増え、爆発的なヒット商品となりました。また、一括大量販売で効率的な販売ができました。

  マーケティングでは、1度の試行で商品が売れることは中々ありません。3C分析、4P／4C分析のフレームワークを試行錯誤し

ながら組み替えていくのが実際のマーケティングといえます。

4．応用編（アイリスオーヤマ）

　30年以上前、中が見える半透明の収納ケースを初めて見た時に、この商品いいなと思った記憶があります。その後何回か、これは便利そうだと思い手に取った商品に、アイリスオーヤマと書いてあり、いろいろ面白い商品を作る会社だなあと思った記憶があります。近年では、照明・園芸・日用品・ペット等至るところにアイリスオーヤマの商品が売られているどころか、最近ではアイリスオーヤマの家電コーナーまで登場しており、ただただ驚くばかりです。

　アイリスオーヤマの大山健太郎会長の著書「いかなる時代環境でも利益を出す仕組み」(日経BP発行　2020年9月23日初版第1刷発行)には、今まで本書で紹介してきた、経済学・経営学・マーケティングと次章で紹介する財務管理の全てが網羅された、マーケティングに立脚した実践的な経営内容が記されていますので、ここで紹介しておきます。

（1）アイリスオーヤマの経営戦略

　アイリスオーヤマはおよそ１０年ごとに起きる環境変化のたびに大きく成長してきたそうです。具体的には1991年の不動産バブル崩壊、1997年の金融危機、2008年のリーマンショック、2011年の東日本大震災、2020年のコロナショックといったピンチに業績を伸ばしてきました。

　1991年に、大山ブロー工業所からアイリスオーヤマに社名変更した際に、企業理念として「いかなる時代環境においても利益の出せる仕組みを確立する」という言葉を掲げ、これが今の経営戦略の

根底にあるようです。

　大山会長は父親が創業した、プラスチック製品の下請け加工業である大山ブロー工業所を、1964 年に 19 歳の時に父親の他界で引継ぎ社長になられたそうです。

　1973 年に第 1 次オイルショックが起き、石油製品需要が高まり、トイレットペーパー同様、市場はプラスチック製品の買い占めに動き、ブイや育苗箱を作っていた大山ブロー工業所も設備を増強して需要に応えました。最新設備を入れた仙台工場では 150 人もの社員が働いていました。しかし、混乱が収束すると需要が急減し、壮絶な値崩れが始まりました。売上高が 14 億円から 7 億円に半減し赤字となり、そのうえ仙台工場の設備借入も膨らんでいたことから、倒産の危機に陥ったそうです。

　特定のヒット商品を飛ばしても 1、2 年で会社は駄目になります。競合他社に追随されて価格競争になれば、利益率は大きく落ちてしまいます。どんな時代環境においても利益を出せる経営とはどのようなものか、そして二度とリストラをしないという強い思いを胸に作り上げられてきた企業理念が「いかなる時代環境においても利益の出せる仕組みを確立する」という言葉だということになります。

　そして、それを実現するための戦略が、自社の強みに特化する「選択と集中」戦略と、目先の効率が下がるかもしれないが、決して機会損失を起こさない「選択と分散」戦略の両方を追求することだとしています。集中戦略はマイケル・ポーターの「競争の戦略」の所で紹介しましたが、効率化を高め競争優位を作り出す戦略です。

　しかし、一方で外部環境の変化には弱いという弱点があります。そこで、アイリスオーヤマでは、環境変化を自社の成長に取り込む

ために、目先の効率をあえて下げ、資本を分散させる戦略を取っているそうです。工場の稼働率を7割に抑えているのも経営戦略の一つで、このお蔭で、東日本大震災の後にLED照明を一気に製造し、LED電球では大手家電メーカーを抜き、国内トップシェアとなりました。また、コロナ禍でもマスク増産に早期に対応でき、マスクの出荷数でも国内トップシェアとなりました。

　ピーター・ドラッカーの「環境にただ対応するのではなく、環境を自ら変えることが重要」との考えを基に、景気が悪くなったら経費削減に取り組み、影響を軽微に抑えるだけでは不十分として、ピンチを確実にチャンスに変えて業績を伸ばしてきました。

　これからの経営のスタンダードは、目先の利益を最大化し、資本効率を極大化することではなく、どんな時代環境においても利益を出すことのできる仕組みを作る、ニューノーマルのマネージメントが必要だと提唱されています。

（2）「ユーザーイン」と「メーカーベンダー」

　利益を出し続ける仕組みの一つに、まず「ユーザーイン」をあげています。需要と供給のバランスで動く市場経済と一線を画するために、自ら需要を生み出す市場創造型の製品が必要であり、それを「ユーザーイン」と名付け経営の軸に据えています。

　ここは前述したマーケティングの3C分析の顧客（Customer）に関係しています。そして、この考え方は経済学のジョン・メイナード・ケインズ「雇用・利子・貨幣の一般理論」の所で紹介した、「有効需要が少なければ有効需要を作り出せばよい」としたケインズ的な発想で非常に共感が持てます。

　この様な考えの下、1980年代にはガーデニングブーム、ペット

ブームを仕掛け、会社が大きく息を吹き返しました。ちなみに、陶器の重い鉢をプラスチック製の軽い鉢にしたのも、ベニヤ製の犬小屋をお洒落なプラスチック製の犬小屋にしたのも、アイリスオーヤマであり、いずれもヒット商品となりました。

　ただし、需要創造型の製品は過去の販売実績を示す事ができないため、確実に売れるものを求めたがる問屋は取り扱いに難色を示したそうです。そこで新興勢力のホームセンターとの直接取引を狙い、問屋機能を持った「メーカーベンダー」という業態を確立しました。

　この辺りは前述したマーケティングの４Ｐ分析で出てきた流通（Place）に関係してきます。

　需要創造の仕組みである「ユーザーイン」と市場創造の仕組みである「メーカーベンダー」を基本とした経営戦略です。

（３）製品開発力・市場創造力・瞬発対応力・組織活性力・利益管理力の５つの考え方

　大山会長は「どんな時代環境でも利益を出す仕組み」の経営戦略、マーケティング戦略について、開発力、創造力、瞬発力、組織力、管理力の５つの分野に分けてわかりやすく解説されているので、ここで紹介しておきましょう。

・製品開発力

　顧客に必要とされる製品やサービスを継続的に送り出すことが、いかなる時代環境でも利益を出すための第一歩です。売れる製品をたくさん出していれば、粗利は拡大しますし、あるジャンルの製品が売れなくなっても、他のジャンルの製品がカバーしてくれます。利益を出し続けるためには、顧客を中心に経営を組み立てる必要が

あります。

　ここでは、ボストン・コンサルティング・グループの「PPM マ
トリックス」を思い出してください。そして３Ｃ分析の顧客
(Customer) や４Ｃ分析の顧客価値 (Customer Value) がここで
出て来ます。

　「顧客を中心に経営を組み立てる」というと当たり前のように聞
こえるかもしれませんが、多くの会社は十分にできていません。こ
れには顧客とは誰なのかを明確にする、３つの型で捉えると解りや
すくなります。

　まず一つ目は、自社の強みを深堀することで勝負する戦略で「プ
ロダクトアウト」と言います。かつての需要が供給を上回っている
状態で有効であり、とにかくモノを大量に安く作る事が企業経営の
模範でした。現代においてプロダクトアウト型が通用しなくなった
わけではなく、製造業なら品質、価格、納期などを極めれば有効に
機能しますが、外的環境の変化や競争条件の変化で需要がなくなる
と弱点となります。

　二つ目は、業界や市場の要望に応える戦略で「マーケットイン」
と言います。独自性の高くない製品でも、市場で必要とされるもの
はたくさんあります。あるメーカーはマーケットインで戦う事がで
きます。価格競争に耐えるだけの資本力や営業力のあるメーカーは
マーケットインで戦う事ができます。ただし、市場の競争環境によっ
て業績が上下するので、資本力に劣る中堅中小企業が利益を上げる
には無理があります。

　そして三つ目は、買う人ではなく使う人が「これは役に立つ」「こ
れは安くて使い勝手がいい」と満足するかどうかを考えるのが「ユー
ザーイン」です。

多数の製品を扱う問屋や小売店のバイヤーは買い手ではありますが、ユーザーではありません。バイヤーは売れるかどうか分からない斬新な新製品よりも、安定して売れる製品を安く仕入れたいのです。つまり、メーカーは自社製品を売ってくれる問屋や小売店を大事にしますが、実はその先にいる真のユーザーを見る「ユーザーイン」という事こそが経営の要といえます。そして、アイリスオーヤマでは、新製品比率50％以上を目標に掲げ、常に顧客に新しい価値を提供できるよう、毎週、全部署の責任者が集まる「プレゼン会議」で新製品の提案・検討を行っているようです。

・市場創造力

　ユーザーインで需要創造型の製品を開発しても、いざ売るとなると現実的には難しい問題が出て来ます。特に新興メーカーが新しい製品を売ろうとするときには、問屋の壁と小売店の壁に阻まれます。問屋の壁とは、問屋では、売れるか売れないかわからないものはできれば扱いたくないので、最初にふるいにかけられてしまうという壁です。小売店の壁とは、今までに見たことがない製品を扱うのはリスクがあり、自分が仕入れた製品のせいで売り上げを落としたくないとの考えから、ヒットの可能性がある商品より確実に売れる製品を店頭に置きたがるという壁です。

　せっかく需要創造型の製品を作っても、店頭に置いてもらえなければ売れません。この二つの壁を中小企業が突破するのは大変なことです。中堅・大手企業であっても、流通の主導権を持っていなければ、新機軸の製品はなかなか店頭に並びません。そこでアイリスオーヤマでは、問屋機能を持ったメーカーであるメーカーベンダーへの転換を図り、問屋の壁を打ち破りました。

アイリスオーヤマでは、急速な勢いで成長していたホームセンターをメインの販売チャネルとして、問屋を通さず直接取引を始めることで順調に売上を伸ばし、ホームセンター側もアイリスオーヤマが開発した新製品を喜んで店頭に置いてくれました。ここは４Ｐ分析の流通（Place）ですね。

　ところが、取引金額が拡大すると、ホームセンターから「取引金額が問屋を上回る規模になったので、問屋と同じサービスをして欲しい」と求められたそうです。

　問屋の機能を持つとなれば、全国に営業所や物流センターを配置し、ホームセンターの各店舗をきめ細かくフォローできる体制にしないといけません。目先の効率を考えれば、問屋経由の商売を選択する方がリスクも少なく得策であると考えられますが、オイルショックの際に問屋が、従来の取引関係よりも低価格先を優先して冷たくされた経験から、問屋に依存しないことによる市場創造力を第一に考え、メーカーベンダー（図表3-4-7）によるマーケティング力強化の仕組みを作りました。

　通常、メーカーは素材や技術、製品群ごとに会社が分かれています。つまり、鉄鋼メーカー、石油メーカー、医療メーカー、自動車メーカー、

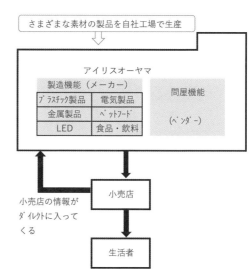

（図表 3-4-7　メーカーベンダーの概略図）

家電メーカーというような業界に分かれているという事です。アイリスオーヤマもその時はまだプラスチック加工メーカーでした。ところが、小売店は問屋に品揃えを求めるため、プラスチック製品だけというわけにはいかず、金属製品や木製品、紙製品でも小売店から求められるものは全て納入できるようにならないといけなかったのです。しかも、問屋相手の取引であれば、製品はケース単位で出荷できましたが、ホームセンターとの直接取引となると、売れた分だけ「製品１個単位」の発注形態となるそうです。想像しただけでも凄い決断といえます。

「メーカー直販」というのもよく聞きますが、これは単にメーカーが小売店に自社製品を直接売っているということであり、問屋機能を持つという意味とは大きく違います。

アイリスオーヤマの取り扱っている素材と製品群は図表 3-4-8 の通りです。

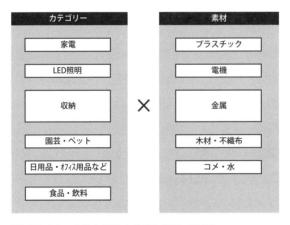

（図表 3-4-8　多様な製品を多様な素材で作る）

アイリスオーヤマの中国・大連の工場はデパートメントファクトリーと呼ばれており、６１種類もの素材・製品を一つの工場内で別々

のラインで製造しているそうです。また、主要地域のホームセンターを半径３００キロ以内でカバーする日帰り圏内に収めた物流拠点を持ち、その物流拠点内に工場を造るという発想の経営をしています。

効率よく製品を作るなら一つの工場の方が良いといえますが、メーカーベンダーとして顧客のニーズに迅速に応えるために、あえて分散させています。

プラスチック、木材、金属など、幅広いメーカー機能が「縦糸」となり、ホームセンター、家電量販店、スーパー、コンビニなどの多様な流通ルートを「横糸」とすることで、それらが無限に絡み合って頑丈な布地を作り上げる、というのがアイリスオーヤマの事業構造イメージです。

・瞬発対応力

アイリスオーヤマでは、1991年のバブル崩壊、1997年の金融危機2008年のリーマンショック、2011年の東日本大震災、2020年の新型コロナという大きな危機の時に、ことごとく業績を大幅に伸ばしてきました。直近では、コロナショック前はマスクの国内販売シェアは３位でしたが、コロナ禍で大増産ができたため、一気にトップシェアになりました。この経営の秘訣は、日頃より工場の稼働率を70%以下に抑える「稼働率７割」ルールにあります。

多くの人は「見えている無駄」を省こうとします。つまり、見えているところのコストダウンを意識する経営です。見えているものを合理化する究極がトヨタの「ジャスト・イン・タイム」です。受注から出荷までのリードタイムを極限まで短縮し、注文が入ったらものすごいスピードで作り納品する。このシステムは、在庫という「見えている無駄」を省くことができ、世界のトヨタを創り上げた

システムです。

　一方、アイリスオーヤマは需要が急拡大しても対応できる「稼働率７割」経営で業績を拡大してきました。つまり、従来１０年に一度と言われてきた大きな環境変化が、これからはもっと短期間で起こる事を想定し、急激な需要変動に対応できる仕組みを作ったのです。需要が急拡大してチャンスが来た時に、日頃よりギリギリの態勢で経営をしていたのでは、需要拡大に対応できず、稼げるチャンスを逃してしまいます。儲かるときにしっかりと稼いでおかない会社は、逆に需要が減退したときに赤字に陥り、すぐにキャッシュが枯渇してしまいます。

　つまり、環境変化が頻繁に起こるようなこれからの時代には、稼働率よりも瞬発力を優先する経営に力を注ぐべきだとしています。

　この瞬発力のある経営はメーカーでなくても非常に役に立つ経営ノウハウといえます。

　例えば、多くの人が不動産を購入したがっているときには、物件価格も高くなかなかお得な物件は出てきません。

　ところが、景気が悪く、銀行もなかなか融資をしてくれない時には、不動産を売却しようという人が増え、お得な物件が売りに出る事があります。しかし、そういう時に限って、自社の業況も良くなく、銀行も担保評価が厳しくなり、なかなか希望金額まで融資をしてくれないので、買いたい物件があっても買えない、というのが一般的な話です。

　こんな時に、日頃から資金に余裕を待たせていた会社であれば、銀行が融資できる金額だけ借入を行い、残りを手元資金で賄えるので、お得な物件を購入することができます。全額現金で買えれば、物件をタイミングよく買える可能性がより高まります。

20年以上前になりますが、資金を潤沢に持っていた会社は、利回り10%以上の都内物件を購入しており、その後売却して大儲けした会社が何社もあります。つまり、一般の人と逆張りで、いざという時に瞬発力を発揮できる経営というのは、非常に役に立つ経営ノウハウだといえます。

　ただ、資金力に余裕のある経営者の多くは、欲しいという欲望を抑えきれずに、高値でも欲しいと思った物件を買ってしまうため、結局、最後にはババを引いて誰かが損をする、というのが一般的な流れです。したがって、チャンスまで余力を維持しておくという経営は、簡単には真似ができないといえます。

　なお、関係会社の客室清掃会社の場合はどうでしょうか。スタッフがいつもギリギリでやっている場合、ホテルの稼働が急に上がった時や、清掃スタッフが当日病欠した場合などは、人数が不足して清掃が終わらないことになってしまいます。これではホテルにご迷惑をかけてしまうので、ギリギリの人数で効率化を最優先にするのではなく、常に少し余裕を持ってアルバイトを呼んでいます。

　更に、急に３００室程度の大きな新規案件が来た場合、本社を含めギリギリの人数で運営を行っていると、その話には１か月では対応できないという事になってしまいますが、常に本社内に遊軍がいて、普段は違う業務をやっていますが、いざという時には新規案件に取り掛かれる態勢を作っているのは、まさしくチャンスをものにするためです。ただ、もともと利益率が非常に低い業界なので、人材に余裕を持たせることは損益とのバランスを取りながらの運営になり神経を使います。

　なお、大山会長は著書の中で次の様なおもしろい話もされています。効率なくして経営はできない。効率の追求は大切ですが、効率

一辺倒では危険である。目先の効率を上げるものと、目先の効率化はもたらさないけれど、企業の力になる効果があるもの、この二つを追求することが大切である。では、これらをどのように配分するのが最適かを１０のリソースで考えます。

・９×１＝　　９
・８×２＝１６
・７×３＝２１
・６×４＝２４
・５×５＝２５

最も積が大きくなるのは、「５×５」であることから、効率と効果にリソースを半分ずつ振り分けることが最適であるとしています。

・組織活性力

アイリスオーヤマでは３つの評価基準で社員の評価を行います。一つは業績、実績です。業績や実績はお客様にたまたま恵まれたとか、担当商品が競合メーカーの出現で利益率が低下した等という、個人の力とは言い切れないことで左右されることがあるため、実績のウエイトは全体の３分の１にしています。

次は能力です。能力といっても管理系の人もいれば、営業、製造、開発と職種がさまざまであることから、思考・伝達力に絞っています。つまり、知識だけでは仕事はできない。知識をいかに知恵に変えていけるかの能力を評価していきます。これについては、毎年年初に課題論文を書かせ評価するそうです。

３つ目は３６０度評価です。個人の実績と能力だけでは会社を動かす事はできません。そこで、１人の評価を１５人〜２０人からなる、上司、同僚、部下、関連部署のメンバーから、バランスよく選

ばれた評価者が評価を行います。こちらもウエイトは３分の１です。

　３６０度評価は若くて優秀な人ほど、自分に対する自己評価が高くなりがちなので、実は周りの人からの評価はそこまで高くないという事に気づくことができるので、なかなか良い評価方法だと思います。

　「実績」「能力」「３６０度評価」の合計点を出して、等級ごとに順位を発表します。ワースト１割に入ると「イエローカード（気づきのカード）」となり、２年連続でワースト１割に入ると「レッドカード」となり降格となります。

　この様な人事考課制度で組織活性化を図っていますが、ＩＣジャーナルという情報共有制度でも人材の育成や組織活性化を図っています。ＩＣジャーナルとは、日々の仕事の中で得た情報を基に、各社員が自らの「意思」を、新聞・雑誌記者のように、伝えるように書く日報のようなものです。例えば「製品Ａの拡販を狙って、ホームセンターＢのバイヤーＣ様に商談に出向いたところ、競合のＤ製品の方が、〇〇の機能で人気が高いと聞いた。私は〇〇機能を改善し、内部機構を見直して、価格低減の上、再提案したい」というような報告書です。

　ＩＣジャーナルの内容は顧客ニーズの変化や新しいトレンドの兆し、競合の動向などの幅広い情報がリアルタイムで共有されることから、組織活性力を生み出し、仕事の属人化を徹底的に排除する仕組みの一つとなっています。

・利益管理力
　ユーザーインの発想に立てば売れる製品はできますが、儲かる製品になるかどうかはまた別の話です。有望なアイディアを儲かる事

業に育てるためには、損益管理が必要です。

　販売3年以内の新製品が営業利益ベースで10％以上の利益を出す事を第一優先に考えているそうです。やり方としては、開発社員が製品発売以降も3年間は利益管理を行います。利益管理を事業担当者や営業担当者が担うと、目標に達しないと「製品が悪いからだ」と開発のせいにしがちになるからです。

　開発担当者は試作品作り、部品調達、原価計算、価格決定と、企画立案から製品開発に至るまでの仕事を一貫して担当します。その過程でかかった製品ごとの開発費も細かく計算し、製品販売から3年間は損益をチェックしていきます。

　また、営業部隊も得意先別の損益や販路別の損益管理を行い、利益が出ていない新製品があれば、その課題を抽出し、対処方法を細かく議論していきます。更にサポート部門や間接部門なども、製品の認知度を何パーセント上げたかとか、ブランドポジションをどれくらい上げたかといったものを全て数値目標に落とし込み、数値で達成度をチェックしていきます。

　売れない製品をボーッと何もせずに続けても意味がないので、販促や価格の改定などをしても計画値とかい離している状態が改善されない場合は、製品のリニューアルを行っていきます。PDCA（Plan-Do-Check-Action）が途中で止まってうやむやになると、決して達成率は上がらず、社員のモチベーションも低下します。だから、会議で議事録を取るなど、C（確認）やA（改善）を確実に促す仕組みを取り入れています。つまり、高速のPDCAで赤字製品を潰す仕組みです。物事をゴールまで押し詰める習慣がついた社員は、計画の立て方や改善提案の質が上がり、PDCAが驚くほど高速で回るようになります。

以上、アイリスオーヤマの「いかなる時代環境でも利益を出す仕組み」を作り出す経営戦略を紹介してきました。実践の経営において、経済学・経営学・マーケティング・財務管理がどのように活かされているのかが少しイメージできたのではないでしょうか。

5．実戦マーケターのアドバイス

　マーケターとして、いま最も話題を呼んでいるのは、傾きかけたユニバーサル・スタジオ・ジャパン（ＵＳＪ）をＶ字回復させた森岡毅氏といえるでしょう。ハリー・ポッターを初め、ワンピースやモンスターハンター、ハロウィーン・イベント、新ファミリーエリアの建設や後ろ向きに走るジェットコースター等、５年間で６０以上の新規プロジェクトをことごとくヒットさせ、５年間で６６０万人もの集客を増やし、ＵＳＪをみごとにＶ字回復させました。

　そして、株式会社刀を設立後も、確率を利用した独自の数学マーケティングで、西武園ゆうえんち、ハウステンボスや丸亀製麺等を次々と再生させ、日本を元気にしてくれています。

　森岡毅氏と今西聖貴氏著「確率思考の戦略論　USJ でも実証された数学マーケティングの力」（株式会社 KADOKAWA 発行　2020 年 1 月 25 日 18 版発行）にマーケティングを成功させる秘訣が書かれているので紹介しておきましょう。

（1）市場構造の本質

　企業戦略を構築するためには最低限の市場構造を理解しておくことが不可欠です。市場構造を理解することによって、成功確率の高い企業戦略を選ぶことができます。

　市場構造とは、ある商品カテゴリーにおける、消費者、小売業者、中間流通業者、製造業者など、ビジネスに関わる全てのプレイヤーの思惑と利害がミクロのレベルで様々に衝突し、それぞれの力関係に沿って収束している「やり方」です。つまり、簡単にいうと、市場の構成要因をいくつかにまとめたものです。

　そして、市場構造を決定づけているＤＮＡは消費者のプレファレンスです。プレファレンスとは、消費者のブランドに対する相対的な好意度（簡単にいえば「好み」）の事で、主にブランド・エクイティー、価格、製品パフォーマンスの３つによって決定されています。なお、カテゴリーとは、同じ目的で使用され、同じような方法で便益をあたえる製品・サービスの集まりのことです。例えば、スポーツカーも普通乗用車も「自動車」というカテゴリーです。

　さまざまな商品カテゴリーにそれぞれの市場構造がありますが、実は市場構造の本質はカテゴリーに関係なく、どれも同じなのです。つまり、「消費者のプレファレンスによって決定される購買行動の仕組み」は、どのカテゴリーにおいても共通のルールに従って行われるという事です。

　図表 3-5-1 はカテゴリー別の現実数を下記 NBD モデル（r 回でる確率）という数式で出した予測値です。

$$\text{Pr} = \frac{\left(1 + \dfrac{M}{K}\right)^{-k} \cdot \Gamma(K+r)}{\Gamma(r+1) \cdot \Gamma(K)} \cdot \left(\frac{M}{M+K}\right)^r$$

同じ数式で算出した予測値が、それぞれパンケーキ、歯磨き粉の購入、本の貸し出しといった、全く異なるカテゴリーの現実数とほぼ一致していることから、異なるカテゴリーの消費者の購買行動が同じ法則に基づいているということがいえます。

カテゴリー	(1)パンケーキ		(2)歯磨き粉の購入		(3)本の貸し出し	
対象者の数　使用・購入回数	2週間　1000世帯		四半期　5240世帯		1年間　9480冊	
	現実	予測	現実	予測	現実	予測
0	62%	62%	44%	44%	58%	58%
1	20%	21%	19%	22%	20%	19%
2	10%	9%	14%	13%	9%	9%
3	4%	4%	9%	8%	5%	5%
4	2%	2%	6%	5%	3%	3%
5	1%	1%	3%	3%	2%	2%
6回以上	1%	1%	4%	5%	3%	3%
合計	100%	100%	100%	100%	100%	100%
全体の平均回数（M）	0.736	---	1.46	---	0.993	---
K	---	0.6016	---	0.78	---	0.475

図表 3-5-1　カテゴリー別回数別構成比

　例えば、（1）パンケーキは、アメリカの家庭において過去2週間にパンケーキを食べた回数別の構成比を示しています。20％の家庭が過去2週間に1回パンケーキを食べ、10％の家庭が過去2週間に2回パンケーキを食べたという結果でした。これを NBD モデルという数式を使い予測値を計算すると、現実とほぼ同じ計数を算出できるということです。パンケーキ、歯磨き粉の購入、本の貸し出し、といった全く異なるカテゴリーの現実と予測値が同じとなっています。したがって、異なるカテゴリーの消費者の購買行動が同じ法則に基づいているということがいえます。このことは一つ

ひとつのブランドにおいても、また、ブランド間のシェアにおいて
も同じ結果となっており、みんな同じ法則に支配されています。

　つまり、カテゴリーも、ブランドも、ブランド間の関係も、消費
者のプレファレンスによって支配されており、そのことから、市場
競争とは、１人ひとりの購入意志決定の奪い合いであり、その核心
は消費者のプレファレンスであるといえます。マーケティングにお
いて消費者視点に立たなければ市場競争には勝てないという根本的
な理由がここにあります。

（２）戦略の本質

　企業の売上は、自社ブランドに対する消費者のプレファレンスに
よって最大のポテンシャルが定まる事をみてきましたが、その最大
のポテンシャルは、「認知」と「配荷」によって制限されて現実の
ビジネスの結果が決まります。つまり、売上を伸ばすためには、①
自社ブランドへのプレファレンスを高める、②認知を高める、③配
荷を高める、という３つの戦略が必要となります。

　例えば、市場で認知率と配荷率がそれぞれ５０％ずつしかなけれ
ば、プレファレンスによって決定されたブランドの最大ポテンシャ
ルが１００％だとすると、１００％×５０％×５０％で２５％のま
で制限されます。つまり、本来１００個売れたはずの商品が実際に
は２５個しか売れません。この５０％ずつの認知率と配荷率のど
ちらかだけでも８０％までに引き上げる事ができれば、１００％×
８０％×５０％で４０個まで売れるようになります。両方を８０％
まで引き上げる事ができれば、１００％×８０％×８０％で６４個
まで売上を伸ばせます。

①「認知」の伸び代を探す

　認知率（Awareness）が伸びるとビジネスはあるレベルまでは直線的な関係で伸びていきます。自社ブランドの認知率がまだまだ競合に比べても伸び代がある場合にはチャンスがあります。ただ、認知といっても、さまざまな認知の質があります。「認知の質」とは消費者が認知している内容の事です。消費者が認知している内容が、単にブランド名だけなのか、それともブランドの戦略的ブランド・エクイティーまで認知しているのか、それによって消費者の購買行動に決定的な差が出ます。例えば、「ダイソン」というブランド名だけを知っている人と、ブランド名に加えて「吸引力の変わらない、ただひとつの掃除機」という彼らの便益コピーまで知っている人では、ダイソンを買う確率は全く変わってきます。

　さて、USJが社運を賭けて巨費を投じ２０１４年７月にオープンしたハリー・ポッターは、達成しないといけない追加集客が、需要予測モデルによって導き出された「２００万人」でした。そしてその需要予測が示す必要な認知レベルは、日本国民全体の９０％以上という凄まじい高さでした。全国認知９０％というのは、日本全国で最大の話題で関心事になるということで、オリンピックや万博のようなポジションにならなくてはいけないというものでした。

　まずは予算の関係で、テレビCMなどの純広告で７５％、残りはネットを使った低費用のデジタル・マーケティングとPRの力で１５％を考えました。しかし、当時のUSJに対して関心を持つメディアは少なく、TVをつければどのチャンネルも、情報番組だけでなく、バラエティ番組も報道番組も、USJのハリー・ポッターをやっているという状態を作り出すのは非常に困難でした。

　そこで、森岡氏は「USJのV字回復を本に書いてベストセラーに

し、USJは注目すべき成長企業であるというメディア内認知を形成する」という奇策を考えました。そこで、２０１３年１１月に「USJのジェットコースターはなぜ後ろ向きに走ったか？」（角川書店）を出版して、計画通りにビジネス書のベストセラーに入り、一挙のマスコミの注目を集めることができました。そして、インバウンド振興や日本の観光業活性化の大義で、グランドオープンに安部晋三総理大臣とケネディ駐日米国大使をお招きしたことで、凄まじい数のメディアが集まり、結果として認知形成は９０％を大きく超え「１００％」とすることに成功しました。結果として、集客人数は想定した２００万人増を大きく超えました。

②「配荷」の伸び代を探す

配荷率（Distribution）とは、市場にいる何％の消費者がその商品を買おうと思えば物理的に買える状態にあるかという指標です。シャンプーの様な消費財の場合は、ヘアケアカテゴリーの商品を取り扱う全国に展開するすべての小売店舗のうち、例えばドラッグストアーや大型スーパーやホームセンターなど、自社ブランドを取り扱ってくれている店舗数の割合を「ストアカウント配荷率」と言います。また、その「ストアカウント配荷率」を、大型ドラッグストアー１店舗と小さな町の小さな薬局１店舗とのビジネス上の効果の違いを反映させ修正したものを、「ビジネスウエイト配荷率」と言います。

配荷率（Distribution）とは、多くの競合ブランドとの配荷シェアの奪い合いであり、限りある店舗の棚スペースを物理的に奪い合う熾烈な戦いです。現状の自社ブランドに有利に変えていくには、大きなエネルギーが必要になります。小売店からしてみれば、自社の限られた棚での売上が最大化する組み合わせで各社のブランドを

置きたいので、よほど既存の商品が売れなくならない限り、現状を変えるのはリスクが生じます。前述のアイリスオーヤマの話で出てきた「せっかく需要創造型の製品を作っても、店舗に置いてもらえなければ売れません」という言葉はこの配荷の事を意味しています。

　小売店の棚の売上を最大化するための核心は、その店を訪れる買い物客のプレファレンスに合わせて棚を作るということです。

　例えば、都心型のドラッグストアーで、買い手が若い女性やインバウンド旅行客に偏っている店舗では、買い手のプレファレンスに比重を置いた棚割にしています。一方、郊外型のホームセンターでは、中高年層やファミリー層の割合が多いので、棚割りは都市型店舗の価格の高いブランドものより、定番老舗ブランドを中心に大型サイズが山積みされてアピールされています。

　自社ブランドが、それぞれの小売店にとって、「確たる役割」を果たせるかどうかが非常に重要です。小売店それぞれの客層プレファレンスの中で、自社ブランドが担えるユニークな役割があり、その役割が店舗業態を超えて普遍性が高ければ高いほど、「配荷率」はより高く伸びやすくなります。小売店の売上金額に貢献するのか、カテゴリーの売上単価の引上げに貢献するのか、あるいは利益なのか、自社ブランドの小売店における役割を競合ポジショニングと比

較し、それを明確にすることによって配荷の面積（市場のカバー率）を増やしていくと、自社の売上も直線的に伸びていきます。なお、配荷は「配荷率」が高くても、配荷の質を改善して、その店舗でより消費者のプレファレンスに合うような、商品構成の最適化を図ることで、更に業績を伸ばすことができます。

③プレファレンスの伸び代を探す

　消費者のプレファレンスが自社ブランドの最大のポテンシャルを決定しますが、認知率（Awareness）と配荷率（Distribution）という二つの要因がプレファレンスを制限することをみてきました。そして、認知率と配荷率をどのように高めていくかについて紹介したので、最後に本丸である消費者のプレファレンスはどのように増やせるのかを紹介していきたいと思います。

　森岡氏によると、自社ブランドが選ばれる「確率」に正体である「消費者のプレファレンス」は、次の負の二項分布の式で計算できるそうです。二項分布は試行回数を固定し、成功回数が確率変数となりますが、負の二項分布の場合は、成功回数を固定し、試行回数を確率変数としたものです。

NBD モデル（ r 回出る確率 ）

$$Pr = \frac{\left(1 + \frac{M}{K}\right)^{-k} \cdot \Gamma (K+r)}{\Gamma (r+1) \cdot \Gamma (K)} \cdot \left(\frac{M}{M+K}\right)^{r}$$

　数式を覚える必要はありませんが、式から自社ブランドが選ばれる「確率」はMとKによって決まってくることがわかります。

　Mは選ばれる確率そのもので、自社ブランドを全ての消費者が選択した延べ回数を、消費者の頭数で割ったものです。

一方、Kは消費者の購入確率がどのような分布の形になるのかを
決めている指標です。

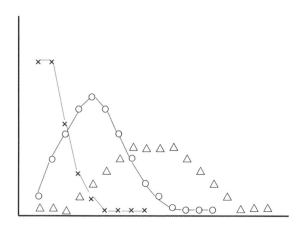

（図表 3-5-2　分布のかたち）

　つまり、図表 3-5-2 のグラフのイメージで、Mが一定（面積が同じ）
だとしても Kの計数が動くと確率分布のかたちが変わるというもの
です。したがって、Kが売上に直接影響することはありません。
　選ばれる確率そのものであるMを伸ばすために、コントロールす
べきものは、結局「プレファレンス」であり、戦略の本質とは、市
場全体の中で自社ブランドへの 1 人当たりの投票数をどう伸ばすか
を考える事です。
　プレファレンスを伸ばす戦略には二つの選択肢があります。一つ
はプレファレンスの水平拡大であり、自社ブランドを購入してくれ
る新規顧客数を拡大していく戦略です。そして、もう一つが自社ブ
ランドを購入してくれる既存顧客にもっと多く購入してもらう垂直
拡大戦略です。

USJブランドのプレファレンスをどのようにして伸ばしたのか、実例を聞くとこの話は一番わかりやすいので紹介しておきましょう。

　森岡氏が最初に気づいたのは、USJを好きな消費者が、東京ディズニーランドを好きな消費者と比べて、非常に偏っていることでした。東京ディズニーランドの方が子供から大人まで、独身層から家族層まで、文字通り老若男女にその層が広がっていて幅が広いということです。一方USJのファン層は、大人、特に独身女性層にあよりに集中していたのです。先程の分布の話でいくと、分布の形の指標「K」の数値が小さく、バラつき自体がとても小さい状態といえます。これは、USJが東京ディズニーランドよりも市場全体におけるプレファレンスがずっと弱いという事を表していました。

　ブランドのプレファレンスを伸ばそうとするときに、既存の特定の消費者の中でのプレファレンスを伸ばそうとすることで頭が一杯になってしまう人もいますが、肝心なことは市場全体での自社ブランドへのプレファレンスを上げることです。つまり、既存顧客の深堀ばかりではなく、むしろ市場全体から新規顧客を獲得する方法を常に意識しておく必要があります。

　そういう視点に立った時に、森岡氏はUSJの既存のファン層である映画が大好きな人達に更にUSJを好きになってもらうよう投資することよりも、市場全体におけるプレファレンスを増やす方法を考えました。まずはブランド戦略を「映画だけのテーマパーク」から「世界最高のエンターテイメントを集めたセレクトショップ」に大転換し、アニメやマンガやゲームなどの様々なジャンルから優れた集客力を発揮するコンテンツをパークに集めました（ワンピース、モンスターハンター、バイオハザード等）。

　さらに、USJの最大の弱点であった、「小さな子供連れファミリー」

をファンとして獲得することも非常に効果的な戦略であったために、2012年に新ファミリーエリア「ユニバーサル・ワンダーランド」を開設、市場全体の中におけるUSJの多くの新規ファンを獲得して、総集客はこれだけで２割も増えたそうです。これには、ハリー・ポッターの１０分の１程度の費用しかかかっていませんが、何十年にもわたって長期的に「M」を拡大する効果があります。生涯来場回数を３回程度増やす（幼児の時に＋１回、親になって＋１回、孫を連れて＋１回）上に、関西地区だけで毎年２０万人もの新幼児が生まれるので、その家族も入れると年間７０万人もの新規顧客が期待できるというものでした。

　他にも「ハロウィーン」という新しい季節イベントで広範囲な消費者からプレファレンスを獲得するためにパーク中をゾンビで埋め尽くしたり、スリルが大好きな消費者のプレファレンスを獲得するために、ジェットコースターを後ろ向きに走らせたりとかを実行してきました。

　これらは全て、何人の消費者のプレファレンスをどう上げて、その結果としてどれだけ「M」を増やせばよいのかを事前に数学的に論証しながら実行してきたそうです。いずれにしても、５年間で６０以上もの新規プロジェクトを連続でことごとくヒットさせ、USJを見事にＶ字回復させたマーケティングの力は凄いといえます。

　ピーター・ドラッカーは、企業の目的が顧客の創造であることから、企業には二つの基本的な機能が存在する。すなわち、マーケティングとイノベーションである。この二つの機能こそ企業家的機能である、と言っているように、マーケティングは企業活動の中心的機能といえます。

　マーケティングという言葉だけ知っていても役に立ちませんが、

マーケティングの内容を少しだけ知っているだけでも、業績を大きく伸ばせる方法が見えてきます。組織の中で頭角を現わす武器になるので、是非覚えておきましょう。

小さな子連れファミリーも楽しめるようになった USJ

第4章
財務管理

Financial management

第4章　財務管理

　すべての企業は、事業年度ごとに必ず決算書を作成しなければなりません。決算書は企業の経営成績や財政状態を表す重要な書類ですが、中小・零細企業の経営者の中には、売上高と利益しか見ていない経営者が実はたくさんいます。経営者として、本業を伸ばす事に長年命がけで取り組んできたものであり、当然といえば当然なのかもしれません。

　しかし、決算書で現状を正しく把握し、決算書を悪化させ続けない経営戦略を実行できれば、倒産確率は限りなく低くできます。車の運転で例えるならば、車間距離を取り、白線の範囲内で運転していればひどい事故に合う事は余りありませんが、車間距離を取らないで運転する、あるいは白線を飛び出して運転をしているとひどい事故に合う確率が高くなるのと同じです。

　決算書を読み解くことができるようになれば、キャッシュフロー会計で車間距離を測り、財務指標の動きで白線を意識することができるようになります。つまり、突然の衝突事故である黒字倒産とならないキャッシュフローの確保ができているのか、あるいは、自社の経営体力と比べ、投資や借入金が白線の内側にあるのか、過大となり白線を飛び越しているのかがわかる様になり、経営戦略に反映できるようになるという事です。

　財務計数に強くなれば、組織の中で頭角を現わせますので、より上位の経営管理者を目指す皆さんは、是非頭に入れるようにしてください。

１．決算書について

　決算書とは、企業の一会計年度における経営や財務の状態を表す複数書類の総称で、貸借対照表（Balance Sheet）と損益計算書（Profit and Loss Statement）とキャッシュフロー計算書の３つで「財務三表」と呼ばれています。なお、キャッシュフロー計算書は、金融商品取引法が適用されている上場企業のみ作成義務があるので、非上場の中小企業には作成義務がありません。

（１）貸借対照表(Balance Sheet)

流動資産	負債
固定資産	
投資その他の資産	純資産
資産合計	負債・資本合計

流動資産	流動負債
有形固定資産	固定負債
無形固定資産	純資産
投資その他の資産	
資産合計	負債・資本合計

（図表 4-1-1　貸借対照表の基本構造）

　貸借対照表（Balance Sheet）は、企業のある一定時点における、資産・負債・純資産の状態を表した書類です。貸借対照表の基本構造を示したものが図表 4-1-1 です。左側の流動資産・固定資産・投資その他の資産の合計である資産合計と、右側の負債・純資産の合計である、負債・資本合計は常に一致します。

　実際の貸借対照表は図表 4-1-2 の通りです。

A社　貸借対照表

令和5年3月31日　　　　　（単位：円）

科目	金額	科目	金額
Ⅰ　流動資産	**97,240,000**	Ⅰ　流動負債	**59,470,000**
現金預金	40,013,625	支払手形	15,000,000
受取手形	8,400,000	買掛金	14,915,000
売掛金	22,501,375	未払金	355,000
商品	25,000,000	短期借入金	25,000,000
前払費用	1,800,000	未払法人税等	4,200,000
仮払金	200,000	Ⅱ　固定負債	**294,520,000**
貸倒引当金	**-675,000**	長期借入金	294,520,000
Ⅱ　固定資産	296,850,000		
1．有形固定資産	**280,850,000**	負債合計	353,990,000
建物	100,000,000	Ⅰ　資本金	**10,000,000**
機械	20,000,000	Ⅱ　法定準備金	**600,000**
車両	5,000,000	資本準備金	0
備品	350,000	利益準備金	600,000
土地	150,000,000	Ⅲ　剰余金	**44,500,000**
建設仮勘定	5,500,000	別途積立金	8,500,000
2．無形固定資産	**16,000,000**	当期未処分利益	36,000,000
借地権	16,000,000	（うち当期利益）	(14,000,000)
Ⅲ　投資等	**15,000,000**		
子会社株式	10,000,000		
長期貸付金	5,000,000	資本合計	**55,100,000**
資産合計	**409,090,000**	負債・資本合計	**409,090,000**

（図表 4-1-2　A 社の貸借対照表）

　貸借対照表の左側は、右側の負債・資本合計で調達した資金の投資先を表しています。流動資産には短期（1 年以内）のうちに現金化できる資産が計上され、固定資産には短期間での現金化を想定していない資産が計上されています。同じ様に流動負債は短期（1 年以内）のうちに支払いや返済が必要になるものが計上され、固定負債は支払いや返済の期限が長期（1 年以上）になるものが計上されています。

（2）損益計算書(Profit and Loss Statement)

売上原価			売上原価	
販管費	売上高			売上高
営業外費用			販管費	
特別損失			営業外費用	営業外収益
法人税等	営業外収益		特別損失	特別利益
当期純利益	特別利益		法人税等	当期純損失

（図表 4-1-3 損益計算書の基本構造）

　貸借対照表が企業のある一定時点における、資産・負債・純資産の状態を表した書類であるのに対して、損益計算書は会社の一定期間における経営成績を示したものです。経営成績とは、簡単に言うと、一定期間に稼いだ収益から費用を差し引いた利益の事です。

　「収益 − 費用」がプラスならば当期純利益の金額を左側に、マイナスならば当期純損失の金額を右側に表示します。「費用＋純利益＝収益」という損益等式のイメージです。

　ただし、一般的な損益計算書は売上高から売上原価、販売費及び一般管理費といった順に、「収益 − 費用＝純利益」という損益等式で、縦に一列に表示されていきます。実際の損益計算書を見た方が判りやすいので、図表 4-1-4 の A 社の損益計算書をみてみましょう。

A社　損益計算書　　　　　　　（単位：円）

令和4年4月1日～令和5年3月31日

（経常損益の部）

Ⅰ　営業損益
　1．売上高　　　　　　　　　　　　　　　　　　423,000,000
　2．売上原価　　　　　　　　　　　　　　　　　267,000,000
　　　期首商品棚卸高　　　　　27,000,000
　　　当期商品仕入高　　　　265,000,000
　　　　　合計　　　　　　　292,000,000
　　　期末商品棚卸高　　　　**-25,000,000**
　　　　　売上総利益　　　　　　　　　　　　　156,000,000
　3．販売費及び一般管理費　　　　　　　　　　118,202,400
　　　給料　　　　　　　　　　63,000,000
　　　法定福利費　　　　　　　13,600,000
　　　交際費　　　　　　　　　 4,200,000
　　　旅費交通費　　　　　　　 3,368,000
　　　水道光熱費　　　　　　　 2,879,600
　　　地代家賃　　　　　　　　 6,000,000
　　　運賃　　　　　　　　　　 1,132,600
　　　広告費　　　　　　　　　 3,780,000
　　　事務用品費　　　　　　　　 643,200
　　　減価償却費　　　　　　　13,800,000
　　　消耗品費　　　　　　　　　 300,000
　　　会議費　　　　　　　　　　　34,500
　　　その他　　　　　　　　　 5,378,500
　　　　　営業利益　　　　　　　　　　　　　　 37,797,600
Ⅱ　営業外損益
　1．営業外収益　　　　　　　　　　　　　　　　　 332,100
　　　受取利息・配当金　　　　　　32,100
　　　雑収入　　　　　　　　　　 300,000
　2．営業外費用　　　　　　　　　　　　　　　　 4,812,000
　　　支払利息・割引料　　　　 4,800,000
　　　雑損失　　　　　　　　　　　12,000
　　　　　経常利益　　　　　　　　　　　　　　 33,317,700
（特別損益の部）
Ⅰ　特別利益　　　　　　　　　　　　　　　　　　　　　 0
　　　有価証券売却益　　　　　　　　 0
Ⅱ　特別損失　　　　　　　　　　　　　　　　　 15,117,700
　　　固定資産除却損　　　　　15,117,700
　　　　税引前当期利益　　　　　　　　　　　　 18,200,000
　　　　法人税等　　　　　　　　　　　　　　　　4,200,000
　　　　税引後当期利益　　　　　　　　　　　　 14,000,000
　　　　前期繰越利益　　　　　　　　　　　　　 22,000,000
　　　　当期未処分利益　　　　　　　　　　　　 36,000,000

（図表 4-1-4　A 社の損益計算書）

「利益」には５つの種類があります。

　・「売上総利益」：簡単に言うと、仕入れたものを売った時の「粗利」のことを言います。「売上高−売上原価」で算出され、売上原価は仕入れや製造にかかったコストのことをいいます。

　・「営業利益」：「売上高総利益−販売費及び一般管理費」で算出され、本業による営業活動で稼いだ利益を表しています。販売費及び一般管理費は販売活動を行う上で必要とされる費用で、給料や事務所の地代家賃、水道光熱費等があげられます。

　・「経常利益」：「営業利益＋営業外収益−営業外費用」で算出され、本業の営業活動以外の財務活動を含めた利益や損失を加味した利益になります。営業活動を行う上で借入が必要であれば、その支払利息は営業外費用であり、預金に利息が付けば、それは営業外収益と表示されます。経常利益は通常の事業活動でどのくらいの利益が出ているのかを示している数値であり、最も重要視される利益でもあります。

　・「特別利益」：事業で継続的に発生する利益ではなく、本業とは関係のない臨時的に発生した利益のことをいいます。不動産の売却や、有価証券を売却した際に発生する売却益のことをいいます。その逆で売却により損失が出た場合には、「特別損失」となります。

　・「当期利益」：「経常利益＋特別利益−特別損失」で算出され、法人税、法人住民税、法人事業税を支払う前の利益を「税引き前当期利益」、税金を支払った後の利益を「税引き後当期利益」といいます。

（3）簿記による処理

　決算書がどのようにできていくかと言うと、日々の帳簿記入、略して簿記にて行われていきます。この作業は通常の会社であれば、経理担当が行っている業務です。

　複式簿記は、全ての取引ごとに勘定を「借方」と「貸方」を対にして仕訳、勘定元帳に記入する制度です。各勘定の貸借それぞれの総計が必ず一致する仕組みとなっています。

　図表４１５は先程の貸借対照表と損益計算書の基本構造です。この図を見ながらイメージすると貸借仕訳の原則（複式記入の原理）が理解しやすいので、この図を見ながら説明を聞いてください。

　複式簿記においては、全ての取引を発生ごとに「借方」（かりかた：左側）と「貸方」（かしかた：右側）との二つに分類し、常に貸借が等しくなるように記帳していきます。

流動資産	負債
固定資産	
	純資産
投資その他の資産	
資産合計	負債・資本合計

売上原価	売上高
販管費	
営業外費用	
特別損失	
法人税等	営業外利益
当期純利益	特別利益

（図表 4-1-5 貸借対照表と損益計算書の基本構造）

　各種の取引は必ず次の８つの要素から成り立っているので、「取引の八要素」といわれています。経理担当者は次の八要素の結合関係が頭に入ってないと仕事になりません。

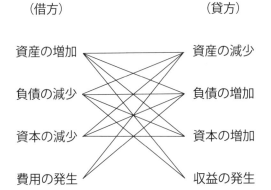

（借方）　　　　　　　　　　　（貸方）

資産の増加　　　　　　　　　　資産の減少

負債の減少　　　　　　　　　　負債の増加

資本の減少　　　　　　　　　　資本の増加

費用の発生　　　　　　　　　　収益の発生

　例えば、電車代を預金口座から８００円支払った場合、「旅費交通費」という費用が発生したので、（借方）旅費交通費８００円と記入します。一方、８００円を支払い、預金という資産が減少したので、（貸方）預金８００円と記入します。

　また、売上金が１０万円、銀行口座に振り込まれた場合には、預金という資産が増加したので、（借方）預金１０万円、一方、売上という収益の発生が起きたので、（貸方）売上高１０万円と記入します。

振 替 伝 票

令和5年11月24日　　伝票No. 174

金　　額	借方科目	部門	摘　　　　　要	貸方科目	部門	金　　額
800	旅費交通費	1	11月21日Ａ氏電車代（上野⇒新宿）	普通預金	1	800
100,000	普通預金	1	Bマンション仲介手数料	売上高	1	100,000
100,800			合　　　計			100,800

（図表 4-1-6　振替伝票）

　なお、仕訳は図表 4-6-1 の振替伝票に記入していきます。

流動資産 (普通預金▲800円) (普通預金＋100,000円)	負債	売上原価	売上高 (売上高＋100,000円)	
固定資産		販管費		
		営業外費用		
投資その他の資産	純資産 (当期利益▲800円) (当期利益＋100,000円)	特別損失		
		法人税等	営業外利益	
資産合計	負債・資本合計	当期純利益 (当期利益▲800円) (当期利益＋100,000円)	特別利益	

(図表 4-1-7　仕訳による BS と PL への影響)

　振替伝票は取引の八要素に基づき仕訳されるので、貸借（左側と右側）が常に一致します。全ての取引を日々記入していき、1カ月ごとに試算表として取引を締めていきます。1年経ったところで、決算書を作成して税務申告をすることになります。

　ちなみに、企業会計原則の第二、損益計算書原則（損益計算書の本質）Aに、「すべての費用及び収益は、その支出及び収入に基づいて計上し、その発生した期間に正しく割り当てられるように処理しなければならない。」と定められています。つまり、経理としては、毎月試算表を締める際に、その月に発生した収益と費用を同じ期間内に処理をしたいのです。営業部が3カ月も前の経費精算を経理に出すと怒られるのはそのためです。

（4）キャッシュフロー計算書

　中小企業では作成義務がないため、通常ではあまり目にしない
ケースも多いかもしれませんが、キャッシュフロー計算書で会社の
資金の流れをチェックすることにより、車の運転で言うなら、事故
に合いにくい適正な車間距離が保たれているのかどうかがチェック
できます。資金の流れ方が悪いと、資金繰りがひっ迫し、黒字倒産
という衝突事故に合う確率が増加します。

　キャッシュフロー計算書は図表 4-1-8,9 の様に貸借対照表、損益
計算書等を 2 期分並べ、その増減にて作成していきます。

1．貸借対照表　　　　　　　　　　　　　　　　　　　　　　（単位：百万円）

項目	前期	当期	増減	項目	前期	当期	増減
現金及び預金	755	932	177	支払手形	469	669	200
売掛金	462	76	-386	買掛金	62	20	-42
短期貸付金	3,216	3,102	-114	短期借入金		1,098	1,098
その他流動資産	610	600	-10	その他流動負債	841	684	-157
流動資産合計	**5,043**	**4,710**	**-333**	**流動負債合計**	**1,372**	**2,471**	**1,099**
土地	6,627	6,635	8	長期借入金	17,859	16,991	-868
減価償却資産	6,528	6,677	149	引当金	21	14	-7
建設仮勘定	269	369	100	その他固定負債	38	44	6
無形固定資産	3	14	11	**固定負債合計**	**17,918**	**17,049**	**-869**
投資有価証券	44	394	350	**負債合計**	**19,290**	**19,520**	**230**
長期貸付金	1	0	-1	資本金	30	30	0
その他固定資産	1,275	1,241	-34	資本準備金	205	205	0
固定資産合計	**14,747**	**15,330**	**583**	利益剰余金	265	285	20
繰延資産合計	**0**	**0**	**0**	**純資産合計**	**500**	**520**	**20**
資産合計	**19,790**	**20,040**	**250**	**負債・純資産合計**	**19,790**	**20,040**	**250**

2．損益計算書　　　　（単位：百万円）

項目	前期	当期	増減
売上高	7,968	6,860	1,108
売上原価	578	668	90
売上総利益	7,390	6,192	-1,198
販売費・一般管理費	6,953	7,455	502
営業利益	437	-1,263	-1,700
営業外収益	105	25	-80
営業外費用	437	480	43
経常利益	105	-1,718	-1,823
特別利益	69	1,800	1,731
特別損失	101	18	-83
税引前当期純利益	73	64	-9
法人税等	28	44	16
当期純利益	45	20	-25

（図表4-1-8,9）
3．その他の入力

項目	前期	当期	増減
減価償却費	688	766	78
支払利息割引料	431	480	49

図表 4-1-8,9

キャッシュ・フロー計算書

自令和1年6月1日　至令和2年5月31日　　　　（単位：百万円）

項　　目	金額
Ⅰ営業活動によるキャッシュ・フロー	
（1）当期純利益（＋）	20
（2）非資金の費用項目	
1．減価償却費（＋）	766
2．諸引当金の増加（＋）・減少（－）額	-7
（3）回収・支払サイト	
1．受取手形の増加（－）・減少（＋）額	0
2．売掛金の増加（－）・減少（＋）額	386
3．棚卸資産の増加（－）・減少（＋）額	0
4．その他流動資産の増加（－）・減少（＋）額	10
5．支払手形の増加（＋）・減少（－）額	200
6．買掛金の増加（＋）・減少（－）額	-42
7．前受金の増加（＋）・減少（－）額	0
8．その他流動負債の増加（＋）・減少（－）額	-157
9．その他固定負債の増加（＋）・減少（－）額	6
10．利益処分による役員賞与の支払（－）額	0
（Ⅰの計）	1,182
Ⅱ投資活動によるキャッシュ・フロー	
1．有価証券の購入（－）・売却（＋）額	0
2．短期貸付金の貸付（－）・回収（＋）額	114
3．土地の購入（－）・売却（＋）額	-8
4．減価償却資産の増加（－）・減少（＋）額	-915
5．建設仮勘定の増加（－）・減少（＋）額	-100
6．無形固定資産の増加（－）・減少（＋）額	-11
7．投資有価証券の購入（－）・売却（＋）額	-350
8．長期貸付金の貸付（－）・回収（＋）額	1
9．その他の固定資産の増加（－）・減少（＋）額	34
10．繰延資産の増加（－）・減少（＋）額	0
（Ⅱの計）	-1,235
フリーキャッシュフロー（Ⅰ＋Ⅱ）	-53
Ⅲ　財務活動によるキャッシュ・フロー	
1．短期借入金の増加（＋）・減少（－）額	1,098
2．長期借入金の増加（＋）・減少（－）額	-868
3．社債の増加（＋）・返済（－）額	0
4．増資（＋）額	0
5．自己株式の取得（－）・処分（＋）額	0
6．余剰金の配当の支払（－）額	0
（Ⅲの計）	230
Ⅳキャッシュ・の増加・減少額（Ⅰ＋Ⅱ＋Ⅲ）	177
Ⅴキャッシュの期首残高	755
Ⅵキャッシュの期末残高（Ⅳ＋Ⅴ）	932
検算（貸借対照表の現金及び預金）	932

（図表 4-1-10　キャッシュフロー計算書）

営業活動によるキャッシュフローは、本業の活動による資金の増減です。投資活動によるキャッシュフローは、設備投資等により将来の売上高や利益を獲得するための投資活動に伴う資金の増減です。また、財務活動によるキャッシュフローは、借入金の調達や返済による資金の増減です。

　本来であれば、営業活動によるキャッシュフロー（＋）の範囲内で投資活動によるキャッシュフロー（－）を賄い、余剰金で更に財務活動によるキャッシュフロー（（－）：借入金返済）も賄い、最終的に預金が増加するのが理想的といえます。

　図表 4-1-10 のキャッシュフロー計算書を見ると、営業活動によるキャッシュフローが＋ 1,182 百万円となっており、本業でのキャッシュフローが増加しています。一方、設備投資を行っており、投資活動によるキャッシュフローは▲ 1,235 百万円となっております。つまり、営業活動によるキャッシュフローを超えた設備投資部分 53 百万円（1,182 百万円 － 1,235 百万円）は資金不足となったため、借入金増加 230 百万円で対応、財務活動によるキャッシュフローは＋ 230 百万円となり、結果として預金が 177 百万円（230 百万円 － 53 百万円）増加した、という事がわかります。この様にキャッシュフロー計算書を見ると資金の動きが見え、設備投資が適正か過大かの状況判断がよくわかります。なお、営業ＣＦと投資ＣＦを合計したものをフリーキャッシュフロー（ＦＣＦ）といい、このＦＣＦをプラスにしておくことが、企業経営には重要であるといえます。

　安田順・池田聡両氏著の「中小企業の「銀行交渉と資金繰り」完全マニュアル」（日本実業出版社　2023 年 10 月 1 日初版発行）にファーストリテイリング（連結）のキャッシュフロー例が記載されており、非常

にわかりやすい説明がなされているので紹介しておきましょう。

（単位：億円）

決算年月	2009年8月	2010年8月	2011年8月	2012年8月	2013年8月
営業CF	592	886	571	1,276	994
投資CF	-342	-233	-266	-353	-639
財務CF	-168	-288	-261	-290	-239
売上高	6,850	8,148	8,203	9,286	11,430
当期純利益	497	616	543	716	903

＊表内の数値は会社が公開している数値を切り捨てにしたもの

図表 4-1-11　ファーストリテイリング（連結）キャッシュフロー例

　営業ＣＦの範囲内で投資が行われている。つまり、営業ＣＦ＋投資ＣＦ＞0となっており、ＦＣＦが毎期プラスとなっています。しかも、ＦＣＦで財務ＣＦをまかなえているので、借入金を毎期圧縮できています。しかも投資もきちんと行っており、売上高と利益を伸ばしております。更に拡大させた利益で営業ＣＦを確保できているので、借入金がどんどん減少し、現金が増えていくという理想的なキャッシュフローとなっています。実際にはファーストリテイリングは借入金よりも現預金のほうがはるかに大きい実質無借金会社で、財務ＣＦのマイナスは配当金支払によるものだそうです。

　図表 4-1-10 のキャッシュフロー計算書だけ見れば、大きな問題がないレベルの内容に見えますが、実はこの例題はひっかけ問題のような内容になっています。　例題の決算書は、令和2年5月期の決算書で、ちょうど、新型コロナ感染症が拡大して数か月経った時の決算書です。

　まず、損益計算書を見てください。この会社ではコロナ感染症拡大の影響を既に受けており、売上高が前期比▲ 1,108 百万円と激減しています。

経常利益が▲ 1,718 百万円であり、減価償却費 766 百万円、法人税等支払 44 百万円なので、銀行目線のキャッシュフロー（経常利益＋減価償却費－法人税等）は▲ 996 百万円（▲ 1,718 ＋ 766 － 44）となっています。

　キャッシュフロー計算書では営業活動によるキャッシュフローを見る際の利益を当期利益で見ますが、本件の場合は、経常利益▲ 1,718 百万円を補填するために親会社からの借入金 1,800 百万円の債務免除を受け、債務免除益 1,800 百万円を計上したために、当期利益がプラスとなっています。債務免除では実際に資金が入って来るわけではないので、実際には大幅な資金不足となっています。この様に、キャッシュフロー計算書を見る場合は、やはり貸借対照表と損益計算書の見方も理解しておかないといけません。

２．財務分析

　バブル経済崩壊後に多額の不良債権を抱えた金融機関の財務内容に懸念がもたらされたため、1999 年に金融庁が金融検査マニュアルを基に、融資先企業の決算書の数値による企業格付けを重視した検査を行って来ました。2019 年 12 月に金融検査マニュアルが廃止されましたが、各銀行は金融検査マニュアルをベースとした「自己査定」を年 2 回行い、銀行が保有する資産（貸出）査定の過程において、融資先の債務者区分や格付けを行っています。

　冒頭、車の運転で例えるならば、白線の範囲内で運転をすることが大切と言いましたが、白線とは銀行から融資が受けられる財務内容にしておくという意味であり、その内容を経営管理者がきちんと理解しておく必要があります。

（1）債務者区分

「債務者区分」とは、債務者の財務状況、資金繰り、収益力等により、返済の能力を判定して、その状況等により債務者を正常先、要注意先、破綻懸念先、実質破綻先及び破綻先に区分することをいいます。

自己査定において、Ⅱ、Ⅲ及びⅣ分類に分けることを「分類」といい、Ⅱ、Ⅲ及びⅣ分類とした資産を「分類資産」といいます。分類資産以外の資産（Ⅰ分類資産）を「非分類資産」といいます。

①正常先

正常先とは、業況が良好であり、かつ、財務内容にも特段問題がないと認められる債務者をいいます。いわゆる「非分類資産」であり、債務者区分がこの正常先になっていないと、銀行はなかなか新規で融資をしてくれません。

②要注意先

要注意先とは、金利減免・棚上げを行っているなど貸出条件に問題のある債務者、元本返済もしくは利息支払いが事実上延滞しているなど履行状況に問題がある債務者のほか、業況が低調ないしは不安定な債務者又は財務内容に問題がある債務者など今後の管理に注意を要する債務者をいいます。また、要注意先となる債務者については、要管理先である債務者とを分けて管理することが望ましいとされています。

1999年当時は銀行もまだ不良債権をたくさん抱えており、何とか正常先にしたいという意向もあり、要注意先になりそうな先を何とか説明で正常先にできないか、必死に戦っていましたが、最近では銀行も不良債権が少なくなり余裕がでてきたのか、グレーな先は

とりあえず要注意先にする傾向にあると感じられます。

　要管理先でない要注意先でも、要注意先になると、銀行の新規融資を受けるのがかなり厳しくなります。

③破綻懸念先

　破綻懸念先とは、現状、経営破綻の状況にはないが、経営難の状態にあり、経営改善計画等の進捗状況が芳しくなく、今後経営破綻に陥る可能性が大きいと認められる債務者（金融機関等の支援継続中の債務者を含む）をいいます。実質債務超過の状態といえます。

④実質破綻先

　法的・形式的な経営破綻の事実は発生していないものの、深刻な経営難の状態にあり、再建の見通しがない状況にあると認められるなど実質的に経営破綻に陥っている債務者をいいます。

⑤破綻先

　破産、清算、会社整理、会社更生、民事再生、手形交換所の取引停止処分等の事由により経営破綻に陥っている債務者をいいます。

　債務者区分において要注意先以下になると、銀行からの融資は非常に厳しくなります。したがって、債務者区分において正常先を維持することが、車の運転で言うところの白線の内側という事になります。

（2）財務格付

「債務者区分」とは、債務者の財務状況、資金繰り、収益力等により、返済の能力を判定して、その状況等により債務者を正常先、要注意先、破綻懸念先、実質破綻先及び破綻先に区分することをいいます、と説明しましたが、この中で債務者の財務状況については、融資先企業の決算書の数値による信用格付けを行っています。

具体的には、金融機関はデフォルトする確率や評点が算出される「スコアリングモデル」を使った財務分析システムで企業の財務格付けを行い、調整項目を修正して企業の信用格付を行っています。「スコアリングモデル」は、財務指標の得点を合計する一般的な評点方法とは違い、統計学を使いいろいろな指標の動きでデフォルト率を算出してくるもので、何の数値をいくつにすればよいという明確な回答がしにくい内容となっています。

専門的な話になってくると少し話がつまらなくなってくるので、個人差はあると思いますが、まずは銀行員目線では最初に決算書をどうやって見ているのかを紹介しておきましょう。

（単位：百万円）

決算年月	2017年5月	2018年5月	2019年5月	2020年5月	2021年5月	2023年5月
現預金	899	908	755	932	895	877
固定資産	10,211	14,235	14,747	15,330	8,365	3,933
借入金	11,548	15,628	17,859	18,089	13,674	5,678
純資産	278	452	500	520	1,515	2,107
総資産	12,239	16,865	19,790	20,040	17,026	8,809
決算年月	2017年5月	2018年5月	2019年5月	2020年5月	2020年5月	2020年5月
売上高	3,871	5,946	7,968	6,860	6,690	6,255
減価償却費	464	611	688	766	574	367
支払利息	229	365	431	480	464	192
経常利益	189	70	105	-1,718	1,404	538
法人税等	42	11	28	44	6	23
決算年月	2017年5月	2018年5月	2019年5月	2020年5月	2020年5月	2020年5月
総資産現金比率	7.3%	5.4%	3.8%	4.7%	5.3%	10.0%
借入依存度	94.4%	92.7%	90.2%	90.3%	80.3%	64.5%
自己資本比率	2.3%	2.7%	2.5%	2.6%	8.9%	23.9%
債務償還年数	18.9	23.3	23.3	-18.2	6.9	6.4

（図表 4-2-1　決算計数の推移）

2017年5月から2019年5月にかけて、積極的な設備投資を行い売上高が3,871百万円から7,968百万円（＋2,022百万円）まで拡大していましたが、借入金が11,548百万円から17,859百万円（＋6,311百万円）と、売上高の伸び以上に増加していました。

　また、売上高が増加しても、経常利益は伸びず、減価償却と支払利息の負担増で経常利益が105百万円しか計上できない状況でした。

　その様な中2020年5月期は新型コロナの感染拡大の影響を受け、売上高が6,860百万円（－1,108百万円）まで減少し、経常損失▲1,718百万円を計上しました。

　2021年5月はコロナ禍で本業の売上高が3,300百万円程度まで減少しましたが、不動産売却売上があり、経常利益は1,404百万円を計上しました。そして大慌てで財務改革を進め、2023年5月期の決算までこぎつけました。図表421の決算計数推移はこの様な背景で決算が行われたものです。

　まず決算書をもらったら、損益計算書で売上高の規模と黒字か赤字かをチェックし、同業種内での立ち位置をイメージします。そして貸借対照表の総資産と純資産を見て、融資の対象になる先かどうかをイメージします。初対面の人と会った時に、顔や身なりを見るのと同じです。

　そして、貸借対照表をもう少し詳しく見て、今度は「純資産」「借入金」「現金」をチェックします。銀行の内部格付制度が適正に構築・運用されていることを、外部モデルの視点で検証するCRD協会の格付マッピング分析においても、「純資産」「借入金」「現預金」に関する警戒ラインを設けています。

①純資産のチェック

「純資産合計」を「負債・純資産合計」で割ったものが「自己資本比率」です。自己資本比率の警戒ラインは10％未満とされています。

$$自己資本比率 = \frac{純資産合計}{負債・純資産合計} \times 100 = \frac{純資産}{総資本} \times 100$$

純資産がマイナスの会社は「債務超過」といい、通常は融資対象になりません。また、純資産がプラスであったとしても、10年も20年も会社を経営して純資産20〜30百万円程度ということでは、会社としての魅力に欠けるので、こちらも融資には消極的になってしまいます。信用金庫や信用組合との取引をお勧めします。

ちなみに、中小・零細企業の社長の中には、節税上手なのか、実際は儲かっているのに、なぜか純資産が乏しい会社となっているケースがよくあります。銀行から500百万円、1,000百万円単位で借入をしようとするなら、やはり税金をたくさん支払い、税引き後利益で純資産を積み増ししておかないと、いざという時に必要資金の調達ができなくなってしまいます。

例題の場合、2019年5月期の純資産は500百万円ありましたが、自己資本比率2.5％とかなり低い状況にありました。銀行では資産の中から回収不能な債権や不良在庫を資産から控除して、「実態バランス」という修正した貸借対照表を作成します。流動資産の中に不良資産が500百万円以上あると、実質債務超過とみなします。たとえ流動資産の中に控除すべき不良資産がなかったとしても、店舗閉店に伴う固定資産除却損や不動産価格の目減りリスクを考えると、資産が200億円もあると500百万円程度の純資産は一瞬で吹き飛んで、実質債務超過先と認定されてしまう可能性があるので、

自己資本比率は 10％以上にしておくことが望ましいです。

②借入金のチェック

「短期借入金」＋「社債」＋「長期借入金」＋「割引手形」の合計を総資本で割ったものが「借入依存度」です。借入依存度の警戒ラインは 70％超とされています（不動産業を除く）。

$$借入依存度 = \frac{長短借入金＋社債＋割引手形}{負債　純資産合計} \times 100 = \frac{総借入}{総資本} \times 100$$

例題の場合、2019 年 5 月期の借入依存度は 90.2％となっており、警戒ラインの 70％超を大幅に超えていました。

2017 年 5 月から 2019 年 5 月にかけて、積極的な設備投資を行い売上高が 3,871 百万円から 7,968 百万円（＋ 2,022 百万円）まで拡大していましたが、その間、借入金が 11,548 百万円から 17,859 百万円（＋ 6,311 百万円）と、売上高が伸びた金額の 3 倍以上に増加しており、非常に悪い傾向で財務内容が推移していました。

したがって、売上高が増加しても、経常利益は伸びず、減価償却と支払利息の負担増で経常利益が 105 百万円しか計上できない状況でした。つまり、設備投資が過剰であり、資産売却による借入金圧縮を進めないと、大幅に道路の白線を超えた状況が続いてしまうことになります。

③現預金のチェック

「現金及び預金」を「資産合計」で割ったものが「総資産現預金比率」です。総資産現預金比率の警戒ラインは 10％を下回っている場合

とされています（不動産業を除く）。一般的には現預金残高は最低、月商分が必要ともいわれており、それを下回ると資金繰りが厳しい状況と判断します。

$$総資産現預金比率 = \frac{現預金}{資産合計} \times 100$$

　例題の場合、2017年5月の総資産現預金比率は7.3％、2018年5.4％、2019年には2.8％となっており、過大投資により資金繰り悪化が顕著になっていたことがわかります。

④債務償還年数

　「純資産」「借入金」「現預金」をチェックしたら、次は債務償還年数をチェックします。債務償還年数はキャッシュフローで借入金を何年で返済できるのかを計算したものです。銀行の信用格付では債務償還年数の配点が高いので、重要な指標となっています。

$$債務償還年数（年）= \frac{借入金}{経常利益 + 減価償却費 - 法人税等}$$

$$債務償還年数（年）= \frac{借入金 - 正常な運転資金}{経常利益 + 減価償却費 - 法人税等}$$

　債務償還年数の計算方法は銀行によってまちまちといえます。借入金を分子として計算する銀行もあれば、借入金からいわゆる「正常な運転資金」を引いてくれる銀行もあります。「正常な運転資金」とは、売上債権＋棚卸資産－仕入債務で、通常の営業活動を行う上で必要になる資金の事を言います。また、銀行によっては、「借入金－正常な運転資金」から更に「現預金」を引いて計算する銀行もあります。

従来は一般事業法人の場合、債務償還年数は概ね「１０年」が正常先とされ、次のような目線が定められていました。

　　・１０年以内→正常先　　　・１０年〜１５年→要注意先
　　　　優良→　３年以内　　　・２０年〜３０年→要管理先
　　　　良好→　５年以内　　　・３０年超→破綻懸念先
　　　　普通→１０年以内

　最近では一般事業法人でも２５年や３０年まで正常先とする銀行もあれば、不動産を所有している場合には、法定耐用年数までの残存年数で制限を設けている銀行もあります。なお、債務償還年数は単年度計数で確定はさせず、数年分の平均値で判断をしている銀行が多いです。

　例題の場合、2017 年の債務償還年数は 18.9 年、2018 年 23.3 年、2019 年 23.3 年、2020 年 − 18.2 年、2021 年 6.9 年、2022 年 6.4 年となっています。実務的には、一般事業法人で債務償還年数が２０年前後となると、支払利息も多く利益が出しづらい上に、資金繰りも余裕がなくなってきます。

　したがって、やはり一般事業法人の債務償還年数は１０年以内、大規模な設備・装置が必要な業種の場合は２０年程度という、一般的な目安から飛び出さないことが必要だと思われます。

⑤売上高支払利息率

　利払い能力を表す指標で、売上高に占める支払利息の割合を算出します。売上高支払利息率が 1％を超えると警戒ラインと言われています。ちなみに、全業種の中央値は 0.1％です。

$$売上高支払利息・割引料率＝\frac{支払利息・割引料}{売上高}×100$$

　例題の場合、2023年5月3.07％となっておりますが、例題会社では不動産等を所有しているため、本件にはあまり参考になりません。

　銀行員は決算書を見た時にはこんな感じで、頭の中で決算書を分析しながら、融資の提案をするか、融資の話題には触れないようにするかを考えています。

　先日、大手不動産仲介会社から、顧問先の不動産を購入したいという顧客がいるとの話が来ました。話によると、その顧客は不動産を多数所有しており、その物件購入資金についても、すでに金融機関で１０億円ちょっとの融資内諾が取れているとの話でした。それなら期待できそうだという事で、一応帝国データバンクで決算書を確認したところ、とても１０億円の新規融資が検討できる内容ではありませんでした。

　それでも金融機関から１０億円の融資内諾が取れているとの話だったので、凄い金融機関もあるものだと思っていたら、本部に稟議を上げたら事業計画が甘いので、計画を見直すように言われていて、少し時間がかかるとの話になりました。

　つまり、営業店の部店長が融資を実行しようと思い、本部に稟議を上げたら、審査から事業計画が甘いと稟議を差し戻されたというのが実情のようですが、実際には事業計画を見直せという事ではなく、遠回しに融資はできないと言われたようなものです。決算書の見方が解っていれば、顧客が１０億円以上の物件を購入できる先か、そうでない先かは、銀行の返事を待たなくても、すぐに判断できるようになります。

⑥ＣＲＤランクと債務者区分

　決算書の見方が少しイメージできたところで、話を少し戻し財務格付けの話題に戻りたいと思います。

　前述の安田順・池田聡両氏著の「中小企業の「銀行交渉と資金繰り」完全マニュアル」に、銀行の財務格付に利用されているＣＲＤランクの内容が図表 4-2-2 のようにまとめてあるので紹介しておきましょう。

CRD ランク	偏差値	CRD データにおける構成比	財務内容	ランクの意味合い	ランクの意味合い
A	58 〜	24.5%	優良	A ランクは、CRD モデル評価の偏差値が 58 以上の企業。デフォルトしにくい企業群（偏差値 43 以上）をおおむね 3 等分したうちの上位 3 分の 1 です。財務内容は優良で、信用力は相当高い。	正常先上位
B	51 〜 57	25.3%	良好	B ランクは、CRD モデル評価の偏差値が 51 〜 57 以上の企業。デフォルトしにくい企業群（偏差値 43 以上）をおおむね 3 等分したうちの中位 3 分の 1 です。財務内容は良好で、信用力は高い。	正常先中位
C	43 〜 50	27.1%	普通	C ランクは、CRD モデル評価の偏差値が 43 〜 50 以上の企業。デフォルトしにくい企業群（偏差値 43 以上）をおおむね 3 等分したうちの下位 3 分の 1 です。財務内容は良好で、信用力はまずまず。	正常先下位
D	37 〜 42	13.1%	注意	D ランクは、CRD モデル評価の偏差値が 37 〜 42 以上の企業。偏差値 42 は、これを下回るとデフォルトする企業の割合が増加する傾向があり、注意が必要。	要注意先
E	〜 36	10.0%	要改善	E ランクは、CRD モデル評価の偏差値が 36 以下の企業。デフォルト企業の平均偏差値である 36 以下の水準であり財務内容の改善が必要。	破綻懸念先

＊デフォルトの定義：3 か月以上延滞、実質破綻先、破綻先、代位弁済先（保証協会）

（図表 4-2-2　ＣＲＤランクの内容）

金融機関はデフォルトする確率や評点が算出される「スコアリングモデル」を使った財務分析システムで企業の財務格付けを行い、調整項目を修正して企業の信用格付を行っています。つまり、銀行に決算書を提出すると、銀行は財務データをシステムに入力します。そうすると図表4-2-2　ＣＲＤランクが表示されて財務格付が自動的に判定されてしまいます。財務格付で「D」ランクになると要注意先目線となるため、銀行で新規融資を受けるのが厳しくなってきます。したがって、日頃より財務格付を念頭においた決算書作りを意識して、経営戦略にも（道路の）白線を引いておく必要があります。

⑦ＣＲＤランクとの相関が強い財務指標

　中小企業経営診断システム（ＭｃＳＳ）で計算されるＣＲＤラン
クは、その中身が非公開となっており、明確な対策が取れないので
すが、著者安田順氏は独自の分析で相関が強いと見られる財務指標
を、図表 4-2-3 の通りに紹介しています。

カテゴリー	指標名	単位	計算式
借入状況	売上高支払利息・割引料率	％	支払利息・割引料率÷売上高×100
借入状況	売上高支払利息・割引料率	倍	（短期借入金＋社債・長期借入金）÷（売上高÷12）
借入状況	借入依存度	％	（短期借入金＋社債・長期借入金）÷総資本×100
資本の安全性	自己資本比率	％	純資産÷総資本×100
借入状況	デットキャパシティレシオ	％	（短期借入金＋社債・長期借入金）÷（現金・預金＋有形固定資産）×100
総合収益性	総資本経常利益率（ROA）	％	（短期借入金＋社債・長期借入金）÷（現金・預金＋有形固定資産）×100
資本の安定性	純資産倍率	倍	純資産÷資本金
短期支払能力	支払準備率	％	現金・預金÷流動負債×100
短期支払能力	当座比率	％	（現金・預金＋受取手形＋売掛金）÷流動負債合計×100
資産の健全性	減価償却費率	％	減価償却実施額÷（有形固定資産合計－土地＋減価償却実施額）×100

（図表 4-2-3　ＣＲＤランクとの相関が強い財務指標）

・「売上高支払利息・割引料率」
　利払い能力を表す指標です。売上高支払利息率は「1％を上回る

と警戒」で、卸売業と小売業は 0.7％を上回ると警戒とされています（不動産業は除く）。

　同じ様な利払い能力を表す指標としては、インタレスト・ガバレッジ・レシオが有名ですが、こちらは（営業利益＋受取利息・配当金）÷（支払利息・割引料）で計算し、最低条件が 1 倍、2 倍以上が適正、5 倍以上なら望ましく、10 倍以上であれば安全性がかなり高いといえます。

　売上高支払利息率は決算書を見ながら、すぐに頭の中で計算できその会社の財務体質が一瞬でわかるので、非常に便利な指標といえます。

・借入金月商倍率

　借入金残高が平均月商の何カ月分程度あるかを見る指標です。警戒ラインは 3 倍〜4 倍を超えた場合とされています。借入限度額は一般的には月商の 6 倍と言われています。

　借入金依存度と自己資本比率は前述の通りです。

・デットキャパシティレシオ

　借入金や社債等の有利子負債を、不動産売却や担保提供できる資産等でどれだけカバーしているかを示す指標です。一般的には 1 倍未満が適正と言われています。

・総資本経常利益率（ROA）

　総資本を使ってどれだけの経常利益を生み出しているかを示す指標です。

$$総資本経常利益率 = \frac{経常利益}{総資本（総資産）} \times 100 = \frac{経常利益}{売上高} \times \frac{売上高}{総資本}$$

収益性を示す、売上高経常利益率＝経常利益 / 売上高× 100 （％）と、効率性を示す総資本回転率＝売上高 / 総資本（回）の積で求められることから、収益性と効率性の両面からどこに問題があるのかを分析できます。

薄利多売のスーパーであれば、収益性が低い分を効率性でカバーしており、高利小売の百貨店であれば、効率性が低い分を収益性でカバーしています。ROA は一般的には 5 ％とか 10 ％以上が優良とされていますが、大規模な設備投資が必要な業種では総資産が大きくなるので、ROA は低くなります。

・純資産倍率

企業の資産内容や財務状態をもとに株価水準を図る指標で、株式市場で使われる株価純資産倍率が有名です。PBR（株価純資産倍率）と PER（株価収益率）という用語が頻繁にでてきますが、これは株価と 1 株当たりの純資産・純利益を比べて、低ければ低いほど株価が割安、高ければ高いほど割高という、株価の割安感・割高感を示すのによく使われます。

・支払準備率、当座比率

短期間に支払いを要する流動負債を現金・預金や売掛債権でどれくらいカバーできているか示す指標です。当座比率では一般的に 70 ％を下回ると警戒ラインとも言われております。

・減価償却費率

減価償却資産のうち減価償却を行った割合を示します。

以上がＣＲＤランクとの相関が強いとされる財務指標です。財務分析の諸表は他にもたくさんあり、専門的になってくるので、まずは「純資産」「借入金」「現預金」「債務償還年数」「売上高支払利息率」を頭に入れ、決算書を見たら一瞬でおおよそ正常先かどうかの判断ができるようになれると良いと思います。また、これらの指標を道路の白線だと思い、決算書の着地をみながら、白線を飛び出した経営を続けていかない事も重要だといえます。

債務者区分の説明で、「債務者区分」とは、債務者の財務状況、資金繰り、収益力等により、返済の能力を判定して、その状況等により債務者を正常先、要注意先、破綻懸念先、実質破綻先及び破綻先に区分することをいいます、と説明したように財務状況や収益力等以外に、企業の資金繰りについても銀行は注意深く見ています。

融資をしてすぐに返済ができませんという事や、正常先がいきなり民事再生手続きの申し立て等をすると、関係者の責任問題にもなるので、銀行員はこれを一番嫌がります。そこで資金繰り表で１年間くらい、資金がちゃんと回るかどうかの説明を求めてきます。

3．資金繰り表

　実は中小・零細企業では、自主的に資金繰り表を作成している企業は、ほとんどないと言っていいくらい少ないです。銀行から提出を求められ、やむを得ず作成するケースが大半だといえます。

　中小企業では、前月末預金残高と今月末預金残高をチェックしていれば、今月が黒字だったか赤字だったか、資金が回っているか、資金調達が必要になってくるかが、長年の経営感覚でわかるからです。ただ、銀行では企業の当面の資金繰りに問題がない事や、融資する資金が資金使途通りに使われるかどうかをチェックし、そのことを組織内で説明するために資金繰り表の提出を求めてきます。

　資金繰り表は、図表 4-3-1 のように経常収支、経常外収支、財務収支に分けて管理します。経常収支は本業における資金収支で、経常外収支は経常的に発生しない、設備の購入や売却等の資金収支です。設備収支と表記している資金繰り表もあります。そして、財務収支は借入や返済といった財務活動による資金収支を表します。経常収支や経常外収支がマイナスとなり、現預金残高が少なくなったときに財務収支をプラスにして補塡します。

（単位：百万円）

	6月	7月	8月	9月	10月	11月	12月	1月	2月	3月	4月	5月	合計
売上高	59	62	69	69	64	59	66	59	57	64	72	70	770
仕入高	5	6	6	7	6	6	6	6	6	6	7	6	73
月初現預金　　　　(a)	150	152	148	145	155	163	165	161	167	168	168	169	169
売上代金回収	60	57	60	67	67	62	57	64	57	55	62	70	738
その他経常収入	2	2	2	2	2	2	2	2	2	2	2	2	24
収入計　　　　(b)	62	59	62	69	69	64	59	66	59	57	64	72	762
仕入代金支払	6	5	6	6	7	6	6	6	6	6	6	7	73
人件費	18	18	20	17	17	17	19	17	17	17	17	17	211
諸経費支払	31	30	32	31	32	30	33	32	30	28	34	32	375
支払利息・割引料	1	1	1	1	1	1	1	1	1	1	1	1	12
税金支払		5				3							8
支払計　　　　(c)	56	59	59	55	57	57	59	56	54	52	58	57	679
経常収支　(b)-(c)　(d)	6	0	3	14	12	7	0	10	5	5	6	15	83
設備売却	0	0	0	0	0	0	0	0	0	0	0	0	0
その他の経常外収入	0	0	0	0	0	0	0	0	0	0	0	0	0
収入計　　　　(e)	0	0	0	0	0	0	0	0	0	0	0	0	0
設備購入									50				50
その他の経常外支払			2			1			2			1	6
支払計　　　　(f)	0	0	2	0	0	1	0	0	52	0	0	1	56
経常外収支(e)-(f)　(g)	0	0	-2	0	0	-1	0	0	-52	0	0	-1	-56
短期借入金調達	0	0	0	0	0	0	0	0	0	0	0	0	0
長期借入金調達									30				30
定期預金取崩し									22				22
収入計　　　　(h)	0	0	0	0	0	0	0	0	52	0	0	0	52
短期借入金返済	0	0	0	0	0	0	0	0	0	0	0	0	0
長期借入金返済	2	2	2	2	2	2	2	2	2	2	3	3	27
定期積立預入	2	2	2	2	2	2	2	2	2	2	2	2	24
支払計　　　　(i)	4	4	4	4	4	4	4	4	4	5	5	5	51
財務収支(h)-(i)　(j)	-4	-4	-4	-4	-4	-4	-4	-4	48	-5	-5	-5	1
当月収支　(d)+(g)+(j)　(k)	2	-4	-3	10	8	2	-4	6	1	0	1	9	28
月末現預金　(a)＋(k)	152	148	145	155	163	165	161	167	168	168	169	178	178

図表 4-3-1

（1）資金繰り表の見方と作成時の注意点
・月末現預金残高

　図表 4-3-1 の例題では、現預金残高は定期預金を除いた流動性預金残高を記載しています。ただし、財務収支欄に定期預金の取り崩しや預入を記載するところがあるので、月末現預金がマイナスになる事はありません。財務収支欄に定期預金の取り崩しや預入を記載してない場合は、現預金残高が定期預金の範囲内でマイナスになる

こともあると思いますが、月末現預金残高を見て、当面の資金繰りを管理している銀行員にとっては、この欄がマイナスになる事は許されません。

中小企業で作成された資金繰り表にはよくこの欄がマイナスとなっているものを見かけますが、この場合、銀行から作り直しを指示されますので、定期預金残高を含めた現預金残高を記入するようにしましょう。

	短期借入金調達	0	0	0	0	0	0	0	0	0	0	0	0	0
	長期借入金調達									30				30
	定期預金取崩し									22				22
	収入計　　(h)	0	0	0	0	0	0	0	0	52	0	0	0	52
	短期借入金返済	0	0	0	0	0	0	0	0	0	0	0	0	0
	長期借入金返済	2	2	2	2	2	2	2	2	2	3	3	3	27
	定期積立預入	2	2	2	2	2	2	2	2	2	2	2	2	24
	支払計　　　(i)	4	4	4	4	4	4	4	4	4	5	5	5	51
財務収支(h)-(i)　(j)		-4	-4	-4	-4	-4	-4	-4	-4	48	-5	-5	-5	1
当月収支 (d)+(g)+(j)　(k)		2	-4	-3	10	8	2	-4	6	1	0	1	9	28
月末現預金　(d) ＋ (k)		152	148	145	155	163	165	161	167	168	168	169	178	178

・経常収支の合計

経常収支は経常利益におおよそ連動するので、この合計欄がマイナスということは、今後の事業計画が赤字だと言っていることになります。これでは銀行は融資に慎重になってしまいます。

まじめな財務担当者は、売上高計画や収入計画を堅く見て、実際より少なく計上し、支払いについてはバッファーを持つために、多めに計上していく傾向があります。結果として経常収支がマイナスになっているケースがよくあります。この様なケースではかえって融資が受けにくくなるので注意しましょう。

売上代金回収	60	57	60	67	67	62	57	64	57	55	62	70	738
その他経常収入	2	2	2	2	2	2	2	2	2	2	2	2	24
収入計　　　　(b)	62	59	62	69	69	64	59	66	59	57	64	72	762
仕入代金支払	6	5	6	6	7	6	6	6	6	6	6	7	73
人件費	18	18	20	17	17	17	19	17	17	17	17	17	211
諸経費支払	31	30	32	31	32	30	33	32	30	28	34	32	375
支払利息・割引料	1	1	1	1	1	1	1	1	1	1	1	1	12
税金支払		5				3							8
支払計　　　　(c)	56	59	59	55	57	57	59	56	54	52	58	57	679
経常収支　(b)-(c)　(d)	6	0	3	14	12	7	0	10	5	5	6	15	83

・財務収支欄

　資金繰り表は通常、数か月分の実績と今後の予定を書きますが、財務担当者としては、１年近く先の資金調達について、多数取引のある中でどこの銀行から借入するのかはまだ決めていません。そこで、敢えて財務収支の借入金調達欄を空欄にしておくケースがよくあります。しかし、借入金調達欄を記入しないで、現預金残高がカスカスとなっている資金繰り表を出すと、銀行は資金が回るのか心配になってきます。したがって、現預金残高がカツカツにならないように、資金調達を計画して、きちんと借入金調達欄に計上しておく事が望ましいといえます。

短期借入金調達	0	0	0	0	0	0	0	0	0	0	0	0	0
長期借入金調達									30				30
定期預金取崩し									22				22
収入計　　(h)	0	0	0	0	0	0	0	0	52	0	0	0	52

・売上高、仕入欄

　資金繰り表のフォーマットによっては、売上高・仕入欄を設けていないフォーマットもあります。銀行員は通常、事業計画と資金繰り表の経常収支欄の売上代金回収や仕入代金支払金額等とを照合して、資金繰り表の信ぴょう性をチェックします。売上高合計（770百万円）と売上代金回収合計（738百万円）や、仕入合計（73百万円）と仕入代金支払合計（73百万円）との計数に大きな差がないか。

あるいは、事業計画の売上高や経費支払が資金繰り表と大きく乖離していないか等をチェックします。事業計画表と資金繰り表を別々に取り出して説明するのは時間がかかるので、初めから資金繰り表に売上高・仕入欄を設けて記載しておくと、時間短縮になります。

売上高		59	62	69	69	64	59	66	59	57	64	72	70	770
仕入高		5	6	6	7	6	6	6	6	6	6	7	6	73
月初現預金	(a)	150	152	148	145	155	163	165	161	167	168	168	169	169
売上代金回収		60	57	60	67	67	62	57	64	57	55	62	70	738
その他経常収入		2	2	2	2	2	2	2	2	2	2	2	2	24
収入計	(b)	62	59	62	69	69	64	59	66	59	57	64	72	762
仕入代金支払		6	5	6	6	7	6	6	6	6	6	6	7	73

・資金使途の確認

財務収支欄の借入金調達に借入する金額を記載しますが、その資金がどのように使われているかを資金繰り表でもチェックします。借入した資金が赤字子会社に流れる、あるいは、使途が不明な資金に流れることを銀行は一番嫌がります。借入する資金の資金使途が明確になるように、資金繰り表を作成する際には、しっかりと資金の流れを記載するようにしましょう。例題では 30 百万円の借入調達と預金解約 22 百万円で、50 百万円の設備投資をした事がわかります。

設備購入											50				50
その他の経常外支払				2			1				2			1	6
支払計	(f)	0	0	2	0	0	1	0	0	52	0	0	1	56
経常外収支(e)-(f)	(g)	0	0	-2	0	0	-1	0	0	-52	0	0	-1	-56
短期借入金調達		0	0	0	0	0	0	0	0	0	0	0	0	0
長期借入金調達										30				30
定期預金取崩し										22				22
収入計	(h)	0	0	0	0	0	0	0	0	52	0	0	0	52

以上、決算書で現状を正しく把握し、決算書を悪化させ続けない経営を心掛ければ、倒産確率は限りなく低くできます。車の運転で例えるならば、車間距離を取り、白線の道路車線範囲内で運転して

いればひどい事故に合う事は余りありません。しかし、車間距離を取らないで運転する、あるいは白線を飛び出して運転をしているとひどい事故に合う確率が高くなります。

　決算書を読み解くことができるようになれば、キャッシュフロー会計で車間距離を測り、財務指標の動きで白線を意識した経営を行うことができるようになります。

　決算書をみて財務内容を分析できるようになると、財務計数に強くなり、会社の問題点を財務計数面からも把握できるようになります。また、ひとたび経営者になると、資金繰りという呪縛に捕らわれます。365日資金繰りが頭から離れることはありません。たとえ潤沢な資金が手元にあったとしても、5年後、10年後の資金繰りのことを考えてしまいます。5年後、10年後に今と同じ売上高を維持できるのか、あるいは、新規事業で売上高を増やし、会社の規模を大きくしてしまうと固定費が増え、将来資金繰りで苦労してしまうのではないか、という考えが常に頭から離れなくなります。

　経営管理者を目指す皆さんは、いつか経営者になった時に慌てないためにも、日頃から財務知識を身に付け、お金に強くなっておくことが大切です。

　財務知識があれば資金繰りという呪縛の中でも、車間距離を取り、白線の内側を走り続ける事が比較的容易にできる可能性が高まります。また、財務計数に強くなり、資金管理ができるという事は、組織の中で頭角を現わす方法でもありますので、是非知識を深めていきましょう。

　自然の摂理で生きているものは放物線の軌道をたどります。放物線と言っても $y = ax2$ ではなく、$y = -ax2$ の軌道です。

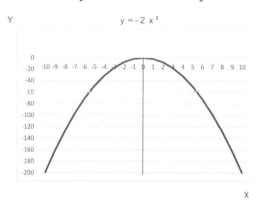

　我々人間は、生まれて赤ちゃんになり、成長して子供から成人になりますが、最後は老人になり死んでいきます。綺麗な花も、種から芽が出て、綺麗な花を咲かせた後に種を作り、最後には枯れていきます。しかし、「木」は少し違います。花が咲いて果実を作って、果実が腐って落ちても木は生き残っています。長い年月で考えればいつかは枯れるのでしょうが、寿命が長いといえます。

　生き物ではありませんが、空に向かって投げた石も頂点に達した後に地面に落ちて来ます。企業も同じで、会社設立後しばらくして事業が軌道に乗り成長、拡大しますが、環境変化に対応しきれず、いつかは事業継続が難しくなり、倒産したり、廃業したり、Ｍ＆Ａされたりして多くの企業はなくなっていきます。

　では会社の寿命をいかにして長くしていくのか、これが経営の最大のテーマともいえます。もちろん会社を発展させていく事も重要ですが、中小企業の場合は会社を拡大させればさせるほど、人件費

等の固定費が拡大し、倒産リスクが高くなってくるともいえます。

例えば、2008年のリーマンショック前には、新興の不動産会社が急成長していましたが、業容が急拡大したために、リーマンショックに耐えきれずに倒産していきました。業容が拡大して人件費等の固定費が増加した場合、土地代が高くなっても仕入をして、マンションを建てて販売し続けないと固定費が賄えないし、実績も上げられないので、仕入を止められない体質になっていたというのが大きな原因の一つでもあります。また、商売が不動産売買だけで、リスク分散が図れていなかったのも原因です。これがもし個人でやっているような中小不動産会社であったなら、借入も大きくなく、仲介業務にシフトすることにより、リーマンショックを乗り越えていたでしょう。

この様に社員が増え、固定費が増加すると、リーマンショックや新型コロナの様な危機が訪れた時に対応できなくなる可能性が高まります。

脱サラ組で資産も資金力も何もなかった私は経営者心理の観点から、放物線の途中で踊り場を設け、そこから新たな放物線を描くことにより、放物線が落ちる距離を延ばそうと考えました。

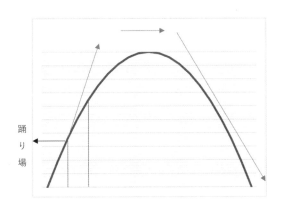

経営者心理として、毎月毎月手元資金が増加していれば幸福感がありますが、減少し始めると不満を感じるようになります。たとえ数年分の運転資金が預金として確保されていても、やはり預金が減っていくと、お金を使おうとする意欲が落ち、気分も晴れなくて来ます。

　そこで、毎月の固定費を固定収入で賄える地点を踊り場として、そこから新たに稼いだ分が利益（預金増加）となるようにして、徐々に会社を拡大していくことで、放物線の落下地点を先に延ばすことを考えました。

　これにはフロー（Flow）の商売とストック（Stock）の商売の組み合わせが必要となります。フロー（Flow）の商売とは、体調が悪くてお店を開けなかったので、本日の売上高はゼロでした、という様な自分で仕事をしないと収入が入らなくなる商売です。儲けは大きいですが、働けなくなると収入もなくなってしまうというリスクがあります。

　一方、銀行の様に貸出をしたら、寝ていても、ゴルフをしていても利息が入ってくるというのがストックの商売です。

　そこでまず毎月の顧問料やコンサルタント料を増やしていき、現存人員の人件費を賄える「踊り場」を作りました。そして徐々に忙しくて手が回らない状況になった場合には社員を増やしました。しかし、不動産賃料や毎月もらえるコンサルタント料の先数を増やして固定収入を増加させ、固定費の支出を固定収入で賄える体制を作る事を心がけて、業容を急拡大させない、踊り場を作る経営を心掛けてきました。

　ただ、このやり方で放物線の落下地点が30年、40年延びたとしても、会社が上手くいくのは社長がいる間だけという事になる可

能性が高いといえます。なぜなら、稼ぎの主体が社長であるような零細企業のままでは、社長がいなくなると会社の業績が傾きます。会社に資産が残っていたとても、最終的には株主である社長に資産が残るだけで、社員が資産家になれる訳ではありません。カール・マルクス「資本論」に出て来る資本主義の構造的な仕組みである、「産業革命により巨大な富が生み出されましたが、豊かになったのは一部の資本家だけであり、資本家に雇われた労働者は生活に困らない程度の賃金をもらえたに過ぎない」という枠組みから抜け出す事ができないのです。

　そこで今度は、多数のビジネスを立ち上げ、会社を何社か運営することにより、放物線が地上に落下しない経営を考えました。つまり、発射台を何個か設け、その上から発射すれば地上まで放物線が落下しなくなるという経営です。

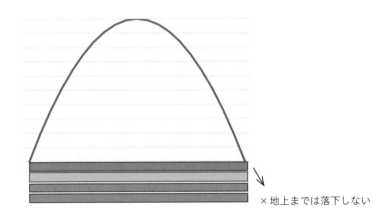

×地上までは落下しない

　国籍を問わず、努力をして実績を上げた人が、経営管理者となり、いずれは経営者となって会社を運営できるようになれば、資本家に雇われた労働者とはならず、高い報酬をもらう事が可能になります。

また、当社の例で言うと、派遣会社や清掃会社と言った関連会社の外国人スタッフ及びアルバイト 500 人が毎日休みなく交代で働いてくれるので、フロー（Flow）の商売ですが、この規模なれば、日銭を稼ぐストック（Stock）の商売になったといえます。

　経営者は資金繰りという呪縛に捕らわれますが、サラリーマンの場合、最後は定年を迎え、老後の心配が付きまといます。年を取ってから 1 社から 50 万円、100 万円の給料をもらうには、それなりに稼いでこないと、会社からもう必要ないと言われてしまいます。

　しかし、1 社から 5 万円、10 万円であれば、顧問料としてもらってもそんなに目立ちません。1 社 5 万円でも、5 社あれば 25 万円になります。年金以外に毎月 25 万円の収入が入ってくれば、老後の心配はとりあえず、そんなに必要がなくなります。中小企業の場合は大企業とは違い、企業年金のような制度がないので、この仕組みができれば社員はみんな、定年を心配することなく安心して働けますし、生活ができます。

　一方で外国人スタッフを中心とした若手スタッフは、努力をして実績を上げれば、日本人と同等の収入を稼ぐことができるばかりでなく、社長として、業績次第では上場企業の社長より高い報酬を得ることも不可能ではないです。

　マルクスが言った「資本家だけが儲かる仕組み」、中小企業でいう「社長だけが儲かる仕組み」を壊し、社員全員が豊かになる、教科書にない経営の仕組みを作るには、外国人スタッフを始めとした若手スタッフが、イノベーションを起こし、新しいビジネスをどんどん展開できる体勢を作る事が大切です。

　そのためには、まず組織の中で頭角を現わし、経営管理者として着実に実績を上げられる人材育成が必要です。そしてそれには、一

つの専門分野だけでなく、それにプラスのビジネス知識という武器を身に付けさせ、実践で活用できる人材を育成する事が近道であるといえます。

「It's too late to be sorry」後悔先に立たず。一生懸命勉強した人と、現状に満足して全然勉強しなかった人とでは、5年後・10年後に取返しのつかない程の差がついてしまいます。将来成功した人をみて、自分ももっと勉強しておけば良かったと思っても、その時はもう「後の祭り」（It's too late now）です。

このことは外国人スタッフに限らず、日本人のビジネスパーソンにも勿論言えることです。本書を足掛かりに勉強することの楽しさを、一人でも多くの人に気づいてもらえることを願っています。

文献目録

第1章　経済学

D.D.Raphael（生越利昭・松本哲人訳）. (2009). アダム・スミスの道徳哲学. 株式会社昭和堂.

KeynesMaynardJohn. (2021). 超訳　ケインズ「一般理論」. 東洋経済新報社.

KISHTAINY（月沢李歌子訳）NIALL. (2020). 若い読者のための経済学史. 株式会社すばる舎.

アダム・スミス（山岡洋一訳）. (2012年). 国富論（上・下）. 日本経済新聞出版社.

シュンペータJ・A. (2020). 経済発展の理論（初版）. 日経BP　日本経済新聞出版本部.

デヴィッド・ハーヴェイ（森田成也・中村好孝訳）. (2020).「資本論」入門. 株式会社作品社.

丸山徹. (2011). アダム・スミス「国富論」を読む. 株式会社岩波書店.

吉川洋. (2009). いまこそ、ケインズとシュンペーターに学べ. ダイヤモンド社.

許成準. (2014). 超訳　資本論. 株式会社彩図社.

桑原晋. (1980). 現代経済原論. 千倉書房.

小室直樹. (2004). 経済学をめぐる巨匠たち. ダイヤモンダ社.

久武雅夫. (1949). ワルラス「純粋経済学」. 株式会社春秋社.

北国宗太郎. (2020). 道産子北国の経済教室. kitaguni-economics.com

長岡亮介. (2012). 総合的研究　数学Ⅰ＋A. 株式会社旺文社

長岡亮介. (2013). 総合的研究　数学Ⅱ＋B. 株式会社旺文社

坂田アキラ. (2017). 坂田アキラの数Ⅲの微分積分が面白いほどわかる本. KADOKAWA

鯉沼拓. (2021). 宇宙一わかりやすい高校物理（力学・波動）. 株式会社学研プラス

第2章　経営学

フレデリック　W・テイラー（有賀裕子訳）. (2018). ｜新訳｜科学的管理法. ダイヤモンド社.

金田秀治・近藤哲夫. (2007). トヨタ式　ホワイトカラー革新. 日本経済新聞出版社.

古川栄一. (1980). 経営学通論. 同文館.

古川栄一. (1982). 新版　経営学入門. 株式会社経林書房.

徳重宏一郎. (1994). 経営管理要論. 株式会社同文館

若林義人. (2004). トヨタ流「改善力」の鍛え方. 成美堂出版.

西田耕三・若林満・岡田和秀編著. (1981). 組織の行動科学. 株式会社有斐閣.

大野耐一. (2018). トヨタ生産方式. ダイヤモンド社.

マイケル.E. ポーター（土岐坤・中辻萬治・服部照夫訳）. (2010). 新訂　競争の戦略. ダイヤモンド社.

マイケル・E・ポーター（竹内弘高訳）. (2001). 競争戦略論Ⅰ. ダイヤモンド社.

マイケル・E・ポーター（竹内弘高訳）. (1999). 競争戦略論Ⅱ. ダイヤモンド社.

マイケル・E・ポーター（土岐坤・中辻萬治・小野寺武夫訳）. (2009). 競争優位の戦略. ダイヤモンド社.

レネ・モボルニュ（入山章栄監訳、有賀裕子訳）/W・チャン・キム. (2022). [新版]　ブルー・オーシャン戦略. ダイヤモンド社.

H・I・アンゾフ（広田寿亮訳）. (1981). 企業戦略論. 学校法人産業能率大学出版部.

J・G・マーチ/H・A・サイモン（土屋守章訳）. (1982). オーガニゼーションズ. ダイヤモンド社.

382

グロービス経営大学院（嶋田毅監修）. (2021). グロービス MBA ミドルマネージメント. ダイヤモンド社.

ダグラス・マグレガー（高橋達男訳）. (1980). 新版　企業の人間的側面. 学校法人産業能率大学出版部.

ハーバート　A・サイモン（稲葉元吉・倉井武夫訳）. (1981). 意思決定の科学. 学校法人産業能率大学出版部.

ハーバード・ビジネス・レビュー編集部（DIAMOND ハーバード・ビジネス・レビュー編集部訳）. (2019). 戦略の教科書. ダイヤモンド社.

中西寅雄・鍋島達　編著. (1979). 現代における経営の理念と特質. 日本生産性本部.

徳重宏一郎. (1994). 経営管理要論（改訂版）. 株式会社同友館.

入山章栄. (2020). 世界標準の経営理論. ダイヤモンド社.

P.F. ドラッカー（上田惇生編訳）.(2014). チェンジリーダーの条件　みずから変化をつくりだせ！ダイヤモンド社

第 3 章　マーケティング

フィリップ・コトラー. (2004). 市場戦略論. ダイヤモンド社.

フィリップ・コトラー（恩藏直人監修・月谷真紀訳）. (2007). コトラーのマーケティング・マネージメント. 株式会社ピアソン・エデュケーション.

フィリップ・コトラー / ヘルマワン・カルタジャヤ / イワン・セティアワン（恩藏直人監訳・藤井清美訳）. (2011). コトラーのマーケティング 3.0. 朝日新聞出版.

フィリップ・コトラー / ヘルマワン・カルタジャヤ / イワン・セティアワン（恩藏直人監訳・藤井清美訳）. (2022). コトラーのマーケティング 5.0　デジタル・テクノロジー時代の革新戦略. 朝日新聞出版.

フィリップ・コトラー / ミルトン・コトラー. (2013). コトラー　8 つの成長戦略. 株式会社中央経済社.

阿久津聡監修. (2023). サクッとわかる　ビジネス教養　マーケティング. 株式会社新星出版社.

淡路富男. (1992). 実践マーケティング戦略. 同文館出版株式会社.

和田充夫・恩藏直人・三浦俊彦. (2011). マーケティング戦略 [第 3 版]. 株式会社有斐閣.

大山健太郎. (2020). いかなる時代環境でも利益を出す仕組み. 日経 BP

森岡毅 / 今西聖貴. (2020). 確率思考の戦略論. 角川書店

森岡毅. (2022).USJ を劇的に変えた、たった一つの考え方. 角川書店

第 4 章　財務管理

日本大学会計学研究所 .(1981). 基本簿記. 株式会社中央経済社

辻　敢 .(1988). 2 訂決算書読破述. 株式会社銀行研修社

安田順 / 池田聡 .(2023) 中小企業の「銀行交渉と資金繰り」完全マニュアル. 株式会社日本実業出版社

金融庁 .(2017). 金融検査マニュアル（預金受入金融機関に係る検査マニュアル）Copyright(C)2017 金融庁

國弘員人 .(1986). 資金繰分析入門. 株式会社銀行研修社

著者紹介

中川　洋児（なかがわ　ようじ）

日本大学商学部経営学科卒業。昭和 60 年 4 月協和銀行（現りそな銀行）入行。平成 14 年 3 月りそな銀行本郷支店営業第一部長、平成 16 年 3 月りそな銀行麻布支店支店長。平成 18 年 3 月（株）SYD 設立、中小企業の実務を社員になりきり行う経営コンサルタント業を開始。宅地建物取引業者・金融商品取引業者・貸金業者・旅行サービス手配業者として登録。平成 28 年 6 月（株）ワークチェンジ代表取締役。外国人スタッフの派遣業を開始。平成 30 年 5 月（株）センチュリオンファシリティーズ代表取締役。ホテル客室清掃を中心としたビルメンテナンス業を開始。

経営管理者の成功術

2024 年 6 月 6 日発行

著　者　中川　洋児

発行人　大石　二朗
発売元　株式会社エフジー武蔵
　　　　〒 156-0041 東京都世田谷区大原 2-17-6 B1
　　　　電話 03-5300-5757
印刷・製本所　　株式会社文化カラー印刷
ISBN：978-4-86646-131-1